# Rheinisch-Westfälisches Institut für Wirtschaftsforschung Essen

RWI ESSEN



**Schriftleitung:**

Dr. Willi Lamberts

**Redaktionelle Bearbeitung:**

Dipl.-Vw. Gertrud Brüninghaus

H. KARRENBERG · B. FRITSCHE
W. KITTERER · H. J. MÜNCH · G. SCHULZ-OVERTHUN

# Die Umverteilungswirkungen der Staatstätigkeit bei den wichtigsten Haushaltstypen

SCHRIFTENREIHE DES RHEINISCH-WESTFÄLISCHEN
INSTITUTS FÜR WIRTSCHAFTSFORSCHUNG ESSEN

NEUE FOLGE HEFT 43

# Die Umverteilungswirkungen der Staatstätigkeit bei den wichtigsten Haushaltstypen

Von Hanns Karrenberg, Bernd Fritsche
Wolfgang Kitterer, Heinz Josef Münch
und Gabriele Schulz-Overthun

Duncker & Humblot · Berlin

Gedruckt 1980 bei Zippel-Druck, Berlin 36
Printed in Germany

ISBN 3 428 04793 1

# Vorwort

Das Bundesministerium für Wirtschaft hat dem Rheinisch-Westfälischen Institut für Wirtschaftsforschung einen Auftrag zur Untersuchung der Umverteilungswirkungen der Staatstätigkeit in bezug auf die wichtigsten Haushaltstypen erteilt. Diese Untersuchung dient der Beantwortung der Frage, wie durch staatliche Maßnahmen – und zwar Belastungen und Begünstigungen – das Leistungseinkommen der privaten Haushalte modifiziert wird, und ob dadurch gegebenenfalls die Beziehung zwischen der ökonomischen Leistung und dem Einkommen, das sich nach staatlicher Umverteilung ergibt, verlorengeht. Dabei sind mögliche Kumulations- und Kompensationseffekte, die sich auf Grund der Vielfalt, Komplexität und Interdependenz der Einzelmaßnahmen ergeben können, aber u. U. politisch nicht gewollt sind, von besonderem Interesse.

Gegenstand des vorliegenden Untersuchungsberichts sind modellmäßige Berechnungen der Belastungs- und Begünstigungseffekte einer Auswahl staatlicher Maßnahmen für bestimmte Haushaltstypen. Dabei werden die zwischen den einzelnen Maßnahmen bestehenden Abhängigkeiten berücksichtigt.

Der vorliegende Textband enthält die wichtigsten Ergebnisse in Form von Texttabellen. Auf die Veröffentlichung eines ausführlicheren Tabellenbandes wurde verzichtet; er kann allerdings Interessenten zur Verfügung gestellt werden. Er enthält u. a. für jeden Modellhaushalt eine Tabelle, die die auf Monatsbasis berechneten Umverteilungseffekte i. d. R. für Haushaltseinkommen von 1000 bis 10 000 DM monatlich in bis zu sechzig Einkommensschritten darstellt. Neben den Maßen für die gesamten Umverteilungseffekte sind daraus auch die Belastungen und Begünstigungen nach Einzelmaßnahmen ersichtlich.

Essen, im Oktober 1979

Rheinisch-Westfälisches Institut
für Wirtschaftsforschung Essen

Dr. Willi Lamberts

# Inhaltsverzeichnis

Erster Teil



Zweiter Teil

# Inhaltsverzeichnis

Erstes Kapitel

**Zielsetzung, Probleme und Aufbau der Gesamtuntersuchung**



Zweites Kapitel

**Abgrenzung und Probleme der Modellberechnungen**

Drittes Kapitel

## Die Ergebnisse der Modellberechnungen

**Anhang**

# Verzeichnis der Tabellen, Übersichten und Schaubilder

## Tabellen

## Übersichten



## Schaubilder

## Verzeichnis der Abkürzungen

| | | |
|---|---|---|
| AFG | = | Arbeitsförderungsgesetz |
| ALV | = | Arbeitslosenversicherung |
| BA | = | Bundesanstalt für Arbeit |
| BAB | = | Berufsausbildungsbeihilfe |
| BAFöG | = | Bundesausbildungsförderungsgesetz |
| BeWG | = | Bewertungsgesetz |
| BGB | = | Bürgerliches Gesetzbuch |
| BHE | = | Basishaushaltseinkommen |
| BSHG | = | Bundessozialhilfegesetz |
| EStDV | = | Einkommensteuer-Durchführungsverordnung |
| EStG | = | Einkommensteuer-Gesetz |
| EStR | = | Einkommensteuer-Richtlinien |
| GKV | = | Gesetzliche Krankenversicherung |
| GRV | = | Gesetzliche Rentenversicherung |
| HH | = | Haushalt |
| KVdR | = | Krankenversicherung der Rentner |
| KVKG | = | Krankenversicherungs-Kostendämpfungsgesetz |
| mtl. | = | Monatlich |
| RV | = | Rentenversicherung |
| RVO | = | Reichsversicherungsordnung |
| SGB | = | Sozialgesetzbuch |
| SpPg | = | Sparprämiengesetz |
| UhG | = | Unterhaltsgeld |
| VermBG | = | Vermögensbildungsgesetz |
| VermStG | = | Vermögensteuergesetz |
| VGR | = | Volkswirtschaftliche Gesamtrechnung |
| VO | = | Verordnung |
| WoBauG | = | Wohnungsbaugesetz |
| WoPG | = | Wohnungsbauprämiengesetz |

Erstes Kapitel

# Zielsetzung, Probleme und Aufbau der Gesamtuntersuchung

## I. Ziel und Gegenstand der Untersuchung

Der Staat übt vielfältige Einflüsse auf Entstehung, Verteilung und Verwendung des Sozialprodukts aus und bewirkt damit gleichzeitig auch direkt und indirekt eine Veränderung der personellen Einkommensverteilung. Der Anspruch an das Sozialprodukt, den die am Produktionsprozeß beteiligten Personen erwerben, und damit die Möglichkeiten der Einkommensempfänger, ihre Bedürfnisse zu befriedigen, hängt demnach nicht allein von ihrem Leistungseinkommen (Faktoreinkommen) ab, sondern auch davon, in welcher Weise die Primärverteilung durch staatliche Belastungsmaßnahmen (Entzug von Leistungseinkommen) bzw. durch staatliche Begünstigungsmaßnahmen (Empfang von staatlichen Zusatzeinkommen) verändert wird.

Da die einzelnen Haushalte davon unterschiedlich betroffen werden, ergeben sich Verschiebungen ihrer Einkommenspositionen, die zum Teil auf einer gezielten Umverteilungspolitik, zum Teil auf staatlichen Aktivitäten beruhen, die nicht oder nicht primär das Umverteilungsziel verfolgen, aber umverteilende Nebeneffekte aufweisen können. Die Notwendigkeit der Umverteilung von Leistungseinkommen ist als staatliche Aufgabe heute grundsätzlich unbestritten, kontrovers sind dagegen Umfang, Art und konkrete Ausgestaltung dieser staatlichen Eingriffe, zumal beim einzelnen Haushalt oft viele verschiedene staatliche Maßnahmen mit unterschiedlicher Zielsetzung zusammentreffen. So vernünftig und zweckmäßig eine Maßnahme, vom einzelnen Anlaß her beurteilt, auch immer sein mag, sie steht stets in der Gefahr, durch Maßnahmen aufgrund anderer Anlässe oder Zielsetzungen unterlaufen oder gar ins Gegenteil verkehrt zu werden. Die grundlegende Voraussetzung für eine rationale Politik ist eine möglichst vollständige Kenntnis der Wirkungsweise staatlicher Maßnahmen. Deshalb soll in der vorliegenden Untersuchung der Versuch gemacht werden, anhand von Modellberechnungen die kumulativen Wirkungen einer Reihe wichtiger staatlicher Maßnahmen auf die Einkommenssituation einzelner privater Haushalte transparent zu machen. Es sind also nicht isolierte Wirkungsanalysen einzelner Maßnahmen Gegenstand dieser Untersuchung, sondern gerade die gesamten Umverteilungseffekte, die sich durch Kumulation einer Vielzahl von Belastungen und Begünstigungen beim einzelnen Haushalt ergeben können. Untersuchungseinheit ist dabei der private Haushalt als Gesamtheit von Personen, deren Bedürfnisbefriedigung auf einem gemeinsamen Einkommen basiert.

Die Umverteilungsaktivitäten des Staates spielen besonders hinsichtlich der Leistungsanreizwirkung marktwirtschaftlicher Faktorentgelte eine große Rolle. Mit wachsendem Eingriff des Staates verliert das Leistungseinkommen als Grundlage für die private Bedürfnisbefriedigung an Bedeutung. Daher stellt sich die Frage, ob und in welchem Maße durch staatliche Umverteilung die Anreiz- und Steuerungsfunktionen der Leistungsentlohnung tangiert werden. Wenn aufgrund mangelnder Berücksichtigung der kumulativen Wirkungen verschiedener Maßnahmen bei den privaten Haushalten die Grenzbelastung mit steigendem Einkommen so hoch wird, daß der Zusammenhang zwischen der wirtschaftlichen Leistung und dem für die private Bedürfnisbefriedigung verfügbaren Einkommen gelöst oder – in Grenzfällen – sogar negativ wird, kann der Anreiz, durch mehr Leistung mehr Einkommen zu erzielen, verlorengehen. Deshalb steht die Marginalbetrachtung, d. h. die Frage, wie sich bei zunehmendem Leistungseinkommen der Saldo der positiven und negativen Umverteilungswirkungen und damit das dem Haushalt nach Umverteilung verbleibende Einkommen verändert, im Vordergrund der Untersuchung.
Neben der Wirkung steigender Haushaltseinkommen ist von Interesse, ob und in welchem Maß andere Merkmale und Aktivitäten der privaten Haushalte – insbesondere Familienstand und Kinderzahl – in den Umverteilungseffekten staatlicher Maßnahmen Berücksichtigung finden und ob die Einkommenssituation nach staatlicher Umverteilung durch Variation dieser Merkmale und Aktivitäten u. U. stärker verändert werden kann als durch Steigerung des Leistungseinkommens.

## II. Der untersuchungsspezifische Einkommensbegriff

Für die Untersuchung der staatlichen Umverteilung bedarf es einer einheitlichen Bezugsbasis. Es muß ein Einkommensbegriff gefunden werden, auf den als prinzipiell vergleichbarer Maßstab alle Veränderungen bezogen werden, die die finanzwirksame Tätigkeit des Staates hervorruft. Dieses Einkommen wird hier als Basishaushaltseinkommen (BHE) bezeichnet.

Zum Basishaushaltseinkommen zählen ausschließlich leistungsbezogene Einkommen, d. h. Einkommen, die auf Faktorleistungen und nicht auf einer vom Staat initiierten Umverteilung beruhen. Ein Einkommen gilt als leistungsbezogen, wenn es darauf zurückzuführen ist, daß ein Haushalt im Wirtschaftsprozeß entweder seine eigene Arbeitskraft oder sein Sach- bzw. Geldvermögen zur Verfügung stellt. Entscheidend für die Periodenzurechnung des Einkommens ist nicht der Zeitraum der zugrundeliegenden Leistung, sondern der Zeitraum, in dem das Äquivalent für diese Leistung zu einem Anspruch auf das Sozialprodukt führt.

Die beiden angeführten Kriterien zur Abgrenzung des Basishaushaltseinkommens haben insbesondere bezüglich der gesetzlichen Rentenversicherung Konsequenzen. Der Bezug von Renten ist insofern als Leistungseinkommen zu betrachten, als die Rentenzahlungen auf einer in früheren Perioden erbrachten Arbeitsleistung beruhen. Die in Zeiten der Erwerbstätigkeit zu leistenden Beiträge, deren Höhe vom Arbeitseinkommen abhängt, begründen den Anspruch auf Renteneinkommen nach dem Ausscheiden aus dem Erwerbsleben. Dabei soll entsprechend dem Grundprinzip des deutschen Rentenversicherungssystems von einer Äquivalenz von Leistung und Gegenleistung, d. h. von Beitragszahlung im Erwerbsleben und Rentenbezug im Alter – bei durchschnittlicher Lebenserwartung –, ausgegangen werden[1].

Da der durch Beitragsleistungen in der Rentenversicherung erworbene Einkommensanspruch aufgrund der zwangsweisen Abführung der Rentenversicherungsbeiträge erst in der Periode des Rentenbezugs zur Bedürfnisbefriedigung führen kann, wird Einkommen aus Renten erst in der Periode des Rentenbezugs als Faktoreinkommen und damit als Basiseinkommen im Sinne dieser Untersuchung behandelt.

Als Konsequenz aus der Erfassung der Renten als Leistungseinkommen und damit als Bestandteil des Basishaushaltseinkommens im Alter ist davon auszugehen, daß in Höhe der Rentenversicherungsbeiträge (Arbeitgeber- und Arbeitnehmeranteil) während des Erwerbslebens kein Leistungseinkommen im Sinne dieser Untersuchung entsteht. Deshalb sind diese Beiträge nicht Bestandteil des Basishaushaltseinkommens[2].

Im Gegensatz zu den Rentenversicherungsbeiträgen sind die übrigen Beiträge zu Vorsorgeversicherungen (Arbeitslosenversicherung, Krankenversicherung) einschließlich der Arbeitgeberbeiträge zu diesen Versicherungen Bestandteil des Basishaushaltseinkommens.

Wenn auch der untersuchungsspezifische Einkommensbegriff z. T. wesentlich von dem der Volkswirtschaftlichen Gesamtrechnung (VGR) abweicht – vor allem im Hinblick auf die Behandlung der Renten –, so kann zur Definition des Basishaushaltseinkommens bei den Einkommen aus unselbständiger Arbeit bzw. aus Unternehmertätigkeit und Vermögen auf Begriffe der VGR zurückgegriffen werden (vgl. Übersicht 1). Diese Einkommensbegriffe müssen allerdings dem Untersuchungsziel entsprechend modifiziert werden, vor allem hinsichtlich der Alterssicherungsbeiträge, der Werbungskosten und der unverteilten Gewinne.

---

1 Allerdings gibt es in der gesetzlichen Rentenversicherung auch Umverteilungselemente wie z. B. den Zuschuß des Bundes, die Renten nach Mindesteinkommen, das vorgezogene Altersruhegeld usw. Diese spezifischen Umverteilungsprobleme der Rentenversicherung sollen jedoch hier außer Betracht bleiben.

2 Um eine Vergleichbarkeit von Arbeitnehmer- bzw. Rentnerhaushalten einerseits und Selbständigenhaushalten andererseits herzustellen, müßten die privaten Alters- und Zukunftsvorsorgeaufwendungen und dadurch entstandene Basiseinkommen aus aufgelöstem Vermögen zum Zwecke der Alterssicherung entsprechend behandelt werden.

Ableitung des Basishaushaltseinkommens (BHE) Übersicht 1

| | | |
|---|---|---|
| Bruttolohn- und -gehaltsumme<br>./. Werbungskosten, die nicht Sonderbegünstigungscharakter haben<br>+ Arbeitgeberbeiträge zur Sozialversicherung<br>./. Rentenversicherungsbeiträge (Arbeitgeber- und Arbeitnehmeranteil) | Bruttoeinkommen aus Unternehmertätigkeit und Vermögen,<br>dar.: - Bruttoeinkommen aus selbständ. Arbeit u. Gewerbebetrieb<br>- Bruttoeinkommen aus Vermietung u. Verpachtung<br>- Bruttoeinkommen aus Kapitalvermögen<br>./. Nichtentnommene Gewinne, einschl. der darauf entfallenden direkten Steuern<br>./. Werbungskosten bei Einkommen aus Vermietung und Verpachtung[1] und bei Einkommen aus Kapitalvermögen, ohne Werbungskosten mit Sonderbegünstigungscharakter<br>./. Aufwendungen zur privaten Altersvorsorge | Altersrenteneinkommen<br>+ Einkommen aus privater Altersversicherung<br>+ Beamtenpensionen<br>./. Werbungskosten, die nicht Sonderbegünstigungscharakter haben |
| = BHE aus unselbständiger Arbeit | = BHE aus Unternehmertätigkeit und Vermögen | = BHE aus Alterssicherung |

[1] sofern nicht schon bei der Ermittlung des Bruttoeinkommens berücksichtigt.

Wesentlicher Bestandteil des Einkommens eines Haushalts aus unselbständiger Arbeit sind die Bruttolöhne und -gehälter. Im Interesse der Vergleichbarkeit mit anderen Einkommensarten sollen sie vor Abzug der gesamten Beiträge zu Vorsorgeversicherungen erfaßt werden, d. h. die Bruttolöhne und -gehälter sind um die Arbeitgeberbeiträge zur Sozialversicherung zu erhöhen. Dagegen zählen die Rentenversicherungsbeiträge im Erwerbsleben (Arbeitgeber- und Arbeitnehmeranteil) auf Grund der oben dargestellten Behandlung der Renten nicht zum Haushaltseinkommen. Entsprechendes gilt für die Aufwendungen der Selbständigen und Gewerbetreibenden zur gesetzlichen und privaten Alterssicherung.

Werbungskosten und Betriebsausgaben sind Aufwendungen, die zur Erhaltung und Sicherung der Einnahmen notwendig sind; sie werden deshalb nicht als Einkommen betrachtet. In diesem Punkt behandelt die VGR die Einkommen aus unselbständiger Arbeit und die Einkommen aus Unternehmertätigkeit und Vermögen unterschiedlich. Während Werbungskosten (z. B. durch Fahrten zum Arbeitsplatz) bei den Bruttolöhnen und -gehältern als Einkommensbestandteil enthalten sind, hat alleine das Verfahren der Ermittlung der Überschußeinkommen der Selbständigen und Gewerbetreibenden schon zur Folge, daß die Betriebsausgaben von vornherein nicht als Einkommensbestandteil erscheinen. Um die unterschiedliche begriffliche Behandlung in der VGR auszugleichen, mußten daher von den Bruttolöhnen noch die ökonomisch notwendigen Werbungskosten abgezogen werden. Gleiches gilt auch für Teile des Einkommens aus Unternehmertätigkeit und Vermögen (Kapitalvermögen, Vermietung und Verpachtung), sofern diese Werbungskosten nicht bereits bei der Ermittlung des Bruttoeinkommens abgezogen werden. Bei Beziehern von Renten und Pensionen wird generell davon ausgegangen, daß sie keine Aufwendungen zur Erhaltung ihrer Einnahmen aus diesen Quellen tätigen müssen.

Bei der Ermittlung des Basishaushaltseinkommens sind aber nur die zur Erhaltung der Einnahmen notwendigen, – „normalen" – Werbungskosten bzw. Betriebsausgaben abzusetzen; dagegen werden darüberhinausgehende Werbungskosten mit Sonderbegünstigungscharakter als Umverteilungsmaßnahmen des Staates behandelt, deren Einkommenseffekte als Zusatzeinkommen zum Basishaushaltseinkommen quantifiziert und explizit ausgewiesen werden. So sind z. B. die ökonomisch notwendigen „Normal"-Abschreibungen auf ein Haus bei der Ermittlung des Basiseinkommens aus Vermietung und Verpachtung abzusetzen, während der Effekt der darüberhinausgehenden Sonderabschreibung nach § 7b EStG in den ersten acht Jahren als Zusatzeinkommen zum Basishaushaltseinkommen und damit als Umverteilungseffekt staatlicher Tätigkeit behandelt wird (s. Anhang II.1.).

Ein weiterer Unterschied zwischen Basishaushaltseinkommen und Einkommensgrößen der VRG – hier hinsichtlich des Einkommens aus Unternehmertätigkeit und Vermögen – betrifft die einbehaltenen Unternehmensgewinne[3].

[3] Da die Möglichkeit des privaten Haushalts, aus dem Basishaushaltseinkommen eines Jahres einen Anspruch an das laufende Sozialprodukt abzuleiten, zu den wesentlichen Abgrenzungskriterien des un-

Die Summe aller so definierten Basiseinkommensarten für alle zum Haushalt gehörenden Personen ist das Basishaushaltseinkommen.

Ausgehend von diesem einheitlich abgegrenzten Basishaushaltseinkommen, auf das alle Umverteilungseffekte staatlicher Tätigkeit zu beziehen sind, müssen die bei den verschiedenen einkommensabhängigen Maßnahmen jeweils unterschiedlich definierten Einkommensbegriffe (z. B. Gesamtbetrag der Einkünfte, zu versteuerndes Einkommen, Bruttolohn, Familieneinkommen u. a.) abgeleitet werden. In den Fällen, in denen die Belastung oder Begünstigung durch die Staatsaktivität an der Verwendung des Einkommens ansetzt, wird es zudem notwendig sein, aus dem Basishaushaltseinkommen einen Einkommensbegriff zu definieren, der für die jeweilige Einkommensverwendung als erklärende Variable angesehen werden kann (z. B. Verfügbares Einkommen für die Festlegung von Konsum und Sparen).

### III. Der untersuchungsspezifische Umverteilungsbegriff

Unter Umverteilung wird in der vorliegenden Untersuchung die Erhöhung oder Verminderung der Faktoreinkommen privater Haushalte durch Einnahmen und Ausgaben des Staates verstanden. Durch staatliche Maßnahmen mit Belastungswirkungen wird den einzelnen Haushalten Einkommen entzogen und durch Maßnahmen mit Begünstigungswirkungen zusätzliches Einkommen gewährt. Auf diese Weise verändert sich die Einkommensposition und damit die Bedürfnisbefriedigungsmöglichkeit des einzelnen Haushalts. Dabei ist es von untergeordneter Bedeutung, auf welchen Maßnahmen bzw. dahinterstehenden Zielsetzungen ein bestimmter Einkommensentzug bzw. ein Zusatzeinkommen beruht. Insbesondere hinsichtlich der Leistungsanreizwirkungen ist für den betroffenen Haushalt vielmehr die Frage entscheidend, wie hoch per Saldo die gesamte aus staatlicher Tätigkeit resultierende Veränderung seines Faktoreinkommens ist.

Die positiven oder negativen Einzeleffekte wurden deshalb zu einem Umverteilungssaldo aggregiert. Addiert man ihn zum Faktoreinkommen des Haushalts, so erhält man das Einkommen nach Umverteilung, das die für das erreichbare Bedürfnisbefriedigungsniveau eines Haushalts maßgebliche Größe darstellt. Die Frage, wie in dem simultanen Leistungs-, Verteilungs- und Umverteilungsprozeß von Marktwirtschaft und Budgetwirtschaft das marktwirtschaftliche Ergebnis, d. h. die Höhe und die Verteilung der Faktoreinkommen, von der staatlichen Tätigkeit beeinflußt wird, ist nicht Gegenstand dieser Untersuchung.

Die Untersuchung der Umverteilungseffekte staatlicher Tätigkeit soll nicht auf Maßnahmen mit primärer Umverteilungszielsetzung beschränkt werden; vielmehr sollen grundsätzlich auch staatliche Aktivitäten, die in erster Linie auf an-

---

tersuchungsspezifischen Einkommensbegriffes gehört, werden die einbehaltenen Gewinne (einschl. der darin enthaltenen Steuerbelastungen) nicht zum Basishaushaltseinkommen gezählt.

dere Ziele ausgerichtet sind, in die Untersuchung aufgenommen werden, sofern sie Auswirkungen auf die Einkommenspositionen der privaten Haushalte haben. Das bedeutet, daß die Maßnahmen mit Umverteilungswirkung im Sinn dieser Untersuchung sich nicht auf den Bereich monetärer Transfers zwischen Staat und privaten Haushalten beschränken. Es kann nicht von vornherein ausgeschlossen werden, daß auch nichtmonetäre Transfers und staatliche Maßnahmen, die primär den Unternehmenssektor tangieren, Umverteilungseffekte bei den privaten Haushalten nach sich ziehen.

So können sich Belastungen und Begünstigungen des Unternehmenssektors letztlich in den Einkommen der privaten Haushalte niederschlagen. Auf Grund von Überwälzungsmöglichkeiten müssen die am Zahlungsvorgang Beteiligten nicht mit den Belasteten bzw. Begünstigten identisch sein. Es bedarf also generell plausibler Annahmen über die Inzidenz der einzelnen Maßnahmen. Teils werden diese Annahmen mit der vom Gesetzgeber beabsichtigten Inzidenz identisch sein, teils werden sie davon abweichen. Erstere Annahme erscheint bei Maßnahmen, die unmittelbar bei den betreffenden privaten Haushalten ansetzen (z. B. Einkommen- und Vermögensteuer, Kindergeld, BAFöG, Wohngeld u. a. m.), ebenso vertretbar wie bei solchen, bei denen zwischengeschalteten Unternehmen oder anderen privaten Haushalten in erster Linie die Funktion einer Inkassostelle zugedacht ist (z. B. bei den Verbrauchsteuern, den Steuern vom Umsatz, der Förderung des Sozialen Wohnungsbaus). Dagegen sind bei anderen Maßnahmen die Überwälzungsmöglichkeiten strittiger. Da die effektive Inzidenz, die alle durch eine Maßnahme ausgelösten Wirkungen berücksichtigt, empirisch nur sehr schwer ermittelt werden kann, sind in dieser Untersuchung bei den einzelnen Maßnahmen jeweils plausible Überwälzungsannahmen zu unterstellen, so daß die ausgewiesenen Umverteilungseffekte nur unter der jeweiligen Inzidenz-Prämisse gelten.

Darüberhinaus können auch reale Transfers in den Kreis staatlicher Maßnahmen mit potentieller Umverteilungswirkung einbezogen werden[4]. Realtransfers sind vom Staat erstellte Leistungen, die den Begünstigten in nichtmonetärer Form unentgeltlich oder über ein spezielles Entgelt hinaus zur Verfügung gestellt werden (z. B. Schulen, Universitäten, soziale Einrichtungen, Straßen, Polizei, Justiz u. ä.). Die Inanspruchnahme derartiger Leistungen kann die Einkommensposition eines Haushalts zumindest insofern verändern, als der Staat für den zu begünstigenden Haushalt Ausgaben tätigt, die dieser sonst zu tragen hätte. Diese Art der Begünstigung unterscheidet sich also nur graduell von der Gewährung eines monetären Transfers.

---

[4] Außerdem werden hier auf Grund der Fragestellung nur Maßnahmen einbezogen, an denen der Staat als „Geber" oder „Nehmer" von Einkommensbestandteilen der privaten Haushalte direkt oder indirekt beteiligt ist, d. h. Transfers zwischen nicht-staatlichen Sektoren sind hier nicht zu untersuchen.

## IV. Zurechnungs- und Bewertungsprobleme

Monetäre Transfermaßnahmen des Staates zeichnen sich i. d. R. dadurch aus, daß die Bedingungen für den Eintritt einer Belastungs- bzw. Begünstigungswirkung und deren Höhe eindeutig durch Gesetze, Verordnungen, Richtlinien, auslegende Rechtsprechung usw. festgelegt sind. Bei Kenntnis der danach relevanten Merkmale und Aktivitäten eines Haushalts können die positiven und negativen Umverteilungseffekte für diesen Haushalt exakt berechnet werden[5], sofern unterstellt wird, daß Effekte von Maßnahmen, die unmittelbar beim Haushalt ansetzen, nicht überwälzt werden und daß Ansprüche auf Begünstigungen voll ausgenutzt werden.

Bei monetären Transfers, die Umverteilungswirkungen bei den privaten Haushalten hervorrufen können, aber über den Unternehmenssektor abgewickelt werden (z. B. indirekte Steuern, Subventionen), wirft dagegen die Zurechnung der Effekte zu den belasteten bzw. begünstigten Haushalten größere Probleme auf; hier spielen also die Inzidenzannahmen eine entscheidende Rolle.

Bei den Realtransfers tritt zu dem Zurechnungsproblem das Bewertungsproblem, d. h. die in nichtmonetärer Form gewährten Begünstigungen müssen einkommensmäßig bewertet werden, um mit anderen Umverteilungseffekten und dem Basishaushaltseinkommen vergleichbar zu werden[6].

Sowohl hinsichtlich der Bewertungsprobleme als auch hinsichtlich der Zurechnungsprobleme gibt es nicht nur Unterschiede zwischen monetären und realen Transfers, sondern auch zwischen den verschiedenen Arten von Realtransfers. Während z. B. die Quantifizierung eines Zusatzeinkommens auf Grund der Inanspruchnahme von Bildungseinrichtungen durch Haushaltsmitglieder im Sinne von Einkommensbestandteilen, die der Staat für den Haushalt aufwendet, noch sinnvoll erscheint, sind die Anhaltspunkte für eine einkommensmäßige Bewertung und die Zurechnung zu begünstigten Haushalten z. B. bei den Verteidigungsleistungen zu gering, um von ihnen eventuell ausgehende Umverteilungswirkungen zu quantifizieren.

## V. Gestaltungsmöglichkeiten der Umverteilungseffekte durch den Haushalt

Neben der unterschiedlichen Schwierigkeit der Lösung der Zurechnungs- und Bewertungsprobleme weisen die verschiedenen staatlichen Aktivitäten einen weiteren für diese Untersuchung relevanten Unterschied auf. Bei einem großen

---

5 Probleme können sich bei dieser Gruppe von Maßnahmen aus der Schwierigkeit ergeben, die Annahmen über die zahlreichen für die Belastungen und Begünstigungen relevanten Merkmale und Aktivitäten eines Haushalts in der erforderlichen Kombination empirisch zu fundieren.

6 Sofern es den öffentlichen Leistungen vergleichbare, zu Marktpreisen angebotene private Leistungen gibt, könnten die vom privaten Haushalt in Anspruch genommenen unentgeltlichen öffentlichen Leistungen mit diesen Marktpreisen bewertet und der so ermittelte Betrag dem Haushalt als „staatliches" Umverteilungseinkommen im Sinne ersparter Aufwendungen zugerechnet werden.

Teil der staatlichen Maßnahmen kann der Haushalt durch Variation seiner Merkmale und Aktivitäten selbst Einfluß darauf nehmen, ob und in welcher Höhe er belastet oder begünstigt wird. Derartige Gestaltungsmöglichkeiten sind für den Haushalt gerade im Hinblick auf die Vermeidung unerwünschter Grenzbelastungen bei Variation seiner Merkmale und Aktivitäten von Interesse, besonders hinsichtlich der Effekte bei steigendem Einkommen.

Im Gegensatz dazu gibt es eine Reihe von – z. T. quantitativ sehr bedeutsamen – staatlichen Maßnahmen, die umverteilend wirken können, bei denen aber das Eintreten der Voraussetzungen nicht oder nur bei sehr weitgehender Veränderung der persönlichen Lebensverhältnisse der Haushaltsmitglieder als Aktionsparameter der Haushalte bezeichnet werden kann. Hierzu gehören Maßnahmen wie Kriegsopferversorgung und anderweitige Beseitigung von Kriegsfolge- und anderer Katastrophenschäden sowie alle Arten der Begünstigung bei körperlicher und geistiger Behinderung u. ä. Grenzfälle stellen bei zumindest kurzfristig fehlender Mobilität Maßnahmen dar, deren Wirkungen auf die Angehörigen bestimmter Berufe begrenzt sind[7]. Diese staatlichen Maßnahmen weisen ebenfalls insofern Umverteilungseffekte auf, als sie einzelne Personen und Haushalte in stärkerem Maß begünstigen bzw. belasten als andere. Für die Einkommenssituation der einzelnen Betroffenen können sie sogar von entscheidender Bedeutung sein, so daß sie in einer Untersuchung der Einkommenssituation der betroffenen besonderen Bevölkerungsgruppen zu berücksichtigen wären.

Aufgabe dieser Untersuchung soll es aber sein, möglichst allgemeingültige Aussagen über die Umverteilungseffekte staatlicher Tätigkeit bei den wichtigsten Haushaltstypen zu machen. Deshalb sollen Maßnahmen, deren mögliche Umverteilungseffekte auf bestimmte eng begrenzte Bevölkerungskreise oder sehr spezielle Lebenslagen beschränkt sind und auf einer mehr zufälligen, vom Betroffenen nicht oder nur schwer beeinflußbaren Erfüllung bestimmter Bedingungen beruhen, aus dieser Untersuchung ausgeschlossen werden.

## VI. Konsequenzen für die Abgrenzung und die Methode der Untersuchung

Wie oben gezeigt, weisen die umverteilungsrelevanten staatlichen Maßnahmen z. T. erhebliche Unterschiede bezüglich der Lösbarkeit des Zurechnungs- und/oder Bewertungsproblems auf. Dies hat Auswirkungen auf die mögliche Qualität der Aussagen über die Umverteilungseffekte der verschiedenen Maßnahmen, besonders im Hinblick auf die Marginalbetrachtung. Deshalb liegt der Schwerpunkt dieser Untersuchung bei den monetären Transfers, die unmittelbar bei den privaten Haushalten ansetzen.

---

7 Wie das Beispiel der Förderung der Landwirtschaft zeigt, besitzen diese Begünstigungsmaßnahmen insgesamt wie für den Einzelfall z. T. erhebliche quantitative Bedeutung.

Dem Teil staatlicher Tätigkeit, der keine oder nur geringfügige Zurechnungs- oder Bewertungsprobleme aufwirft, ist die vorliegende Untersuchung gewidmet.

Die Umverteilungseffekte der ausgewählten staatlichen Maßnahmen, die die wichtigsten monetären Transfers umfassen, werden anhand von Modellberechnungen für einzelne Haushalte transparent gemacht. Auf diesem Weg, der im folgenden ausführlich dargestellt wird, können durch systematische Variation wichtiger Merkmale und Aktivitäten (z. B. Einkommenshöhe, Familienstand und Kinderzahl, Alter, Ausbildungsart u. a. m.) deren Auswirkung auf die Höhe staatlicher Belastungen und Begünstigungen und damit auf die Einkommenssituation einzelner, exakt definierter Haushalte quantifiziert werden, und zwar unter Berücksichtigung der – bei dem zugrundegelegten Rechtsstand – vom Gesetzgeber vorgeschriebenen Abhängigkeiten der Maßnahmen untereinander. Gerade für die unter Leistungsanreizgesichtspunkten wichtige Marginalbetrachtung, d. h. die Untersuchung der Belastungsveränderungen bei steigendem Einkommen, ist dies der adäquate methodische Ansatz.

Dagegen würde der Versuch, aus den Informationen verfügbarer Statistiken mit nach Einkommensklassen geschichteten Angaben Grenzeffekte zu quantifizieren, zu sehr groben und wenig aussagefähigen Ergebnissen führen. Denn zum einen könnte eine solche Aussage nicht für Einzelhaushalte, sondern nur für den Durchschnitt aller in einer Einkommensklasse zusammengefaßten Haushalte gelten, die i. d. R. hinsichtlich der für die staatlichen Umverteilungsmaßnahmen relevanten Merkmale und Aktivitäten sehr heterogen sind. Zum anderen sind die Einkommensklassen in den in Frage kommenden Statistiken (Einkommens- und Verbrauchsstichprobe, Mikrozensus, Einkommensteuerstatistik u. a. m.) zu groß, um Aussagen über die Höhe der Grenzeffekte (beim Übergang von einer Einkommensklasse zur nächst höheren) sinnvoll erscheinen zu lassen.

Mit der Quantifizierung der Umverteilungswirkungen, die aus staatlicher Tätigkeit resultieren, ist allerdings noch nichts darüber ausgesagt, ob diese Effekte bestimmten politischen Zielvorstellungen gerecht werden. Eine Bewertung der Ergebnisse im Hinblik auf politisch zu bestimmende Gerechtigkeitsvorstellungen kann nicht Aufgabe dieser Untersuchung sein; dies um so weniger, als den einzelnen Maßnahmen zwar mehr oder weniger konkrete Ziele zugrundeliegen, ein vollständiges, gewogenes Zielsystem zumindest in einer Form, die Anhaltspunkte für die Quantifizierung von Maßstäben für die Zielerreichung gäbe, aber nicht zur Verfügung steht.

Zweites Kapitel

# Abgrenzung und Probleme der Modellberechnungen

## I. Gegenstand der Modellberechnungen

Im ersten Untersuchungsteil sollen die Einkommensentzugs- und -zuführungseffekte, die aus einer Kumulation mehrerer staatlicher Begünstigungs- und Belastungsmaßnahmen bei bestimmten Haushaltstypen resultieren, modellmäßig quantifiziert werden. Hierfür sind die gesetzes- und verordnungsmäßigen Regelungen einer - nach bestimmten Kriterien getroffenen - Auswahl von Maßnahmen auf bestimmte Modellhaushalte, die hinsichtlich aller für diese Maßnahmen relevanten Merkmale und Aktivitäten seiner Mitglieder eindeutig zu definieren sind, gleichzeitig anzuwenden. Da nicht isoliert die Wirkungen einzelner Maßnahmen, sondern gerade die Effekte eines nach den rechtlichen Grundlagen möglichen oder gar vom Gesetzgeber gewünschten Zusammentreffens mehrerer Belastungen und Begünstigungen bei einem Haushalt untersucht werden sollen, spielt die Berücksichtigung von Abhängigkeiten zwischen den einzelnen Maßnahmen eine besondere Rolle. In dem für jeden Modellhaushalt zu ermittelnden Umverteilungssaldo - dem Maß für die saldierten staatlichen Einkommensentzüge bzw. Zusatzeinkommen - sind also diese Abhängigkeiten ebenso berücksichtigt wie die jeweiligen Aktivitäten und Merkmalskonstellationen des betreffenden Haushalts sowie die einzelnen maßnahmenspezifischen Berechnungsschemata.
Im Vordergrund der Untersuchung steht die Fragestellung, wie sich für einen bestimmten Haushalt bei zunehmendem Leistungseinkommen (BHE) der Umverteilungssaldo und damit das nach Umverteilung für die private Bedürfnisbefriedigung verbleibende Einkommen verändert. Bei dieser Marginalbetrachtung sind Schwellenphänomene - das sind starke Schwankungen der Grenzbelastung bzw. -begünstigung z. B. auf Grund des Überschreitens bestimmter Einkommensgrenzen - von besonderem Interesse. Um sie deutlich werden zu lassen, bedarf es eines Vorgehens in relativ kleinen Einkommensschritten und damit für jeden zu untersuchenden Modellhaushalt eines erheblichen Berechnungsaufwandes, der den Einsatz der EDV erforderlich macht.

Neben der Wirkung einer veränderten Einkommenshöhe auf den Umverteilungssaldo eines Haushaltstyps soll im ersten Untersuchungsteil auch der Einfluß sonstiger den Haushaltstyp charakterisierender Merkmale und Aktivitäten auf das Ausmaß staatlicher Umverteilung untersucht werden. Hierfür werden in einem zweiten Schritt die Umverteilungseffekte unterschiedlicher Haushaltstypen gegenübergestellt. Dabei steht die Unterscheidung der Haushaltstypen nach Familienstand und Kinderzahl im Vordergrund. Aber auch die Art der Ausbildung und das Alter der Haushaltsmitglieder, die Zusammensetzung des Haushaltseinkommens nach Arten bzw. nach Haushaltsmitgliedern, die Struktur der Einkommensverwendung, die Wohnsituation, der Vermögensstatus des Haushalts u. a. m. sind Unterscheidungsmerkmale, die für die Höhe der gesamten Umverteilungswirkungen der einbezogenen Maßnahmen von Bedeutung sind.

## II. Die Auswahl der Maßnahmen

Die Aufgabe dieser Untersuchung, für ein breites Spektrum unterschiedlicher Haushaltstypen exakt quantifizierte Aussagen über die Umverteilungswirkungen staatlicher Maßnahmen zu treffen, macht eine gezielte Auswahl der zu untersuchenden Belastungen und Begünstigungen erforderlich.

Im Hinblick auf die Lösbarkeit der Bewertungs- und Zurechnungsprobleme werden in die Modellrechnungen grundsätzlich nur direkte monetäre Transfers und indirekte Steuern einbezogen[1].

Darüber hinaus erscheint eine Beschränkung auf solche Umverteilungsmaßnahmen sinnvoll, die durch die privaten Haushalte gestaltbar sind. Derartige Gestaltungsmöglichkeiten sind für den Haushalt gerade im Hinblick auf die Vermeidung unerwünschter Grenzbelastungen bei steigendem Leistungseinkommen von Interesse.

Schließlich bleiben Maßnahmen von sehr geringer quantitativer Bedeutung für den einzelnen Haushalt außer Betracht.

Unter Berücksichtigung der angeführten Auswahlkriterien ergibt sich folgender Katalog der in die Untersuchung einzubeziehenden Belastungen und Begünstigungen:

1. Einkommensteuer-Belastung;
2. Einkommensteuerliche Begünstigungen;
   2.1. Sonderabschreibungen nach § 7b EStG;
   2.2. Sonderausgabenabzug von Bausparbeiträgen;
   2.3. Sonderausgabenabzug von Aufwendungen für Weiterbildung im nicht ausgeübten Beruf;
   2.4. Ausbildungsfreibetrag;

---

[1] Wegen der wesensmäßigen Verwandtschaft mit dem Wohngeld wird auch die Begünstigung privater Haushalte durch den Sozialen Wohnungsbau in die Untersuchung mit einbezogen. Die Höhe der Begünstigung wird dabei berechnet als Differenz zwischen der Miete für Sozialwohnungen und der Marktmiete für vergleichbare Wohnungen.

3. Gesetzliche Krankenversicherung;
   3.1. Beiträge;
   3.2. Durchschnittlicher Versicherungsschutz;
4. Vermögensteuer;
5. Kfz-Steuer;
6. Kindergeld;
7. Leistungen nach BAFöG;
8. Leistungen nach dem Arbeitsförderungsgesetz (AFG);
   8.1. Berufsausbildungsbeihilfe;
   8.2. Förderung von Fortbildung und Umschulung;
9. Wohngeld;
10. Sozialwohnung;
11. Sozialhilfe;
12. Arbeitnehmersparzulage nach dem 3. Vermögensbildungsgesetz;
13. Sparprämien;
14. Wohnungsbauprämien;
15. Indirekte Steuern.

Dabei ist die Einkommensteuer-Belastung eines Modellhaushalts die Summe der Steuerschuldbeträge aller Haushaltsmitglieder vor Geltendmachung der einkommensteuerlichen Sonderbegünstigungen, deren Umverteilungswirkungen in dieser Untersuchung explizit ausgewiesen werden (Begünstigungsmaßnahmen 2.1.–2.4.). Der Kreis der explizit darzustellenden Steuervergünstigungen wird auf einige wesentliche Entlastungen mit Sonderbegünstigungscharakter im Einkommensteuerrecht beschränkt. Weitere Steuervergünstigungen des Einkommensteuerrechts werden gegebenenfalls implizit als belastungsmindernd bei der Einkommensteuer berücksichtigt.

Der Bereich der gesetzlichen Kranken- und Arbeitslosenversicherung stellt gegenüber den anderen staatlichen Maßnahmen insofern eine Besonderheit dar, als der einzelne Haushalt durc die Beitragszahlung unmittelbar eine Gegenleistung in Form des Versicherungsschutzes erwirbt. Umverteilung findet hier nur in dem Umfang statt, wie die Beiträge und der dadurch erworbene durchschnittliche Versicherungsschutz[2] voneinander abweichen.

In der gesetzlichen Krankenversicherung treten i. d. R. Umverteilungseffekte auf, weil die Beiträge vom Einkommen abhängen, während der erworbene Versicherungsschutz von verschiedenen Risikofaktoren – Alter, Geschlecht, Anzahl der mitversicherten Familienangehörigen – bestimmt wird.

[2] Zur Quantifizierung dieses Versicherungsschutzes werden hier durchschnittliche Versicherungsleistungen (Geld- und Sachleistungsausgaben) der gesetzlichen Krankenversicherung unter Berücksichtigung einiger Risikofaktoren herangezogen (siehe Anhang III.2.). Die Tatsache, daß in einem konkreten Krankheitsfall die tatsächlichen Versicherungsleistungen von den durchschnittlichen (wahrscheinlichen) abweichen, stellt kein Element staatlicher Umverteilung dar, sondern ist lediglich als Risikoausgleich innerhalb der Versichertengemeinschaft – wie er auch in jeder Privatversicherung vorkommt – zu betrachten.

In der Arbeitslosenversicherung ist die Höhe der Leistungen ähnlich wie die der Beiträge vom Einkommen der Versicherten abhängig. Umverteilungswirkungen könnten hier im wesentlichen nur durch eine ungleichmäßige Verteilung des Risikos der Arbeitslosigkeit auf unterschiedliche Einkommensklassen entstehen. Angesichts des geringen quantitativen Gewichts dieser Umverteilungswirkungen bei der Betrachtung von durchschnittlichen Risiken erscheint eine Vernachlässigung der Arbeitslosenversicherung in der Umverteilungsanalyse gerechtfertigt.

Die begrenzte Maßnahmenauswahl beeinflußt die Aussagefähigkeit der Untersuchungsergebnisse. Aufgrund des starken Übergewichts der Belastungsmaßnahmen liegen das absolute Niveau der Umverteilungseffekte und die Belastungsschwellen niedriger als bei Einbeziehung weiterer Begünstigungsmaßnahmen (überwiegend Realtransfers).

## III. Die rechtlichen Regelungen als Grundlage für die Berechnung der Umverteilungseffekte

Maßgebend für die Berechnung der Belastungen und Begünstigungen der Haushalte im Untersuchungsjahr 1977 sind die jeweiligen rechtlichen Regelungen für die hier einbezogenen staatlichen Maßnahmen entsprechend dem Rechtsstand am 30. 6. 1977. Sofern zur Berechnung der Umverteilungseffekte bestimmter Maßnahmen Informationen über Zwischen- oder Endergebnisse der Berechnungen für dieselben oder andere Maßnahmen aus Vorjahren erforderlich sind – z. B. bei BAFöG für denGesamtbetrag der Einkünfte und die Steuerschuld des Vorvorjahres –, ist der Rechtsstand der jeweiligen Referenzperiode relevant (vgl. Darstellung der Einzelmaßnahmen im Anhang).

Die rechtlichen Regelungen legen die Bestimmungsfaktoren für die Umverteilungseffekte des betreffenden Jahres fest. Nach ihrer unterschiedlichen Behandlung in dieser Untersuchung können diese Bestimmungsfaktoren in drei Kategorien eingeteilt werden:

- Merkmale und Aktivitäten eines Haushalts bzw. seiner Mitglieder, die in den jeweils relevanten Gesetzen, Verordnungen, Richtlinien usw. als Kriterien für Begünstigungen und Belastungen bzw. für deren Höhe festgelegt sind; sie werden als exogene Variablen der Modellberechnungen behandelt.
- Bei einzelnen Maßnahmen notwendige Informationen über Zwischen- bzw. Endergebnisse anderer Maßnahmen im Untersuchungsjahr oder in einer anderen Referenzperiode; sie werden als endogene Variablen des Modells bestimmt.
- Rechtliche Regelungen, die nicht zu den beiden vorgenannten Kategorien gehören. Hierunter werden z. B. subsumiert: die grundlegende Konstruktion der maßnahmespezifischen Berechnungsverfahren, Definitionen der z. T. sehr verschiedenen Einkommensbegriffe, Einkommens- und Beitragsbemes-

sungsgrenzen, Freibeträge, Steuertarife, Beitrags- und Prämiensätze, Bedarfs- und Regelsätze, Kriterien für die Berücksichtigung von Kindern und anderes mehr. Diese Regelungen stellen in den vorliegenden Modellberechnungen keine Variablen dar; sie werden vielmehr entsprechend dem jeweiligen Rechtsstand als für ein bestimmtes Jahr festliegend berücksichtigt.

## 1. Merkmale und Aktivitäten als Bestimmungsfaktoren der Umverteilungseffekte

Wie ein Überblick über die wesentlichen Einzelregelungen zeigt, stellt das Einkommen bei den meisten Maßnahmen einen direkten und/oder indirekten Einflußfaktor auf die Umverteilungseffekte dar. Vielfach ist die Abhängigkeit vom Einkommen auch in Form von gesetzesspezifischen Einkommensgrenzen konkretisiert, die für die Untersuchung von Schwellenphänomenen von besonderer Bedeutung sind. Auch der Familienstand und die Kinderzahl spielen bei der überwiegenden Zahl der Maßnahmen eine Rolle. Deshalb bietet sich eine generelle Unterscheidung der Modellhaushalte, für die hier die Umverteilungswirkungen quantifiziert werden sollen, nach der Einkommenshöhe und dem Familienstand bzw. der Kinderzahl (Haushaltsgröße) an.

Darüberhinaus bedient sich der Gesetzgeber bei der Abgrenzung der zu belastenden oder zu begünstigenden Haushalte bzw. Personen, bei der Definition der Bemessungsgrundlagen für die Höhe der Begünstigung oder Belastung, bei der Festlegung von Freibeträgen, Bedarfs-, Beitrags-, Prämiensätzen usw. einer Vielzahl von Merkmalen und Aktivitäten des Haushalts bzw. seiner Mitglieder. Sie können zu folgenden Merkmalsgruppen zusammengefaßt werden:

- Personelle Zusammensetzung des Haushalts

  Darunter werden Informationen über Zahl und Familienstand der Haushaltsmitglieder, Zahl der Kinder, der Einkommensbezieher und Vermögenseigentümer u. ä. zusammengefaßt.

- Einkommen

  Bezüglich des Einkommens interessiert z. B., welchen Beitrag die einzelnen Haushaltsmitglieder zum Haushaltseinkommen leisten, aus welcher Quelle (z. B. unselbständige Arbeit, Kapitalvermögen, Rente usw.) die Einkommen stammen oder wie hoch das Einkommen jeweils im Untersuchungsjahr, im Vorjahr oder im Vorvorjahr war.

- Einkommensverwendung

  Hinsichtlich der Verwendung des Haushaltseinkommens ist die Kenntnis der Konsumstruktur und speziell der Aufwendungen für die Funktion „Wohnen" erforderlich. Für einzelne Haushaltsmitglieder müssen Annahmen darüber getroffen werden, welche Aufwendungen sie für Versicherungen, für Ersparnis und Vermögensbildung und für Aus- bzw. Weiterbildung tätigen und in welcher Höhe effektive Werbungskosten anfallen.

- Vermögen

  Bezüglich des Haushaltsvermögens werden Informationen darüber benötigt, wie es sich auf die Haushaltsmitglieder verteilt und um welche Art von Vermögen es sich handelt.

- Alter der Haushaltsangehörigen

  Das Alter der Haushaltsmitglieder spielt bei drei Viertel der hier untersuchten Maßnahmen eine Rolle, allerdings in sehr unterschiedlichen Ausprägungen. Teils ist das Alter zu Beginn des Kalenderjahres relevant, teils zu bestimmten Stichtagen im Laufe des Jahres (z. B. Vollendung bestimmter Lebensjahre, Studienbeginn u. ä.). Bei beiden Arten der Altersfeststellung treten zahlreiche Altersstufen - vor allen im Hinblick auf Kinder und Jugendliche - auf. In bestimmten Altersbereichen liegen mehrere Stufen dicht beieinander (z. B. Vollendung des 15., 17., 18., bzw. 60., 63., 64., 65. Lebensjahres). Insgesamt finden bei den hier relevanten Maßnahmen 25 verschiedene Altersstufen Verwendung.

- Aus- und Weiterbildung der Haushaltsangehörigen

  Für den überwiegenden Teil der Maßnahmen müssen außerdem - meist in Kombination mit dem Alter einzelner Haushaltsangehöriger - Annahmen darüber getroffen werden, ob sich die Haushaltsmitglieder in Aus- oder Weiterbildung befinden, um welche Ausbildungsart es sich dabei handelt und ob bereits eine abgeschlossene Berufsausbildung vorliegt.

- Wohnen

  Unter diese Merkmalsgruppe fallen Angaben darüber, ob der Haushalt im eigenen Haus bzw. in eigener Wohnung oder zur Miete wohnt, ob einzelne Haushaltsmitglieder außerhalb der Hauptwohnung untergebracht sind, sowie Angaben über die Höhe der Miete. Kann ein Haushalt, der ein Haus gebaut hat, Abschreibungen nach § 7b EStG geltend machen, werden Angaben über Größe und Herstellungskosten des Hauses, über Darlehensaufnahme und Tilgungsmodalitäten u. a. m. benötigt.

Bei einer näheren Analyse der in diese Untersuchung einbezogenen Maßnahmen stößt man auf das Problem, daß die hier angegebenen Hauptmerkmale in den einzelnen Gesetzen und den dazugehörigen Rechtsverordnungen und Verwaltungsvorschriften in vielen verschiedenen Ausprägungen (Merkmalsmodalitäten) und die Merkmalsmodalitäten wiederum in sehr verschiedenen Kombinationen verwendet werden und daß die Maßnahmen außerdem eine z. T. sehr starke Abhängigkeit untereinander aufweisen.

Die Merkmale-Maßnahme-Matrix (Übersicht 2) gibt einen Überblick über die für die einzelnen Maßnahmen wichtigsten Merkmale und Aktivitäten und ihre jeweiligen maßnahmenspezifischen Ausprägungen.

Bei spaltenweiser Lesart informiert die Merkmale-Maßnahmen-Matrix also darüber, welche Merkmale und Merkmalsmodalitäten bei einer bestimmten Maßnahme zu berücksichtigen sind, d. h. welche Charakteristika (persönliche Merkmale und Aktivitäten) des Haushalts bzw. seiner Mitglieder man kennen muß, um Art und Umfang der Belastung oder Begünstigung des Haushalts durch die betreffende Maßnahme quantifizieren zu können. So sind z. B. für die Berechnung des BAFöG-Anspruchs eines Kindes Informationen über Zahl, Alter, Art der Ausbildung und Unterbringung der Kinder, über die Einkommensverhältnisse des BAFöG-Empfängers im laufenden Jahr und seiner Eltern im Vorvorjahr, sowie über die Höhe des Vermögens des BAFöG-Empfängers und seiner Eltern erforderlich.

Bei zeilenweiser Lesart zeigt die Matrix, bei welchen der in die Untersuchung einbezogenen Maßnahmen ein bestimmtes Merkmal - und in welcher Ausprägung - von Bedeutung ist bzw. welche Maßnahmen gemeinsam von einer bestimmten Merkmalsausprägung abhängig sind.

In der starken Differenzierung der Merkmalsausprägungen und -kombinationen und ihrer weitgehend isolierten Ausrichtung auf das jeweilige Ziel der Einzelmaßnahmen spiegelt sich der Wunsch des Gesetzgebers wider, der jeweiligen Zielgruppe und darin dem persönlichen Einzelfall sehr weitgehend gerecht zu werden. Sofern nicht systembedingte Notwendigkeiten zu erkennen sind, offenbart die daraus resultierende Vielfalt an Merkmalsausprägungen und -kombinationen aber auch einen gewissen Mangel an Koordination, weil bei verschiedenen Maßnahmen mit gleicher oder ähnlicher Zielrichtung

- ähnliche Einzelfälle, z. B. die Berücksichtigung von Kindern oder älteren Personen mit Hilfe unterschiedlicher, sehr weitgehend differenzierter Merkmalsmodalitäten (z. B. unterschiedliche, aber nahe beieinanderliegende Altersgrenzen) definiert werden und weil
- die Einkommensbegriffe und zum Teil auch die Einkommensgrenzen von Maßnahme zu Maßnahme stark variieren.

In der Vielfalt der bei den verschiedenen Maßnahmen relevanten Merkmale und Aktivitäten, ihren unterschiedlichen Ausprägungen und Kombinationen sowie in den Abhängigkeiten der Maßnahmen untereinander liegt die Gefahr begründet, daß bei Kumulation mehrerer Maßnahmen in einem Haushalt per Saldo Wirkungen auftreten, die vom Gesetzgeber bei isolierter Zielsetzung und Ausgestaltung einzelner Maßnahmen nicht beabsichtigt waren.

Um die kumulativen Umverteilungseffekte der in die Untersuchung einbezogenen Maßnahmen quantifizieren zu können, ist es erforderlich, die Modellhaushalte hinsichtlich aller relevanten Merkmale und Aktivitäten eindeutig zu definieren.

Die Konstruktion der Modellhaushalte erfolgte unter Berücksichtigung von zwei Aspekten: Zum einen sollten möglichst empirisch relevante Haushaltstypen gebildet werden, zum anderen sollte durch eine systematische Variation der Merkmale untersucht werden, auf welche Faktoren die ermittelten Umverteilungswirkungen zurückzuführen sind.

Übersicht 2

**MERKMALE – MASSNAHMEN – MATRIX**
für ausgewählte staatliche Transfers

| Merkmale | Maßnahmen: Steuerliche Vergünstigungen: Einkommensteuer | Steuerliche Vergünstigungen: Sonderabschr. §7b EStG | Steuerliche Vergünstigungen: Sonderausgaben: Bausparbeiträge | Steuerliche Vergünstigungen: Sonderausgaben: Berufsausbildung | Steuerliche Vergünstigungen: Ausbildungsfreibetrag | Kfz.-Steuer | Vermögensteuer | Indirekte Steuern | Beiträge zur GKV | Beiträge zur ALV | Förderg. nach AFG: Berufsausbildung | Förderg. nach AFG: Fortbildung/Umschulung | Kindergeld | BAföG | 3. Vermögensbildungsgesetz | Sparprämien | Wohnungsbauprämien | Wohngeld | Sozialwohnung | Sozialhilfe |
|---|---|---|---|---|---|---|---|---|---|---|---|---|---|---|---|---|---|---|---|---|
| **I. Personelle Zusammensetzung der Haushalte** | | | | | | | | | | | | | | | | | | | | |
| 1. Zahl der Haushaltsangehörigen | ● | ● | ● | ● | ● | | | | ● | ● | ● | | | ● | ● | ● | ● | ● | ● | ● |
| 2. Familienstand der Haushaltsangehörigen | ● | ● | ● | ● | ● | | ● | | ● | ● | ● | ● | | ● | ● | ● | ● | ● | ● | ● |
| 3. Zahl der Einkommensbezieher | ● | ● | ● | ● | ● | | | | ● | ● | ● | ● | | ● | ● | ● | ● | | | ● |
| 4. Maßnahmenspezifische Zusammengehörigkeit der Einkommensbezieher | ● | ● | ● | ● | ● | | | | ● | | ● | | | ● | ● | ● | ● | ● | | ● |
| 5. Zahl der Vermögenseigentümer | | | | | | | ● | | | | | | | ● | | | | | | ● |
| 6. Maßnahmenspezifische Zusammengehörigkeit der Vermögenseigentümer | | | | | | | ● | | | | | | | ● | | | | | | ● |
| 7. Zahl der Kinder | ● | ● | ● | ● | ● | | ● | | ● | | ● | ● | ● | ● | ● | ● | ● | ● | ● | |
| 8. Zahl der Transferempfänger | | | | | | | | | | | | | | | | | | ● | | |
| **II. Einkommen** | | | | | | | | | | | | | | | | | | | | |
| 1. Einkommenshöhe nach dem Jahr des Bezugs | | | | | | | | | | | | | | | | | | | | |
| a. im Untersuchungsjahr | ● | ● | ● | ● | ● | | | ● | ● | ● | ● | ● | ● | ● | ● | | | | | ● |
| b. im Vorjahr | | | | | | | | | | | | ● | | | | ● | ● | | ● | |
| c. im Vorvorjahr | | | | | | | | | | | | | | ● | | | | | | |
| d. vor Beginn einer Maßnahme | | | | | | | | | | | | | | | | | | ● | | |
| 2. Einkommenshöhe nach der personellen Verteilung auf die Haushaltsmitgl. | | | | | | | | | | | | | | | | | | | | |
| a. BHE insgesamt | | | | | | | | | | | | | | | | | | | ● | |
| b. Beitrag der einzelnen Haushaltsmitglieder zum BHE | ● | ● | ● | ● | ● | | | | ● | ● | ● | ● | ● | ● | ● | ● | ● | ● | | ● |
| 3. Zusammensetzung des BHE | | | | | | | | | | | | | | | | | | | | |
| a. aus unselbständiger Arbeit | ● | ● | ● | ● | ● | | | | ● | ● | | ● | | | ● | | | | | |
| b. aus Kapitalvermögen | ● | ● | ● | ● | ● | | ● | | | | | | | | | | | | | |
| c. aus Renten | ● | ● | ● | ● | ● | | | | | | | | | | | | | | ● | |
| d. aus Pensionen | ● | ● | ● | ● | ● | | | | | | | | | | | | | | | |
| e. aus Vermietung und Verpachtung | ● | ● | ● | ● | ● | | ● | | | | | | | | | | | ● | | |
| f. aus Ausbildungsverhältnis | | | | | | | | | ● | ● | | | ● | ● | | | | | | |
| g. sonstige ( Gewerbebetrieb, selbständige Arbeit ) | ● | ● | ● | ● | ● | | ● | | | | | ● | | | | | | | | |

| III. Einkommensverwendung ( aus dem laufenden Einkommen ) | | | | | | | | | | | | | | | | | | | | |
|---|---|---|---|---|---|---|---|---|---|---|---|---|---|---|---|---|---|---|---|---|
| 1. unter Berücksichtigung der personellen Verteilung auf die Haushaltsmitgl. | | | | | | | | | | | | | | | | | | | | |
| a. Höhe der Aufwendungen für Versicherungen | | | | | | | | ● | | | | | | | | | | | | |
| a.1. für private und / oder gesetzliche Altersversicherung | ● | ● | ● | ● | ● | | | | | | ● | ● | | | | | | ● | ● | ● |
| a.2. für private und / oder gesetzliche Krankenversicherung | ● | ● | ● | ● | ● | | | | | | ● | ● | | | | | | ● | ● | ● |
| a.3. für Arbeitslosenversicherung | ● | ● | ● | ● | ● | | | | | | ● | ● | | | | | | ● | ● | ● |
| a.4. sonstige Versicherungen ( im Sinne von Vorsorgeaufwendungen: Haftpflichtversicherung, Unfallversicherung ) | ● | ● | ● | ● | ● | | | | | | ● | | | | | | | | | ● |
| a.5. Unterscheidung von Arbeitgeber- und Arbeitnehmeranteilen | ● | ● | ● | ● | ● | | | | | | ● | ● | | ● | | | | ● | ● | ● |
| b. Höhe der Aufwendungen für Ersparnis und Vermögensbildung | | | | | | | | | | | | | | | | | | | | |
| b.1. Ersparnis insgesamt (Sparquote) | | | ● | | | | ● | ● | | | | | | | ● | ● | ● | | | |
| b.2. längerfristige Anlagen nach Arten | | | | | | | | | | | | | | | | | | | | |
| b.2.1. 3. Vermögensbildungsgesetz | | | | | | | | | | | | | | | ● | | | ● | | |
| b.2.2. Sparprämiengesetz | | | | | | | | | | | | | | | | ● | | | | |
| b.2.3. Bausparbeiträge (Sonderausgabenabzug) | ● | ● | ● | ● | ● | | | | | | | | | | | | ● | | | |
| b.2.4. Wohnungsbauprämiengesetz | | | | | | | | | | | | | | | | | ● | | | |
| c. Höhe der Aufwendungen für Kirchensteuerzahlungen | ● | ● | ● | ● | ● | | | ● | | | ● | ● | | ● | | | | | | ● |
| d. Höhe der Aufwendungen für Aus- und Weiterbildung | | | | | | | | ● | | | | | | | | | | | | |
| d.1. im nicht ausgeübten Beruf | | | | | | | | | | | | | | | | | | | | |
| d.1.1. insgesamt ohne Aufwendungen für Lebensunterhalt | ● | ● | ● | ● | ● | | | | | | | | | | | | | | | |
| d.1.2. Aufwendungen für den Lebensunterhalt | | | | | | | | | | | | | | | | | | ● | | |
| d.1.3. Aufwendungen für Unterkunft | | | | | | | | | | | | | | | | | | ● | | |
| d.2. Effektive maßnahmenspezifische Kosten (z.B. Lehrgangsgeb.), für die individueller Kostensatz gewährt wird | | | | | | | | | | | ● | ● | | | | | | | | |
| e. Effektive Werbungskosten | | | | | | | | | | | ● | ● | | | | | | | | ● |
| f. Höhe der Aufwendungen für Unterhaltszahlungen | ● | | | | | | | | | | | | | | | | | ● | | |
| 2. ohne Berücksichtigung der Verteilung auf die Haushaltsmitglieder | | | | | | | | | | | | | | | | | | | | |
| a. Höhe der Aufwendungen für 56 Ausgabearten der Konsummatrix | | | | | | | ● | ● | | | | | | | | | | | | |
| b. Höhe der Aufwendungen für Wohnen | | | | | | | | ● | | | | | | | | | | | | |
| b.1. insgesamt (einschl. Heizg. u. auswärtige Unterbringung einzelner Haushaltsmitglieder) | | | | | | | | | | | | | | | | | | | | ● |
| b.1.1. Miete für Hauptwohnung | | | | | | | | | | | | | | | | | | ● | ● | |
| b.1.1.1. auf dem freien Wohnungsmarkt | | | | | | | | | | | | | | | | | | ● | ● | |
| b.1.1.2. im sozialen Wohnungsbau | | | | | | | | | | | | | | | | | | ● | ● | |
| b.1.2. Aufwendungen für auswärtige Unterbringung eines Haushaltsmitgliedes | | | | | | | | | | | ● | | | | | | | ● | | |
| b.2. Belastung für eigengenutzte Wohnung im eigenen Haus (enthält Darlehen und Grundsteuer) | | | | | | | | | | | | | | | | | | ● | | |
| b.3. Aufwendungen für Unterkunft und volle Verpflegung in Internat oder Wohnheim | | | | | | | | | | | ● | | | | | | | | | |

noch Übersicht 2

## MERKMALE – MASSNAHMEN – MATRIX

für ausgewählte staatliche Transfers

| Merkmale | Maßnahmen | | | | | | | | | | | | | | | | | | | |
|---|---|---|---|---|---|---|---|---|---|---|---|---|---|---|---|---|---|---|---|---|
| | | Steuerliche Vergünstigungen | Sonder-ausgaben | | | | | | | | Förderg. nach AFG | | | | | | | | | |
| | Einkommensteuer | Sonderabschr. § 7b EStG | Bausparbeiträge | Berufsausbildung | Ausbildungsfreibetrag | Kfz.-Steuer | Vermögenssteuer | Indirekte Steuern | Beiträge zur GKV | Beiträge zur ALV | Berufsausbildung | Fortbildung/Umschulung | Kindergeld | BAFöG | 3. Vermögensbildungsgesetz | Sparprämien | Wohnungsbauprämien | Wohngeld | Sozialwohnung | Sozialhilfe |
| **IV. Vermögen** | | | | | | | | | | | | | | | | | | | | |
| 1. Höhe des Vermögens nach der personellen Verteilung auf die Haushaltmitglieder | | | | | | | | | | | | | | | | | | | | |
| a. Haushaltsvermögen insgesamt (ohne Berücksichtigung der Verteilung) | | | ● | | | | ● | | | | | | | | ● | ● | ● | | | |
| b. Anteil einzelner Haushaltsmitglieder am Vermögen | | | | | | | ● | | | | | | | ● | | | | | | ● |
| 2. Höhe des Vermögens nach Arten | | | | | | | | | | | | | | | | | | | | |
| a. Grundvermögen (weitere Differenzierung s. VIII. Bauen) | | | | | | | ● | | | | | | | ● | | | | | | |
| b. Sonstiges ( außer Grundvermögen ) | | | | | | | ● | | | | | | | ● | | | | | | |
| c. nach Bundessozialhilfegesetz nicht anrechenbares Vermögen (88 BSHG) | | | | | | | | | | | | | | | | | | | | ● |
| **V. Alter der Haushaltsangehörigen** | | | | | | | | | | | | | | | | | | | | |
| 1. zu Beginn des Untersuchungsjahres | | | | | | | | | | ● | | | | | | | | | | |
| a. 17. Lebensjahr noch nicht vollendet | | | | | | | | | | | | | | | | ● | ● | | | |
| b. 17. Lebensjahr vollendet | | | | | | | | | | | | | | | | ● | ● | | | |
| c. 18. Lebensjahr noch nicht vollendet | ● | ● | ● | ● | ● | | ● | | | | | | | | ● | | | | | |
| d. 18. Lebensjahr vollendet | | | | | | | | | | | | | | | | | | | | |
| e. 18. Lebensjahr vollendet aber noch nicht 27. Lebensjahr vollendet | ● | ● | ● | ● | ● | | ● | | | | | | | | ● | | | | | |
| f. 27. Lebensjahr vollendet | ● | ● | ● | ● | ● | | ● | | | | | | | | ● | | | | | |
| g. 40. Lebensjahr noch nicht vollendet | | | | | | | | | | | | | | | | | | | ● | |
| h. 49. Lebensjahr vollendet | ● | ● | ● | ● | ● | | | | | | | | | | | | | | | |
| i. 60. Lebensjahr vollendet | | | | | | | ● | | | | | | | | | | | | ● | |
| j. 64. Lebensjahr vollendet | ● | ● | ● | ● | ● | | | | | | | | | | | | | | | |
| k. 65. Lebensjahr vollendet | | | | | | | ● | | | | | | | | | | | | | |
| 2. im laufenden Monat des Untersuchungsjahres | | | | | | | | | | | | | | | | | | | | |
| a. bis zur Vollendung des 7. Lebensjahres | | | | | | | | | | | | | | | | | | | | ● |
| b. von Beginn des 8. bis zur Vollendung des 11. Lebensjahres | | | | | | | | | | | | | | | | | | | | ● |

| | | | | | | | | | | | | | | | | | | | | |
|---|---|---|---|---|---|---|---|---|---|---|---|---|---|---|---|---|---|---|---|---|
| c. von Beginn des 12. bis zur Vollendung des 15. Lebensjahres | | | | | | | | | | | | | | | | | | | | ● |
| d. von Beginn des 16. bis zur Vollendung des 21. Lebensjahres | | | | | | | | | | | | | | | | | | | | ● |
| e. ab Beginn des 22. Lebensjahres | | | | | | | | | | | | | | | | | | | | ● |
| f. 65. Lebensjahr vollendet | | | | | | | | | | | | | | | | | | | | ● |
| g. 15. Lebensjahr noch nicht vollendet | | | | | | | | | | | | | | ● | | | | | | |
| h. 15. Lebensjahr vollendet (Regelfall des Alters zu Beginn der 10. Klasse) aber 35. Lebensjahr noch nicht vollendet | | | | | | | | | | | | | | ● | | | | | | |
| i. 18. Lebensjahr noch nicht vollendet | | | | ● | ● | | | | ● | | ● | | ● | | | | | | | ● |
| j. 18. Lebensjahr vollendet, aber noch nicht 27. Lebensjahr vollendet | | | | | ● | | | | | | | | ● | | | | | | | |
| k. 21. Lebensjahr vollendet | | | | | | | | | | | ● | | | | | | | | | |
| l. bis zur Vollendung des 25. Lebensjahres | | | | | | | | | ● | | | | | | | | | | | |
| m. 27. Lebensjahr vollendet | | | | | ● | | | | | | | | ● | | | | | | | |
| n. 63. Lebensjahr vollendet | | | | | | | | | | | | | | | | | | | | |
| o. vollendetes Lebensjahr des Rentenberechtigten zu Beginn der Rente | ● | ● | ● | ● | ● | | | | | | | | | | | | | | | |
| **VI. Aus- und Weiterbildung der Haushaltsangehörigen** | | | | | | | | | | | | | | | | | | | | |
| 1. in Ausbildung (bzw. Wehr- oder Zivildienst, freiwilliges soziales Jahr u.ä.) | | | | | | | | | | | | | | | | | | | | |
| a. ohne Berücksichtigung der Ausbildungsart | ● | ● | ● | ● | ● | | ● | | ● | | | | ● | | ● | | | ● | | |
| b. mit Berücksichtigung der Ausbildungsart | | | | | | | | | | | | | | | | | | | | |
| b.1. als Schüler / Praktikant | | | | | | | | | | | | | | | | | | | | |
| b.1.1. insgesamt mit Ausnahme der Grund- und Hauptschüler (BAFöG) | | | | | | | | | | | | | | ● | | | | | | |
| b.1.2. Grund-, Haupt-, Realschüler und Gymnasiasten | | | | | | | | | | | | | | | | | | | | |
| b.2. als Student / Praktikant | | | | | | | | | ● | | | | | | | | | | | |
| b.2.1. in Fachschule, Abendgymnasium und Kolleg | | | | | | | | | | | | | | ● | | | | | | |
| b.2.2. in höheren Fachschulen, Akademien, Hochschulen | | | | | | | | | | | | | | ● | | | | | | |
| b.3. als Auszubildender in betrieblicher Ausbildung | | | | | | | | | | | ● | | | | | | | | | |
| b.4. in nicht nach BAFöG oder ähnlicher föderungsfähiger Ausbildung | | | | | | | | | | | | | | ● | | | | | | |
| 2. in Weiterbildung | | | | | | | | | | | | | | | | | | | | |
| a. im ausgeübten Beruf | | | | | | | | | | | | ● | | | | | | ● | | |
| b. im nicht ausgeübten Beruf | | | | | | | | | | | | | | | | | | | | |
| b.1. mit dem Ziel des Übergangs in andere Berufe | | | | ● | | | | | | | | ● | | | | | | ● | | |
| b.2. unabhängig von diesem Ziel | ● | | | ● | | | | | | | | | | | | | | | | |
| c. mit ganztägigem Unterricht | | | | | | | | | | | | ● | | | | | | | | |
| 3. abgeschlossene Berufsausbildung | | | | | | | | | | | | ● | | ● | | | | | | |

noch Übersicht 2

**MERKMALE – MASSNAHMEN – MATRIX**
für ausgewählte staatliche Transfers

| Merkmale | Maßnahmen | | | | | | | | | | | | | | | | | | | |
|---|---|---|---|---|---|---|---|---|---|---|---|---|---|---|---|---|---|---|---|---|
| | | Steuerliche Vergünstigungen | | | | | | | | | Förderg. nach AFG | | | | | | | | | |
| | | | Sonderausgaben | | | | | | | | | | | | | | | | | |
| | Einkommensteuer | Sonderabschr. §7b EStG | Bausparbeiträge | Berufsausbildung | Ausbildungsfreibetrag | Kfz.-Steuer | Vermögensteuer | Indirekte Steuern | Beiträge zur GKV | Beiträge zur ALV | Berufsausbildung | Fortbildung/Umschulung | Kindergeld | BAFöG | 3. Vermögensbildungsgesetz | Sparprämien | Wohnungsbauprämien | Wohngeld | Sozialwohnung | Sozialhilfe |
| VII. Wohnen | | | | | | | | | | | | | | | | | | | | |
| 1. Wohnung des Haushalts im eigenen Haus bzw. in eigener Eigentumswohnung | ● | ● | ● | ● | ● | | ● | | | | | | | | | | | ● | ● | |
| 2. Wohnung des Haushalts zur Miete | | | | | | | | | | | | | | | | | | ● | ● | |
| 3. Wohnung einzelner Haushaltsangehöriger außerhalb der Hauptwohnung | | | | ● | ● | | ● | | | | | | | ● | | | | ● | | |
| 4. Größe der Wohngemeinde (3 Varianten) | | | | | | | ● | | | | | | | | | | | ● | | |
| 5. Alter der Wohnung (4 Varianten) | | | | | | | | | | | | | | | | | | ● | | |
| 6. Ausstattung der Wohnung (3 Varianten) | | | | | | | | | | | | | | | | | | ● | | |
| 7. Größe der Wohnung (effektiv bis zu bestimmten Obergrenzen) | | | | | | | | | | | | | | | | | | ● | ● | |
| VIII. Bauen | | | | | | | | | | | | | | | | | | | | |
| 1. Art des Gebäudes | | | | | | | | | | | | | | | | | | | | |
| a. Eigenheim, Ein- und Zweifamilienhäuser, Eigentumswohnung | | ● | | | | | ● | | | | | | | | | | | | | |
| b. Mehrfamilienhäuser, sonstige | | ● | | | | | ● | | | | | | | | | | | | | |
| c. Bauausführung | | | | | | | ● | | | | | | | | | | | | | |
| 2. Alter des Gebäudes (Jahr der Fertigstellung) | | | | | | | ● | | | | | | | | | | | | | |
| a. vor dem 1.1. 57 | | ● | | | | | | | | | | | | | | | | | | |
| b. vor dem 10.10. 62 | | ● | | | | | | | | | | | | | | | | | | |
| c. nach dem 9.10. 62 und vor dem 1.10. 65 | | ● | | | | | | | | | | | | | | | | | | |
| d. nach dem 31.12. 64 | | ● | | | | | | | | | | | | | | | | | | |
| 3. Art der Baumaßnahme | | | | | | | | | | | | | | | | | | | | |
| a. Neubau | | ● | | | | | | | | | | | | | | | | | | |
| b. Umbau, Ausbau; Erweiterung | | ● | | | | | | | | | | | | | | | | | | |
| c. Erwerb | | ● | | | | | | | | | | | | | | | | | | |
| c.1. Ersterwerb | | ● | | | | | | | | | | | | | | | | | | |
| c.2. Zweiterwerb | | ● | | | | | | | | | | | | | | | | | | |
| 4. Höhe des maßnahmenspezifischen Aufwandes (Höhe der Herstellungskosten) | | | | | | | ● | | | | | | | | | | | | | |
| a. Höchstgrenze 150 000 DM | | ● | | | | | | | | | | | | | | | | | | |
| b. Höchstgrenze 200 000 DM | | ● | | | | | | | | | | | | | | | | | | |
| 5. Vermietung des Gebäudes bzw. der Wohnung | | ● | | | | | | | | | | | | | | | | | | |

| IX. Sonstiges | | | | | | | | | | | | | | | | | | | | |
|---|---|---|---|---|---|---|---|---|---|---|---|---|---|---|---|---|---|---|---|---|
| 1. Zeitpunkt des Eintritts der Begünstigung bzw. Belastung | | | | | | | | | | | | | | | | | | | | |
| a. Jahr ( sofern nicht Untersuchungsjahr ) | | ● | | | | | | | | | | | | | | | | | ● | |
| b. Monat ( innerhalb des Untersuchungsjahres ) | ● | ● | ● | ● | ● | | | | | | | | ● | | | | | | | |
| 2. Hubraum des PKW | | | | | | ● | | | | | | | | | | | | | | |
| 3. Finanzierung des maßnahmenspezifischen Aufwandes ( Wohngeld und Bauen ) | | | | | | | | ● | | | | | | | | | | | | |
| a. Eigenfinanzierung | | ● | | | | | | | | | | | | | | | | ● | | |
| b. Darlehensfinanzierung | | ● | | | | | | | | | | | | | | | | ● | | |
| 4. Art der Krankenversicherung / Altersversicherung | | | | | | | | | | | | | | | | | | | | |
| a. privat | | | | | | | | | ● | | | | | | | | | | | |
| b. gesetzlich | | | | | | | | | ● | | | | | | | | | | | |
| 5. Lohnsteuerklasse | | | | | | | | | | | | ● | | | | | | | | |
| 6. Nebenbeschäftigung | ● | | | | | | | | ● | | | | | | | | | | | |

● direkte Abhängigkeit

RWI ESSEN

Die Merkmale und Aktivitäten, über die für die Modellhaushalte Annahmen getroffen werden müssen, sind zum Teil nicht voneinander unabhängig, so z. B. die Annahme über den Vermögensbestand und die Erträge aus dem Vermögen, oder Annahmen über das Alter von Eltern und Kindern. Solche Abhängigkeiten werden bei der exogenen Bestimmung der Merkmale und Aktivitäten eines Modellhaushalts berücksichtigt.

Bei jedem als Ergebnis der Modellberechnungen ausgewiesenen kumulierten Umverteilungseffekt kann es sich notwendigerweise nur um das speziell für einen Haushalt mit einer ganz bestimmten Merkmalskombination quantifizierte hypothetische Ergebnis einer bestimmten Auswahl staatlicher Maßnahmen mit Umverteilungswirkungen handeln. Diese Prämissen sind bei der Ergebnisinterpretation stets zu beachten.

Jeder dieser Spezialfälle ist eine aus einer sehr großen Zahl möglicher Kombinationen. Selbst bei Ausschaltung aller unsinnigen und unplausiblen Kombinationen bleibt die Zahl der Spezialfälle zu groß, um sie generell in die Ergebnisauswertung einzubeziehen. Es erscheint deshalb nur sinnvoll, sich bei der Darstellung der kumulierten Effekte auf eine überschaubare Anzahl von Modellhaushalten zu beschränken.

Die zu untersuchenden Haushalte[3] werden nach Haushaltsgrundtypen, die durch die überwiegende Einkommensart sowie die Anzahl der Hausmitglieder und der Einkommensbezieher sowie ggf. die Ausbildungsart der Kinder gekennzeichnet sind, gruppiert[4]. Die zu einem Grundtyp gehörenden Varianten unterscheiden sich hinsichtlich eines oder mehrerer Merkmale, die nicht schon durch den Haushaltsgrundtyp bestimmt sind, z. B. Einfamilienhaus statt Mietwohnung oder Doppelverdiener statt Alleinverdiener. (Vgl. Übersicht über die Haushaltsgrundtypen und Varianten im Anhang.)

Für alle Haushaltstypen wird das BHE i. d. R. von 1 000 bis 4 000 DM in 100 DM-Schritten und ab 4 000 DM in 200 DM-Schritten variiert. Dabei unterscheidet sich der jeweils relevante Einkommensbereich z. T. erheblich. So müssen z. B. bei Rentnerhaushalten niedrigere Einkommen berücksichtigt werden als bei Arbeitnehmerhaushalten. Für Haushalte, die ein Haus gebaut haben, ist auf Grund hoher Annuitäten die Betrachtung unterer Einkommensbereiche (unter 2 000 DM BHE) nicht sinnvoll. Außerdem ist aus Gründen der Plausibilität der Individualeinkommen bei Haushalten mit Kindern, die eigenes Einkommen beziehen, der relevante Haushaltseinkommensbereich nach oben zu verschieben.

---

3 Welche Merkmale und Aktivitäten für die Berechnungen der Umverteilungseffekte bekannt sein müssen, ergibt sich aus der Darstellung der einzelnen Maßnahmen sowie aus der Beschreibung der Haushaltstypen im Anhang.

4 Deshalb geben die im folgenden Ergebnisteil zur Kennzeichnung der Haushaltstypen verwendeten Nummern in den ersten drei Stellen die überwiegende Einkommensart (A = Arbeitnehmereinkommen; R = Renten), die Zahl der Haushaltsmitglieder und der Einkommensbezieher im Haushalt an (z. B. A-4-1, Vier-Personen-Arbeitnehmerhaushalt mit einem Verdiener). Die restlichen vier Stellen enthalten lfd. Nummern je Grundtyp.

## 2. Die Maßnahmen-Interdependenz

Die in die Untersuchung einbezogenen steuer- und sozialpolitischen Maßnahmen stehen nicht beziehungslos nebeneinander, sondern sind durch vielfältige Abhängigkeiten miteinander verbunden.

Dabei können folgende Arten unterschieden werden (vgl. Übersicht 3):

Direkte Abhängigkeiten (●) liegen vor, wenn zur Berechnung einer Maßnahme Teile der Berechnung (Zwischen- oder Endergebnisse) einer anderen Maßnahme bekannt sein müssen. Zur Berechnung von BAFöG z. B. ist die Kenntnis des Gesamtbetrages der Einkünfte und der Steuerschuld aus der Berechnung der einkommensteuerlichen Belastung erforderlich.

Eine besondere Art direkter Abhängigkeiten ist dann gegeben, wenn sich zwei Maßnahmen gegenseitig ausschließen (×), wie dies z. B. beim Kumulationsverbot von Wohnungsbau- und Sparprämien der Fall ist.

Indirekte Abhängigkeiten (○) bestehen in den Fällen, wo zwar keine Unabhängigkeit der Maßnahmen voneinander, aber auch keine direkte Abhängigkeit im oben definierten Sinn vorliegt. So sind die Belastungen durch indirekte Steuern z. B. indirekt abhängig von allen staatlichen Maßnahmen, die die Höhe des verfügbaren Einkommens (Haushaltsnettoeinkommens) beeinflussen[5].

Bei zeilenweiser Lesart geben die direkten Abhängigkeiten in der Interdependenztabelle Auskunft darüber, ob Zwischen- und/oder Endergebnisse der Berechnung für die Maßnahme, die durch diese Zeile repräsentiert wird, zur Berechnung der übrigen Begünstigungen oder Belastungen benötigt werden. In spaltenweiser Lesart informiert die Interdependenztabelle darüber, von welchen anderen Maßnahmen Berechnungsergebnisse bekannt sein müssen, um den Einkommenseffekt einer bestimmten Maßnahme quantifizieren zu können.

Diese Abhängigkeiten weisen auf das Bemühen des Gesetzgebers hin, andere staatliche Maßnahmen zumindest teilweise zu berücksichtigen. Sie sind jedoch so zahlreich und verschiedenartig, daß ihre Auswirkungen insgesamt nur schwer zu überblicken sind.

Die Konsequenzen von Abhängigkeiten sind dann besonders weitreichend, wenn sie eine Maßnahme – wie z. B. die Einkommensteuer – betreffen, die die Einkommenseffekte zahlreicher anderer Belastungen und Begünstigungen tangiert. Denn die Geltendmachung einkommensteuerlicher Begünstigungen (z. B. des § 7b EStG) ruft neben dem unmittelbaren Effekt der verringerten Steuerschuld zusätzliche mittelbare Wirkungen bei anderen Maßnahmen (z. B. För-

---

5 Sind zwei Maßnahmen sowohl durch direkte als auch durch indirekte Abhängigkeiten miteinander verknüpft, wird in der Tabelle lediglich die stärkere direkte Abhängigkeit ausgewiesen. Wenn sich zwei Maßnahmen bezogen auf eine Person zwar ausschließen (z. B. Förderung durch BAFöG und Berufsausbildungsbeihilfe), bezogen auf einen Haushalt jedoch direkt voneinander abhängen (im Beispiel ist die Berechnung von BAFöG für ein erstes Kind nur möglich, wenn bekannt ist, ob ein zweites Kind innerhalb des Haushalts Berufsausbildungsbeihilfe bezieht, da sich die Freibeträge für dieses zweite Kind um sein Einkommen vermindern), werden beide Abhängigkeiten ausgewiesen.

## INTERDEPENDENZ - MATRIX

für ausgewählte staatliche Transfers

Übersicht 3

| | Abhängige Maßnahmen[1] | | | | | | | | | | | | | | | | | | |
|---|---|---|---|---|---|---|---|---|---|---|---|---|---|---|---|---|---|---|---|
| | | Steuerliche Vergünstigungen | | | | | | | | Förderg. nach AFG | | | | | | | | | |
| | | | Sonder-ausgaben | | | | | | | | | | | | | | | | |
| Beeinflussende Maßnahmen[2] | Einkommensteuerbelastung | Sonderabschr. § 7b EStG | Bausparbeiträge | Berufsausbildung | Ausbildungsfreibetrag | Kfz.- Steuer | Vermögenssteuer | Indirekte Steuern | Beiträge zur GKV | Berufsausbildung | Fortbildung / Umschulung | Kindergeld | BAFöG | 3. Vermögensbildungsgesetz | Sparprämien | Wohnungsbauprämien | Wohngeld | Sozialwohnung | Sozialhilfe |
| Einkommensteuerbelastung ( ohne Sonderbegünstigung ) | | ● | ● | ● | ● | - | o | o | - | ● | ● | - | ● | ● | ● | ● | - | ● | ● |
| Sonderabschreibungen für Wohngebäude ( § 7b EStG ) | - | | ● | ● | ● | - | o | o | - | ● | ● | - | ● | ● | ● | ● | - | x | ● |
| Sonderausgabenabzug : Bausparbeiträge | - | ● | | ● | ● | - | o | o | - | ● | ● | - | ● | ● | x | x | - | ● | ● |
| Sonderausgabenabzug : Berufsausbildung | - | ● | ● | | ● | - | - | o | - | ● | ● | - | ● | ● | ● | ● | - | ● | ● |
| Ausbildungsfreibetrag | - | ● | ● | ● | | - | - | o | - | ● | ● | - | ● | ● | ● | ● | - | ● | ● |
| Kfz.- Steuer | - | - | o | - | - | | - | o | - | - | - | - | - | o | o | o | - | - | ● |

| | | | | | | | | | | | | | | | | | | | |
|---|---|---|---|---|---|---|---|---|---|---|---|---|---|---|---|---|---|---|---|
| Vermögenssteuer | – | – | o | – | – | – | | o | – | – | – | – | ● | o | o | o | X | – | o |
| Indirekte Steuern | – | – | – | – | – | – | – | | – | – | – | – | – | – | – | – | – | – | – |
| Beiträge zur gesetzlichen Krankenversicherung (GKV) | ● | o | ● | o | o | – | – | o | | ● | ● | – | – | o | o | o | – | ● | ● |
| Förderung nach AFG : Berufsausbildung | – | – | o | ● | ● | – | – | o | – | | X | – | oX | o | o | o | ● | o | ● |
| Förderung nach AFG : Fortbildung / Umschulung | – | – | o | ● | ● | – | – | o | – | ●X | | – | ●X | o | o | o | ● | – | ● |
| Kindergeld | ● | o | o | – | ● | – | – | o | – | ● | – | | ● | o | o | o | ● | o | ● |
| BAFöG | – | – | o | ● | ● | – | – | o | – | ●X | X | – | | o | o | o | ● | – | ● |
| 3. Vermögensbildungsgesetz | – | – | o | – | ● | – | o | o | – | ● | – | – | – | | o | o | ● | – | o |
| Sparprämien | – | – | X | – | – | – | o | o | – | – | – | – | – | – | | X | – | – | o |
| Wohnungsbauprämien | – | – | X | – | – | – | o | o | – | – | – | – | – | – | X | | – | – | o |
| Wohngeld | – | – | o | – | – | – | X | o | – | ● | – | – | – | o | o | o | | – | ● |
| Sozialwohnung | – | X | o | – | – | – | – | o | – | – | – | – | – | o | o | o | o | | ● |
| Sozialhilfe | – | – | o | – | – | – | – | o | – | ● | – | – | ● | o | o | o | ● | – | |

direkte Abhängigkeit ●
indirekte Abhängigkeit o
Ausschluß X
keine Abhängigkeit –

1) Spaltenweise Lesart : Abhängigkeiten der jeweiligen Maßnahme.- 2) Zeilenweise Lesart : Einflüsse der jeweiligen Maßnahme.

RWI ESSEN

derungen nach BAFöG bzw. Arbeitsförderungsgesetz, Sparförderungsmaßnahmen, Sozialer Wohnungsbau, Sozialhilfe) hervor. Sie beruhen darauf, daß einkommensteuerliche Größen zur Ermittlung von anzurechnenden Einkommen und von Einkommensgrenzen bei anderen Maßnahmen herangezogen werden.

Die Überschaubarkeit der kumulativen Wirkungen der hier untersuchten Maßnahmen wird außerdem dadurch beeinträchtigt, daß die geltenden rechtlichen Regelungen gegenseitige Abhängigkeiten zwischen zwei oder mehreren Maßnahmen begründen. So werden z. B. einerseits bei der Berechnung der Sozialhilfe andere staatliche Transfers wie Leistungen nach dem BAFöG, Berufsausbildungsbeihilfe und Wohngeld als Einkommen des Sozialhilfehaushalts auf den gesetzlich fixierten Sozialhilfebedarf voll angerechnet, d. h. die Sozialhilfe vermindert (erhöht) sich um den Betrag, den der Haushalt mehr (weniger) aus den anderen Förderungsmaßnahmen erhält. Andererseits wird die Hilfe zum Lebensunterhalt nach dem Bundessozialhilfegesetz im BAFöG, im Arbeitsförderungsgesetz und im Wohngeldgesetz als Einkommensbestandteil des Haushalts behandelt und nach Abzug von Freibeträgen auf die jeweiligen Leistungen angerechnet[6].

Eine gegenseitige Abhängigkeit über mehrere Maßnahmen besteht z. B. zwischen der einkommensteuerlichen Belastung sowie der Begünstigung durch die Berufsausbildungsbeihilfe und den Ausbildungsfreibetrag. Die Berechnung der Ausbildungsbeihilfe setzt die Kenntnis der Einkommensteuerschuld der Eltern des Auszubildenden voraus, diese hängt wiederum von der Geltendmachung eines Ausbildungsfreibetrages ab, bei dem wieder die Berufsausbildungsbeihilfe als eigenes Einkommen des Kindes angerechnet wird.

Für die Grenzeffekte bei steigendem Einkommen können Maßnahmenabhängigkeiten dann besonders relevant werden, wenn bei Überschreiten von Einkommens- oder Vermögensschwellen nicht nur eine unmittelbare, sondern zusätzlich eine sie verstärkende mittelbare Wirkung auftritt. Dies kann z. B. beim Einsetzen der Vermögensteuerpflicht aufgrund des daran geknüpften Wegfalls der BAFöG-Förderung der Fall sein.

Eine Modellrechnung, die die kumulativen Wirkungen staatlicher Transfers quantifizieren soll, muß so angelegt sein, daß die auf geltendem Recht beruhende Abhängigkeitsstruktur des sozialen Systems berücksichtigt wird. Wie die dargelegten Beispiele gezeigt haben, ist es nicht ohne weiteres möglich, für die Berechnungen eine Reihenfolge zu finden, bei der die Ermittlung der Umverteilungswirkungen einzelner Maßnahmen ausschließlich auf den Ergebnissen von anderen, bereits durchgerechneten Maßnahmen aufbaut. Zum Teil besteht jedoch die Möglichkeit, zur Lösung solcher Probleme eine bestimmte Reihenfolge bei der Maßnahmeberechnung festzulegen. So wurde z. B. die Sozialhilfe auf-

---

[6] Diese gesetzlich festgelegten Maßnahmeninterdependenzen werden in der Verwaltungspraxis durch die Reihenfolge der Inanspruchnahme staatlicher Leistungen geregelt. Dabei kann man davon ausgehen, daß die Sozialhilfe wegen des subsidiären Charakters, den ihr der Gesetzgeber zugedacht hat, in der Regel nachrangig zum Zuge kommt.

grund ihres subsidiären Charakters gegenüber dem Wohngeld nachrangig berechnet, obwohl grundsätzlich auch ein umgekehrtes Vorgehen möglich wäre. Verbleibende interdependente Größen mußten durch Iteration bestimmt werden, so z. B. bei der Berechnung der Berufsausbildungsbeihilfe und des Ausbildungsfreibetrages[7].

### 3. Das Problem unterschiedlicher Referenzperioden

Die zahlreichen zwischen den betrachteten Maßnahmen des Steuer- und Sozialsystems bestehenden Abhängigkeiten werden also in der Praxis z. T. durch den Rückgriff auf bereits bekannte Werte für das Einkommen, für Belastungen und Begünstigungen gelöst. Bei einigen staatlichen Maßnahmen sind dies ausdrücklich Größen aus Vorperioden - so hängt die Gewährung der Spar- und Wohnungsbauprämien vom zu versteuernden Einkommen des Vorjahres ab, während die BAFöG-Berechnung auf dem Gesamtbetrag der Einkünfte und der Steuerschuld des vorvergangenen Kalenderjahres fußt.

Dieser Rückgriff auf bekannte Größen aus den Vorperioden ist eine verwaltungsmäßige Vereinfachung. So können z. B. bei der BAFöG-Berechnung die letzten erstellten Einkommensteuererklärungen der Antragsteller herangezogen werden. In der Modellrechnung, die von für die Untersuchungsperiode bestimmten Verhältnissen ausgeht, müssen die Vorjahreswerte erst unter Verwendung zusätzlicher Annahmen berechnet werden. Im Gegensatz zur verwaltungsmäßigen Vereinfachung stellt der Bezug auf frühere Referenzperioden eine Komplizierung der Modellrechnung dar.

Da die erforderlichen Einkommens- und steuerlichen Größen - läßt man außergewöhnliche Entwicklungen außer Acht - in den vorhergehenden Jahren i. d. R. niedriger als die der Untersuchungsperiode gewesen sind, hat die Berücksichtigung unterschiedlicher Referenzperioden z. T. erheblichen Einfluß auf die Förderungshöhe bzw. auf das Überschreiten von Einkommensgrenzen, je nachdem welche Annahmen über die Einkommensentwicklung getroffen werden. Deshalb müssen bei der Ergebnisinterpretation stets die Prämissen für die Einkommensrückrechnung beachtet werden.

Bei den staatlichen Maßnahmen, die möglichst aktuelle Einkommensverhältnisse berücksichtigen - wie Berufsausbildungsbeihilfe[8], Förderung der Fortbildung und Umschulung, Wohngeld, Sozialhilfe und Arbeitnehmersparzulage - oder die das voraussichtlich zu erwartende Einkommen im Untersuchungsjahr zugrunde legen, werden die entsprechenden Größen der Untersuchungsperiode herangezogen.

---

7 Damit wird der verwaltungsmäßigen Regelung Rechnung getragen, daß der unter Vorbehalt gewährte Ausbildungsfreibetrag ggf. nachträglich korrigiert wird.

8 Hier wird bei Arbeitnehmern eine Lohnabrechnung aus dem letzten Monat zur Einkommensanrechnung zugrunde gelegt, und es erfolgt bereits nach einem halbjährlichen Bezug von Berufsausbildungsbeihilfe eine erneute Überprüfung der Einkommenssituation des Haushalts.

Die Rückrechnung der für Vorjahre benötigten Größen – Gesamtbetrag der Einkünfte und die Einkommens- und Kirchensteuerschuld des Vorvorjahres sowie das zu versteuernde Einkommen des Vorjahres – erfolgt möglichst exakt, d. h. auch alle wiederum zu deren Berechnung erforderlichen Größen wie z. B. Sozialversicherungsbeiträge (zur Ermittlung der steuerlich abzugsfähigen Vorsorgeaufwendungen), Kindergeld (für die Kirchensteuer) und Schuldzinsen (für Absetzungen nach § 7b EStG) sowie die wiederum dafür benötigten Größen z. B. Bruttolohn, werden zurückgerechnet, da eine einfache Schätzung der erforderlichen Größen aus ihren aktuellen Werten sich als nicht exakt genug erwiesen hat.

Für die Rückrechnung sind bei Anwendung des gleichen Berechnungsverfahrens wie für das Untersuchungsjahr folgende zusätzliche bzw. abweichende Annahmen und Informationen erforderlich:

- Steigerungssätze für das Basishaushaltseinkommen nach Arten[9],
- Beitragssätze und -bemessungsgrenzen in der Sozialversicherung für die Jahre 1975 und 1976.

Weitere für die Rückrechnung notwendige Variablen können unmittelbar aus den Annahmen des Untersuchungsjahres abgeleitet werden wie z. B. das Alter der Haushaltsmitglieder. Alle anderen Variablen wie Familienstand und Kinderzahl, Aus- und Weiterbildungsaktivitäten werden als konstant unterstellt.

Während die Berechnungsverfahren bei der Rückrechnung grundsätzlich unverändert bleiben und sich nur Beitragssätze u. ä. ändern, besteht eine Ausnahme auf Grund der Neueinführung des Ausbildungsfreibetrages zum 1. 1. 1977. An die Stelle des Ausbildungsfreibetrages im Untersuchungsjahr tritt in den beiden Vorjahren bei auswärtiger Unterbringung eines in Ausbildung befindlichen Kindes der Abzug außergewöhnlicher Belastungen von 1 200,– DM gemäß § 33a Abs. 2 EStG.

---

[9] Beim Einkommen aus unselbständiger Arbeit wird ausgehend von der Zuwachsrate der Bruttolohn- und -gehaltsumme je Beschäftigten für 1975/76 und 1976/77 eine Erhöhung von jeweils 7 vH angesetzt. Für das Einkommen aus Kapitalvermögen wird für beide Jahre ein 3-prozentiges Wachstum unterstellt. Beim Renteneinkommen kann auf die jährliche Rentenanpassungen zurückgegriffen werden. Für die Mieten wird für 1975/76 eine Steigerung von 5 vH und für 1976/77 von 3 vH angenommen.

Drittes Kapitel

# Die Ergebnisse der Modellberechnungen

## I. Vorbemerkung

Im folgenden werden die Ergebnisse der Modellrechnungen dargestellt und analysiert[1]. Dabei steht die Untersuchung der Grenzbelastungen bei steigendem Leistungseinkommen im Vordergrund (s. u. Abschnitt II.).

Anschließend an diese Marginalbetrachtung der Umverteilungseffekte werden die Niveauunterschiede staatlicher Begünstigungen bzw. Belastungen dargestellt und auf ihre wesentlichen Ursachen untersucht (s. u. Abschnitt III.). Ergänzend zu den Grenzbelastungen werden dort generell die absoluten Niveaus und Durchschnittseffekte staatlicher Umverteilung in Abhängigkeit vom Einkommen aufgezeigt. Neben der Einkommenshöhe haben einige andere Merkmale und Aktivitäten des Haushalts und seiner Mitglieder – z. T. erhebliche – Auswirkungen auf die Höhe der Belastungen bzw. Begünstigungen durch die untersuchten Maßnahmen und damit auf die Beziehung zwischen dem Leistungseinkommen des Haushalts (BHE) und seinem Einkommen nach Umverteilung. Im wesentlichen gehören dazu die Kinderzahl, das Alter und die Ausbildungsart der Kinder, die Wohnsituation, das Mitverdienen der Ehefrauen (Doppelverdiener), die Vermögenshöhe sowie das Sparverhalten. Auch die Wirkungen dieser Faktoren werden im folgenden untersucht.

Die Berechnungsergebnisse werden ebenso wie die BHE-Angaben generell auf Monatsbasis (ein Zwölftel der Jahreswerte) ausgewiesen.

Zur Charakterisierung der Umverteilungseffekte werden folgende Maße verwendet:

- Der Umverteilungssaldo ist der Saldo aus den positiven und negativen Umverteilungseffekten aller Maßnahmen, die für einen Haushalt auf Grund seiner Merkmale und Aktivitäten Anwendung finden. Dabei bedeuten negative Vorzeichen Belastungen und positive Vorzeichen Begünstigungen.

---

[1] Die wichtigsten Ergebnisse der Modellberechnungen werden hier in zusammengefaßter Form dargestellt. Die ausführlichen Ergebnisse für die einzelnen Modellhaushalte sind in dem im Vorwort angesprochenen Tabellenband enthalten, sowie jeweils eine Aufschlüsselung der gesamten Umverteilungseffekte auf die einzelnen Maßnahmen.

- Das Einkommen nach Umverteilung ist das um den Umverteilungssaldo erhöhte bzw. verminderte Basishaushaltseinkommen. Dies ist also das für die Bedürfnisbefriedigungsmöglichkeiten des jeweiligen Haushalts relevante Ergebnis staatlicher Umverteilung.
- Der Durchschnittseffekt ist die Relation zwischen Umverteilungssaldo und BHE. Er gibt also an, wieviel Prozent, gemessen an seinem Leistungseinkommen (BHE), ein Haushalt auf Grund der in die Untersuchung einbezogenen staatlichen Aktivitäten insgesamt an Zusatzeinkommen erhält (positiver Durchschnittseffekt) bzw. wieviel ihm als Belastung entzogen wird (negativer Durchschnittseffekt).

Speziell für die Grenzbetrachtung der Umverteilungseffekte bei zunehmendem Leistungseinkommen (BHE) eines Haushalts werden folgende Maße verwendet:

- Der Grenzeffekt ist die Relation zwischen den absoluten Veränderungen des Umverteilungssaldos und des BHE beim Übergang von einer BHE-Stufe zur nächsthöheren. Bei negativem Grenzeffekt (Grenzbelastung) gibt dieses Maß also an, wieviel Prozent des zusätzlichen BHE der Staat dem Haushalt entzieht.
- Neben diesem Gesamteffekt werden teilweise auch maßnahmenspezifische Grenzeffekte aufgezeigt. Dabei handelt es sich um die Veränderung einzelner Begünstigungen bzw. Belastungen bezogen auf die Veränderung des BHE.

Die zur Erklärung der Umverteilungseffekte erforderlichen Einzelregelungen werden im folgenden jeweils nur kurz angesprochen. Als Ergänzung enthält der Anhang für alle Maßnahmen ausführliche Darstellungen der Berechnungsverfahren, der Abhängigkeiten und der Annahmen, die den Modellberechnungen zugrundeliegen.

## II. Die Grenzeffekte bei zunehmendem Leistungseinkommen (BHE)

Die Analyse der Grenzeffekte hat ergeben, daß jeder einzelne Modellhaushalt in Abhängigkeit von seinen Merkmalen und Aktivitäten durch einen individuellen Grenzbelastungsverlauf gekennzeichnet ist; d. h., daß nur Haushalte mit den gleichen Merkmalen auch die gleichen Grenzbelastungsverläufe aufweisen. Dennoch ist es möglich, sie auf eine überschaubare Zahl von Verläufen zu reduzieren, die als typisch für den größten Teil der einzelnen Modellhaushalte gelten können. Die wichtigsten darunter sind in den Schaubildern 2 bis 16 dargestellt und werden im folgenden eingehend erläutert. Auf bedeutende systematische Abweichungen, z. B. auf Grund unterschiedlicher Kinderzahl, wird unten ggf. hingewiesen.

Grenzbelastungen zusätzlichen Leistungseinkommens (BHE) beruhen einmal auf staatlichen Belastungen, die mit steigendem Einkommen zunehmen, zum anderen auf dem Abbau staatlicher Transfers in bestimmten Einkommensberei-

Schaubild 1

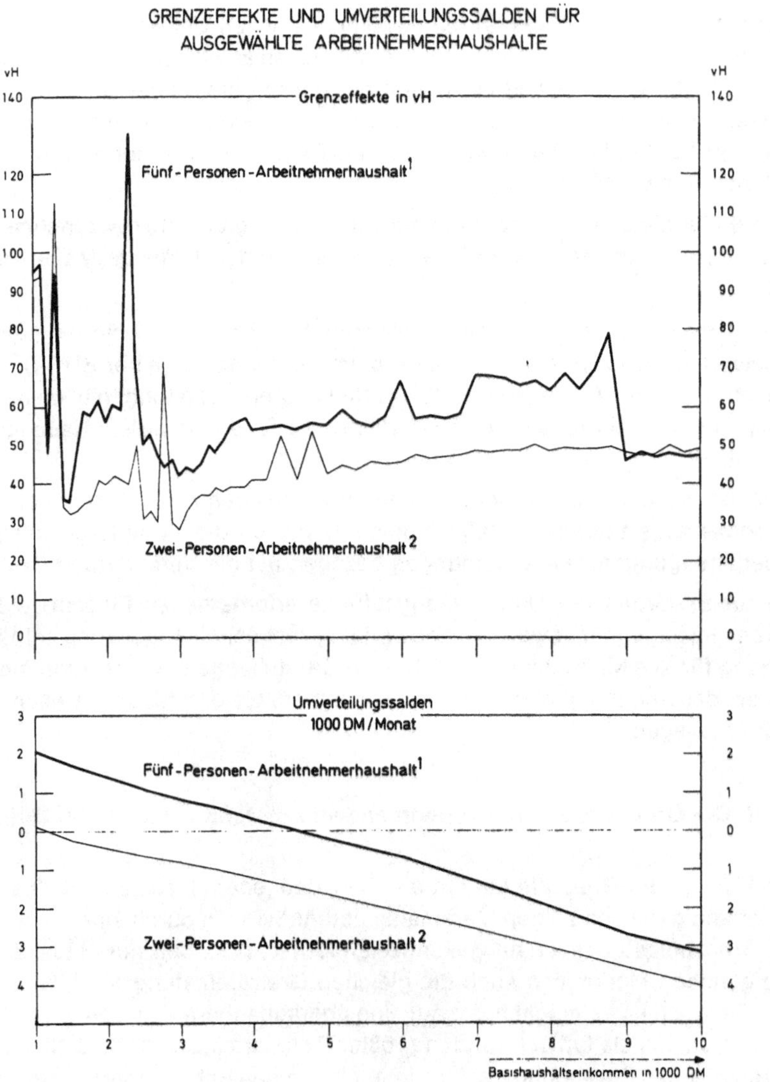


Eigene Berechnungen, Rechtsstand 30.6.1977. - 1) Ehepaar mit drei Kindern (auswärts untergebrachte Studenten), A-5-1-752. - 2) Kinderloses Ehepaar, A-2-1-100.

chen. Grenzbelastungsmindernd wirken dagegen Begünstigungsmaßnahmen, die bei steigendem Einkommen zunehmen (ESt-Sonderbegünstigungen), während einkommensunabhängige Maßnahmen (z. B. Kindergeld) zwar verschiedene Haushaltstypen unterschiedlich begünstigen, aber ohne Einfluß auf die Grenzeffekte bei Einkommenssteigerung sind.

Die wesentlichen Bestandteile der einzelnen Grenzbelastungsverläufe sind neben den Belastungen durch Einkommensteuer (ESt) und Beiträge zur gesetzlichen Krankenversicherung (GKV) in unteren Einkommensbereichen der Abbau der Sozialhilfe, des Wohngeldes und der Sozialwohnungsberechtigung, in mittleren bis höheren Einkommensbereichen der Abbau bzw. Aufbau einer eventuellen Ausbildungsförderung (BAFöG, BAB, Ausbildungsfreibetrag) sowie der Wegfall der Sparförderung, der i. d. R. in den oberen Einkommensbereichen erfolgt. Diese wesentlichen Bestandteile werden im folgenden zunächst hinsichtlich ihrer Auswirkungen auf die Grenzbelastungen dargestellt, wobei insbesondere analysiert werden soll, auf welche Einflußfaktoren (Merkmale und Aktivitäten der Haushalte sowie Maßnahmeninterdependenz) die Grenzbelastungsverläufe zurückzuführen sind. Durch das unterschiedliche Zusammentreffen der einzelnen Maßnahmen ergeben sich für die einzelnen Haushalte spezifische Grenzbelastungsverläufe, deren typische Ausformungen anschließend zusammenfassend dargestellt werden.

Beim Vergleich der Grenzbelastungen zwischen Haushalten und einer eventuellen Bewertung von Unterschieden ist zu berücksichtigen, daß die Grenzeffekte nicht vom Niveau der staatlichen Belastungen und Begünstigungen unabhängig sind. Die Grenzbelastung durch den Abbau von Begünstigungen ist i. d. R. um so stärker, je mehr staatliche Transfers ein Haushalt empfängt.

Diesen Zusammenhang verdeutlicht Schaubild 1, in dem zwei Haushalte gegenübergestellt sind, die sich hinsichtlich der Kinderzahl unterscheiden. Der Haushalt mit drei Kindern wird gegenüber dem kinderlosen Ehepaar durch die Ausbildungsförderung erheblich stärker begünstigt. Durch den Abbau staatlicher Begünstigungen weist der Haushalt mit Kindern in weiten Einkommensbereichen eine erheblich höhere Grenzbelastung auf. Dennoch bleibt ihm bis in hohe Einkommensbereiche hinein ein deutlich höheres Einkommen nach Umverteilung. Ein ähnliches Bild ergibt sich im Vergleich zweier Haushalte mit gleicher Kinderzahl, aber Unterschieden in Alter und Ausbildung der Kinder.

Das Beispiel zeigt, daß eine isolierte Betrachtung der Grenzbelastungen ohne Ergänzung durch die Niveaubetrachtung der staatlichen Umverteilungseffekte auf unterschiedlichen Haushaltseinkommensstufen zu einem verzerrten Bild führen kann (vgl. Abschnitt III.).

## 1. Die wesentlichen Bestimmungsfaktoren der Grenzbelastungen bei zunehmendem BHE

### a) Die Grenzeffekte der Einkommensteuer der Beiträge zur gesetzlichen Krankenversicherung und der indirekten Steuern

#### aa) Die ESt-Grenzbelastung

Die vorliegenden Ergebnisse haben gezeigt, daß die einkommensteuerlichen Grenzbelastungen i. d. R. nur in mittleren und oberen Einkommensbereichen dominierend sind für die gesamten Grenzeffekte, die sich bei zunehmendem Haushaltseinkommen unter Berücksichtigung aller in diese Untersuchung einbezogenen staatlichen Belastungen und Begünstigungen ergeben. Dagegen werden die einkommensteuerlichen Grenzeffekte besonders bei niedrigen, aber z. T. auch bei mittleren und höheren Einkommen von Wirkungen überlagert, die bei anderen Maßnahmen begründet liegen. Um dies zu verdeutlichen, sind sowohl in den folgenden Schaubildern den gesamten Umverteilungseffekten auch die „reinen" einkommensteuerlichen Belastungen, d. h. ohne Berücksichtigung von ESt-Sonderbegünstigungen, gegenübergestellt. Es zeigt sich, daß die einkommensteuerlichen Grenzeffekte in stärkerem Maß bei Ledigen und kinderlosen Ehepaaren (Schaubilder 2 und 3) als bei Haushalten mit Kindern und hier wiederum stärker bei Haushalten mit Vorschulkindern und jüngeren Schülern (Schaubild 4) als bei solchen mit Kindern in staatlich geförderter Ausbildung dominieren. Je höher die staatlichen Zusatzeinkommen sind und je größer der Einkommensbereich ist, in dem sie abgebaut werden, um so stärker wird der Bereich, in dem die einkommensteuerlichen Effekte dominieren, zurückgedrängt (vgl. Schaubilder 5 bis 8).

Die einkommensteuerlichen Grenzbelastungen bei zunehmendem Basishaushaltseinkommen (BHE) werden zum einen bestimmt durch den Verlauf des ESt-Tarifs, d. h. die Beziehung zwischen Steuerschuld und zu versteuerndem Einkommen, zum anderen durch die Relation zwischen zu versteuerndem Einkommen und Basishaushaltseinkommen.

Nach dem im Untersuchungsjahr 1977 gültigen ESt-Tarif setzt die Besteuerung oberhalb des Grundfreibetrags (Nullzone des Tarifs) mit einem in der unteren Proportionalzone konstanten Grenzsteuersatz von 22 vH ein. Diese Proportionalzone geht bei 16 000 bzw. 32 000 DM zu versteuerndem Jahreseinkommen für Ledige bzw. Verheiratete mit einem Tarifsprung von 22 auf 30,8 vH in die Progressionszone über. Mit weiter zunehmendem Einkommen steigen die Grenzsteuersätze bis zur oberen Proportionalzone an, in der ab 130 000 bzw. 260 000 DM zu versteuerndem Einkommen ein konstanter Grenzsteuersatz von 56 vH gilt.

Dieses Grundmuster zeigen auch die auf die BHE-Veränderungen bezogenen einkommensteuerlichen Grenzbelastungen, allerdings modifiziert durch die Auswirkungen steuerfreier Abzugsposten - z. B. Vorsorgeaufwendungen -, die die Beziehung zwischen BHE und zu versteuerndem Einkommen bestimmen. Sofern sie bei zunehmendem Einkommen konstant bleiben, mindern sie das zu versteuernde Einkommen jeweils um den gleichen Betrag, so daß sich eine entsprechende Verschiebung der ESt-Grenzbelastungen in höhere BHE-Bereiche ergibt, ohne Veränderungen des durch den Tarifverlauf bestimmten Grundmusters. Bei variablen Abzugsposten verändert sich dagegen das Verhältnis zwischen den Veränderungen des BHE und des zu versteuernden Einkommens. Dies hat zusätzliche Senkungen bzw. Anhebungen der Grenzbelastungen gegenüber dem Grundmuster zur Folge. Die unterschiedlichen Wirkungen konstanter und variabler Abzugsposten gelten unabhängig davon, ob es sich um Sonderbegünstigungen (z. B. Sonderabschreibungen nach § 7b EStG bzw. Ausbildungsfreibetrag) oder um „normale" Abzugsposten (z. B. Arbeitnehmerfreibetrag bzw. Vorsorgeaufwendungen oder Kirchensteuer) handelt.

Da Vorsorgeaufwendungen bis zu den jeweiligen Beitragsbemessungsgrenzen mit zunehmendem Arbeitnehmereinkommen steigen und zunächst voll abzugsfähig sind, vermindert sich in den unteren Einkommensbereichen der ESt-Grenzeffekt auf etwa 18 vH[2]. Sobald die Vorsorgeaufwendungen den Grundhöchstbetrag und einen eventuellen Vorwegabzugsbetrag übersteigen, ist der überschießende Betrag - im Rahmen des allgemeinen Erhöhungsbetrages - nur noch zur Hälfte abzugsfähig. Dies führt zu einer leichten Erhöhung des ESt-Grenzeffekts um etwa 2 vH. Dieser Schritt erfolgt auf Grund der Kinderadditive bei den Vorsorgeaufwendungshöchstbeträgen mit zunehmender Kinderzahl bei höherem BHE (etwa zwischen 1 900 DM bei kinderlosen Ehepaaren und 2 500 DM bei Familien mit 4 Kindern).

Sobald die abzugsfähigen Vorsorgeaufwendungen nicht weiter zunehmen - sei es durch Überschreiten der Beitragsbemessungsgrenzen der Sozialversicherung (verheiratete Alleinverdiener), sei es durch Erreichen der einkommensteuerlichen Vorsorgeaufwendungshöchstbeträge (Ledige und i. d. R. Doppelverdiener) -, ergibt sich erneut eine leichte Anhebung der ESt-Grenzbelastung. Während diese Erhöhung bei verheirateten Alleinverdienern i. d. R. noch in die Proportional- bzw. den Beginn der Progressionszone fällt, reichen die etwas geringeren ESt-Grenzbelastungen bei Doppelverdienern - wiederum auf Grund von der Kinderzahl abhängiger Vorsorgeaufwendungshöchstbeträge - z. T. weit in die Progressionszone hinein[3]. Neben den höheren Vorsorgeaufwendungen bewirken vor allem die zusätzlichen Arbeitnehmer- und Weihnachtsfreibeträge

---

[2] Steigt das BHE um 100 DM, die abzugsfähigen Vorsorgeaufwendungen in den unteren Einkommensbereichen aber gleichzeitig um 20 DM, so nimmt das zu versteuernde Einkommen nur um 80 DM zu. Dies führt bei einem tariflichen Grenzsteuersatz von 22 vH zu einer zusätzlichen Einkommensbelastung von etwa 18 DM und damit zu einer auf das BHE bezogenen ESt-Grenzbelastung von 18 vH.

[3] Als Folge der höheren Vorsorgeaufwendungen der Doppelverdiener ergeben sich allerdings im Zusammenhang mit dem Wegfall der Prämien-Sparförderung höhere Grenzbelastungen auf Grund geringerer oder völlig fehlender Spielräume für den Sonderausgabenabzug von Bausparbeiträgen.

bei den Doppelverdienern eine leichte Verschiebung des Tarifsprungs und der Progressionszone in höhere BHE-Bereiche. Während der Tarifsprung ohne Geltendmachung einkommensteuerlicher Sonderbegünstigungen in der Regel bei 1 700 bzw. 3 200 DM BHE für Ledige bzw. verheiratete Alleinverdiener liegt, verschiebt er sich bei Doppelverdienern auf 3 300 bis 3 400 DM.

Sofern andere Haushaltsmitglieder als die - zusammenveranlagten - Ehegatten Teile zum BHE beisteuern, vermindert sich der von den Ehegatten zu versteuernde Anteil. Wenn die Einkommen der übrigen Haushaltsmitglieder unterhalb oder in der Nähe der Besteuerungsgrenze bleiben, wie dies i. d. R. bei Auszubildenden mit Ausbildungsvergütung der Fall ist, ergibt sich eine Verschiebung der auf der Besteuerung der Ehegatten-Einkommen beruhenden ESt-Grenzeffekte in höhere BHE-Bereiche. So zeigen die Schaubilder 9 und 10 für die Haushalte mit 2 Auszubildenden mit je 400 DM eigenem Einkommen eine Verschiebung des ESt-Tarifsprungs gegenüber dem vergleichbaren Haushalt mit 2 Schülern (Schaubild 5) um 800 DM auf 4 000 DM BHE und ein Einsetzen der Besteuerung der Eltern erst bei 1 600 DM BHE. Nicht nur hinsichtlich des Belastungsniveaus, sondern auch im Hinblick auf die Grenzbelastung bei zunehmendem Haushaltseinkommen, wirkt es sich also günstig aus, wenn Kinder statt der Eltern Teile des BHE versteuern[4].

### bb) Die einkommensteuerlichen Begünstigungen

Gegenüber der einkommensteuerlichen Normalbelastung senken Sonderbegünstigungen - wie z. B. die Geltendmachung der Sonderabschreibungen nach § 7b EStG - bei gleich hohem BHE das zu versteuernde Einkommen. Ist dieser Abzugsbetrag einkommensunabhängig, verschieben sich die „normalen" ESt-Grenzeffekte etwa um den konstanten Differenzbetrag in höhere BHE-Bereiche. So ergibt sich z. B. unter der Annahme vollständiger Ausnutzung der Höchstbeträge des § 7b EStG (150 000 DM Anschaffungs- bzw. Herstellungskosten) bei einem Einfamilienhaus in den ersten 8 Jahren durch die Sonderabschreibung von 5 vH jährlich eine Verschiebung um etwa 600 DM (vgl. Schaubild 11 und 12)[5]. Diese Differenz erhöht sich bei Inanspruchnahme weiterer Sonderbegünstigungen (Sonderausgabenabzug für Weiterbildungsaufwendungen und

[4] Dies gilt allerdings für den Regelfall, daß die Kinder wesentlich weniger Einkommen beziehen als die Eltern, da ansonsten die Steuerersparnis der Eltern durch die Steuerpflicht der Kinder, die nicht nach dem Splitting-, sondern nach dem Grundtarif besteuert werden, überkompensiert werden könnte.

[5] Hinsichtlich der Auswirkungen auf den Grenzbelastungsverlauf hat die Unterscheidung von Ein- und Zweifamilienhäusern bei den hier getroffenen Standardannahmen (Fremdfinanzierungsanteil 60 bis 65 vH und damit hohe Schuldzinsen) nur eine geringfügige Bedeutung. Der Nutzungswert des Einfamilienhauses ist wegen der Schuldzinsen in der Regel Null, während die Einkünfte aus Vermietung beim Zweifamilienhaus bei hohen Darlehen und entsprechend hohen Schuldzinsen negativ werden können. Dadurch wird der geringere Begünstigungseffekt des § 7b EStG (3 vH zusätzliche Abschreibung von max. 200 000 DM) bei Zweifamilienhäusern teilweise kompensiert. Wenn aufgrund einer geringeren Darlehensaufnahme (und entsprechend geringeren Schuldzinsen) bei dem Zweifamilienhaus positive Einkünfte aus Vermietung entstehen, nimmt der Unterschied zwischen Ein- und Zweifamilienhäusern allerdings an Bedeutung zu.

Bausparbeiträge sowie evtl. Ausbildungsfreibetrag) z. T. auf über 1 000 DM, wenn diese Begünstigungen in dem hier relevanten Einkommensbereich zusammentreffen. Das bedeutet vor allem, daß sich der ESt-Tarifsprung um diesen Betrag verschiebt. In der so verlängerten Proportionalzone unterliegt der Steuerpflichtige auf Grund der Sonderbegünstigung einer Grenzbelastung, die um etwa 10 vH unter der „normalen" liegt. Da der Grenzsteuersatz in der Progressionszone zunimmt, erhöht sich auch diese Grenzbelastungsdifferenz durch Sonderbegünstigungen um so stärker, je weiter der Tarifsprung hinausgeschoben wird.

Wegen des zunehmenden Grenzsteuersatzes verläuft auch jenseits des „verschobenen" Tarifsprungs – also in der Progressionszone – die ESt-Grenzbelastungskurve des Haushalts mit Sonderbegünstigungen bis zum Erreichen des Spitzensteuersatzes etwas unterhalb derjenigen des Haushalts ohne Sonderbegünstigungen. Diese Differenz ist ebenfalls um so größer, je höher der insgesamt als Sonderbegünstigung geltendgemachte Abzugsposten ist.

Neben dieser verschiebenden Wirkung auf den ESt-Grenzbelastungsverlauf haben Sonderbegünstigungen einen zusätzlichen Effekt, wenn sich die Abzugsposten mit dem Einkommen verändern. Im Vergleich zu konstanten Abzugsposten, bei denen das zu versteuernde Einkommen jeweils um gleichbleibende Beträge gemindert wird, führen Abzugsposten, die mit steigendem Einkommen zunehmen – wie z. B. der Ausbildungsfreibetrag[6] –, zu entsprechend geringeren Zuwächsen des zu versteuernden Einkommens. Dadurch wird die ESt-Grenzbelastung zusätzlich abgesenkt.

So ist die Grenzbelastungsminderung in der Aufbauphase des Ausbildungsfreibetrags umso höher, je stärker dieser Freibetrag zunimmt und je langsamer deshalb das zu versteuernde Einkommen wächst. Außerdem hängt sie von den Grenzsteuersätzen ab, die in den jeweiligen Einkommensbereichen gelten[7]. Das bedeutet, daß sich bei gleich hoher Freibetragsdifferenz die Grenzbelastung in der Progressionszone wesentlich stärker vermindert als in der Proportionalzone. Außerdem nimmt die Grenzbelastungsdifferenz in der Progressionszone i. d. R. mit zunehmendem Einkommen zu, so daß bis zum Erreichen des vollen Ausbildungsfreibetrags nicht nur die Grenzbelastung erheblich vermindert, sondern auch die Progression gemildert wird. Letzteres kann bei hohen Freibetragsdifferenzen dazu führen, daß die Anfangsphase der – durch den Ausbildungsfreibetrag in etwas höhere Einkommensbereiche verschobenen – Progressionszone einer neuen Proportionalzone ähnelt.

---

[6] Da vom Ausbildungsfreibetrag BAFöG-Zuschüsse abzuziehen sind, kann er erst geltend gemacht werden, wenn diese Zuschüsse den Freibetrag unterschreiten. Dann nimmt der Ausbildungsfreibetrag entsprechend dem BAFöG-Abbau zu, bis er bei vollständigem Wegfall des BAFöG-Zuschusses seinen Höchstbetrag erreicht.

[7] Die Grenzbelastungsminderung in der Aufbau-Phase des Ausbildungsfreibetrags ergibt sich als Produkt der absoluten Freibetragsdifferenz und des jeweiligen Grenzsteuersatzes bezogen auf die absolute Veränderung des BHE.

Schaubild 7 zeigt den typischen Grenzbelastungsverlauf für den Fall, daß der ESt-Tarifsprung in die Aufbauphase des Ausbildungsfreibetrags fällt[8]. Bei einem durchschnittlichen BAFöG-Abbau um etwa 30 DM bei einer BHE-Steigerung um 100 DM und einer entsprechenden Zunahme des abzugsfähigen Ausbildungsfreibetrags vermindert sich die ESt-Grenzbelastung (einschließlich Sonderbegünstigungen) in der Proportionalzone um 6 bis 7 vH auf etwa 16 vH (BHE 2 400 bis 3 400 DM). Nach dem Tarifsprung, der um 3 auf etwa 6 vH abgeschwächt wird, reduziert sie sich zunächst um 9 vH (bei 3 500 DM) und dann zunehmend bis über 13 vH bei 4 400 DM); dadurch ergibt sich in diesem Bereich eine annähernd proportionale ESt-Grenzbelastung von etwa 22 vH. Erst mit Erreichen des vollen Ausbildungsfreibetrags steigt der Grenzeffekt bei 4 800 DM sprunghaft an und nähert sich der „normalen" Grenzbelastung bis auf 2 bis 3 vH. Die verbleibende Differenz beruht auf der Verschiebung des ESt-Tarifs durch den Ausbildungsfreibetrag um 200 DM BHE nach oben. Das gleiche Verlaufsmuster zeigt Schaubild 13, allerdings bei einer zusätzlichen Verschiebung des ESt-Tarifs um gut 600 DM.

Bei höherer Kinderzahl wird der BAFöG-Zuschuß etwas langsamer abgebaut; infolgedessen werden die Grenzbelastungen durch den Aufbau des Ausbildungsfreibetrags weniger stark, aber bis in höhere Einkommensbereiche reduziert. Dementsprechend ist hier auch der progressionsmildernde Effekt weniger ausgeprägt. Bei dem 5-Personen-Haushalt in Schaubild 8 erfolgt der Sprung auf die „normale" ESt-Grenzbelastung erst bei 7 000 DM BHE. Zwischen dieser Schwelle und dem Tarifsprung liegen die ESt-Grenzbelastungen dieses Haushalts allein auf Grund des zunehmenden Ausbildungsfreibetrags zwischen 8 und 12 vH-Punkten (bei 3 400 bzw. 6 800 DM BHE) unter „Normalniveau". Dadurch werden in weiten Teilen der Abbauphase der BAFöG-Förderung die damit verbundenen erhöhten Grenzbelastungen wesentlich gemildert.

Zusätzlich zu den dargestellten direkten Auswirkungen auf die gesamte ESt-Grenzbelastung haben steuerliche Sonderbegünstigungen indirekte Wirkungen auf die Grenzeffekte anderer Maßnahmen. Dies beruht auf der Abhängigkeit dieser Maßnahmen (z. B. BAFöG, BAB, Sparförderung) von einkommensteuerlichen Größen. Diese indirekten Wirkungen unterscheiden sich z. T. erheblich, weil diese Maßnahmen teils am zu versteuernden Einkommen, teils an der Steuerschuld oder zusätzlich an den steuerlichen Einkünften anknüpfen und die steuerlichen Sonderbegünstigungen diese Größen in unterschiedlichem Maß tangieren. So verändern der Sonderausgabenabzug von Bausparbeiträgen und Weiterbildungsaufwendungen sowie der Ausbildungsfreibetrag das zu versteuernde Einkommen und die Steuerschuld, während Sonderabschreibungen nach § 7b EStG zusätzlich den Gesamtbetrag der Einkünfte mindern.

---

[8] Dies tritt vor allem bei Haushalten mit 2 Studenten ein. Bei nur einem Student ist der volle Ausbildungsfreibetrag meist bereits in der Proportionalzone erreicht, während bei mehr Kindern, für die ein Ausbildungsfreibetrag in Frage kommt, die Aufbauphase dieses Freibetrags wegen des langsameren BAFöG-Abbaus überwiegend in Einkommensbereiche oberhalb des ESt-Tarifsprungs fällt (s. u. C II. 1.c).

### cc) Die Beiträge zur GKV

Während der Versicherungsschutz, den die GKV gewährt, von der Einkommenshöhe unabhängig und damit für einen bestimmten Haushalt über alle Einkommensstufen konstant ist, nehmen die Beiträge mit steigendem Bruttolohn bis zur Beitragsbemessungsgrenze zu, erfahren bei Mitversicherung von Familienangehörigen an der Beitragsbemessungsgrenze eine Erhöhung von etwa 20 DM und bleiben dann konstant.

Das bedeutet für die Grenzbelastung von Arbeitnehmerhaushalten, daß bei einem durchschnittlichen Beitragssatz von 12,2 vH Arbeitgeber- und Arbeitnehmeranteil (im Jahr 1977) jede zusätzliche BHE-Einheit bis zu dieser Grenze um diesen vH-Satz belastet ist. Bei Mitversicherung von Familienangehörigen steigt die Grenzbelastung an dieser Grenze noch einmal sprunghaft an; dieser Effekt entfällt also bei Ledigen sowie bei Doppelverdiener-Ehepaaren ohne Kinder bzw. mit Kindern, die selbst krankenversichert sind. Nach Erreichen des Höchstbetrages sinkt die GKV-Grenzbelastung – auf Grund der Konstanz des Beitrages bei weiter zunehmendem BHE – sofort auf Null.

Ledige und verheiratete Alleinverdiener weisen erhöhte Grenzbelastungen aufgrund steigender GKV-Beiträge im Untersuchungsjahr 1977 bis zu einem BHE von etwa 2 600 DM auf. Bei Doppelverdienern nehmen die GKV-Beiträge bis in wesentlich höhere Haushaltseinkommensbereiche zu, da sich das BHE auf die Ehegatten aufteilt und beide jeweils bis zur Beitragsbemessungsgrenze zunehmende GKV-Beiträge leisten müssen. So wird z. B. bei einer Zusammensetzung des gemeinsamen Arbeitnehmereinkommens der Ehegatten im Verhältnis 2:1 der Höchstbeitrag des höher verdienenden – im folgenden vereinfachend als Ehemann bezeichneten – Ehegatten bei 3 700 DM und der der Ehefrau bei 7 400 DM BHE erreicht[9].

Da bis zur ersten Schwelle beide Beiträge proportional zum Bruttolohn zunehmen, ist bis in diesen Einkommensbereich die Grenzbelastung durch die GKV-Beiträge um ebenfalls gut 12 Prozentpunkte erhöht. Zwischen der ersten und zweiten Schwelle steigt nur noch der Beitrag der Ehefrau; damit ist hier der grenzbelastungserhöhende GKV-Effekt deutlich niedriger als vor Erreichen des Höchstbeitrages des Ehemanns – bei einem Aufteilungsverhältnis 2:1 etwa 4 Prozentpunkte. Erst jenseits dieser zweiten Schwelle entfällt auch im Doppelverdiener-Fall die Grenzbelastung durch zunehmende GKV-Beiträge. Im Vergleich zu Alleinverdiener-Haushalten wirken sich also die insgesamt höheren GKV-Beiträge der Doppelverdiener bis in größere BHE-Bereiche erhöhend auf die Grenzbelastung aus. Dies verdeutlichen die Vergleiche in den Schaubildern 14 und 15.

---

[9] Für andere Zusammensetzungen des gemeinsamen Ehegatteneinkommens gilt, daß der Höchstbetrag für den Mann um so eher und der für die Frau um so später erreicht wird, je höher der BHE-Anteil des Mannes ist.

Da sich die GKV-Beiträge nach dem Bruttolohn der einzelnen Haushaltsmitglieder bemessen, verschieben sich die genannten Schwellen bei Alleinverdienern wie bei Doppelverdienern in höhere BHE-Bereiche, wenn auch andere Einkommensarten (z. B. aus Kapitalvermögen) und/oder andere Haushaltsmitglieder (z. B. Auszubildende mit Ausbildungsvergütung) zum BHE beitragen. So zeigen die Schaubilder 9 und 10, daß die GKV-Grenzbelastung wegen der Ausbildungsvergütung von zweimal 400 DM erst bei 3 300 DM statt bei 2 500 DM BHE entfällt, und in Schaubild 16 führt das aus der hohen Vermögensannahme resultierende Einkommen aus Kapitalvermögen zu einer Verschiebung dieser Schwelle um 500 DM.

#### dd) Das Zusammenwirken von ESt- und GKV-Grenzeffekten

Interessant ist die gemeinsame Betrachtung der Grenzeffekte der beiden Belastungsmaßnahmen Einkommensteuer und Beiträge zur GKV. Während die Grenzbelastung durch die Einkommensteuer nach annähernd konstanten Sätzen von etwa 20 vH in der Proportionalzone mit dem Übergang in die Progressionszone schnell auf über 30 vH ansteigt (s. o.), geht die zunächst konstant bei gut 12 vH liegende GKV-Grenzbelastung an der Beitragsbemessungsgrenze schlagartig zurück - bei Alleinverdienern sofort auf Null. Die Lage dieser beiden Schwellen zueinander bestimmt also darüber, ob und in welchen Einkommensbereichen die niedrigen Grenzbelastungen der unteren ESt-Proportionalzone bei einem Haushalt zum Tragen kommen oder nicht.

Arbeitnehmerhaushalte weisen i. d. R. im größten Teil der unteren Proportionalzone eine höhere Grenzbelastung durch ESt und GKV zusammen auf als im Anfangsbereich der Progressionszone. Wie die Schaubilder 3 bis 10 zeigen, kommt bei den Alleinverdiener-Haushalten der niedrige Grenzsteuersatz der unteren Proportionalzone nur in einem relativ schmalen BHE-Bereich zwischen dem Rückgang der Grenzbelastung durch Erreichen des GKV-Höchstbetrages und dem Wiederanstieg durch den ESt-Tarifsprung zur Geltung. Bei Ledigen wird dagegen auf Grund der Anwendung des ESt-Grundtarifs der belastungsmindernde GKV-Effekt erst oberhalb des ESt-Tarifsprungs wirksam, so daß die gemeinsame Grenzbelastung durch beide Maßnahmen auch in der Proportionalzone nie 30 vH unterschreitet. Diese gemeinsame Belastung steigt in der Progressionszone schlagartig auf 40 vH und weiter bis auf 50 vH an, bevor sie sich durch Erreichen des GKV-Höchstbetrages bei 2 500 DM BHE auf die steuerliche Grenzbelastung reduziert (vgl. Schaubild 2). Ein vergleichbares Phänomen kann bei Doppelverdiener-Haushalten auftreten, weil das Erreichen der GKV-Höchstbeträge stärker in höhere BHE-Bereiche verschoben wird als der Tarifsprung (vgl. Schaubild 14)[10].

---

[10] In Ausnahmefällen können beide Schwellen so zusammenfallen, daß sich auf Grund einer Kompensation des Tarifsprungs durch den Rückgang der GKV-Grenzbelastung ein annähernd glatter Verlauf der gesamten Grenzeffekte in diesem Einkommensbereich ergibt.

Bei Geltendmachung einkommensteuerlicher Begünstigungen verändert sich die relative Lage dieser beiden Schwellen. Da die GKV-Beiträge nach dem Bruttolohn und nicht nach steuerlichen Einkommensgrößen (Gesamtbetrag der Einkünfte, zu versteuerndes Einkommen u. ä.) bemessen werden, bleiben steuerliche Begünstigungen ohne Einfluß auf das Erreichen des GKV-Höchstbetrages, während sie z. T. zu erheblichen Verschiebungen des ESt-Tarifsprungs in höhere BHE-Bereiche führen. So zeigen z. B. die Schaubilder 11 bis 13, wie sich durch Geltendmachung des § 7b EStG der Einkommensbereich zwischen diesen beiden Schwellen vergrößert[11].

Eine entgegengesetzte Wirkung auf die relative Lage der GKV-Schwelle und des ESt-Tarifsprungs haben positive Bestandteile des Haushaltseinkommens, die nicht Arbeitnehmereinkommen sind (z. B. Einkünfte aus Kapitalvermögen). Da der GKV-Höchstbeitrag erst in höheren BHE-Bereichen erreicht wird, während sich die einkommensteuerlichen Grenzeffekte kaum verändern, wird in diesen Fällen die Zone niedriger Grenzbelastungen schmaler.

Zusammenfassend kann festgestellt werden, daß die niedrigen Grenzbelastungen der ESt-Proportionalzone – schon auf Grund zunehmender GKV-Beiträge – in unteren Einkommensbereichen weitgehend nicht zum Tragen kommen, so daß sie i. d. R. lediglich Haushalten um 3 000 DM BHE, unter den oben genannten Bedingungen teilweise auch noch deutlich darüber, zugute kommen.

#### ee) Die Grenzbelastung durch indirekte Steuern

Im Gegensatz zur Einkommensteuer verläuft die Grenzbelastung durch indirekte Steuern bei allen Haushalten deutlich regressiv. Sie sinkt mit steigendem Einkommen von 7 bis 8 vH in den unteren und mittleren Einkommensbereichen (bis etwa 2 500 DM BHE) auf 1 bis 2 vH in den obersten Einkommensbereichen (um 8 000 DM BHE) ab.

Dieser Grenzbelastungsverlauf ist jedoch zum Teil stark überlagert durch indirekte Effekte des Abbaus staatlicher Transfers, die zu einer verzögerten Zunahme des Haushaltsnettoeinkommens und damit der indirekten Steuern führen. So ist es bei Haushalten, die Sozialhilfe und Wohngeld erhalten, die Regel, daß in den untersten Einkommensbereichen die durch indirekte Steuern hervorgerufenen Grenzeffekte fast verschwinden, weil sich auf Grund des Abbaus der Sozialhilfe bei zunehmendem BHE das Haushaltsnettoeinkommen kaum verändert. In der Wohngeldabbauphase wird – sofern Wohngeld bis in höhere BHE-Bereiche als Sozialhilfe gewährt wird – diese Grenzbelastung auf 5 bis 6 vH abgesenkt. Eine ähnliche Auswirkung hat der Abbau der Ausbildungsförderung in den mittleren und höheren Einkommensbereichen, wobei jedoch zwischen BAB

[11] Bei Ledigen bleibt allerdings auf Grund der Anwendung des ESt-Grundtarifs selbst bei weitergehender Ausnutzung einkommensteuerlicher Begünstigungen der Tarifsprung unterhalb der GKV-Schwelle.

und BAFöG erhebliche Unterschiede auftreten. Der schnelle und auf wenige Einkommensstufen beschränkte Abbau der Berufsausbildungsbeihilfe führt zu einem Absinken der durch die indirekten Steuern verursachten Grenzeffekte auf etwa 1 vH. Bei BAFöG ist dagegen die Verringerung der Grenzeffekte nicht so deutlich sichtbar (etwa 2 bis 3 Prozentpunkte), erstreckt sich aber über den gesamten Bereich des BAFöG-Abbaus.

### b) Die Grenzeffekte der Sozialhilfe, des Wohngeldes und der Förderung des Sozialen Wohnungsbaus

#### aa) Der Abbau von Sozialhilfe und Wohngeld

Sozialhilfe und Wohngeld sind Sozialleistungen des Staates, die vor allen Dingen die Bezieher niedriger Einkommen begünstigen. Sie werden mit steigendem Einkommen relativ schnell abgebaut. Dies gilt insbesondere für die Sozialhilfe, auf die jedes zusätzliche Einkommen voll angerechnet wird.

Die Sozialhilfe soll gewährleisten, daß jeder Haushalt ein Einkommen zur Verfügung hat, mit dem er seinen unumgänglich notwendigen Bedarf decken kann. Solange sein Einkommen ohne Sozialhilfe unter dieser Schwelle liegt, wird daher durch die Sozialhilfe sein Einkommen soweit erhöht, daß es diesem Schwellenwert entspricht. Das hat zur Folge, daß jede Erhöhung des BHE, jeder andere Transfer oder auch jede Belastung durch die Sozialhilfe kompensiert wird, solange das Einkommen unter dieser Schwelle bleibt. Der gesamte Grenzeffekt in den Einkommensstufen, in denen Sozialhilfe gewährt wird, beträgt damit 90 bis 100 vH.

Da in diesem Bereich die maßnahmenspezifischen Grenzbelastungen 15 bis 20 vH beim Wohngeld, etwa 18 vH bei der ESt und gut 12 vH bei der GKV betragen, ist der Sozialhilfe-Abbau i. d. R. mit einem isolierten Grenzeffekt von 40 bis 50 vH verbunden.

Da Wohngeld im Regelfall bis in höhere Einkommensbereiche als Sozialhilfe gewährt wird, reduziert sich die gesamte Grenzbelastung nach dem Wegfall der Sozialhilfe zwar um 40 bis 50 vH, bleibt aber i. d. R. noch bei etwa 50 vH, bis auch das Wohngeld voll abgebaut ist.

Wie an den Schaubildern 2 bis 4 zu erkennen ist, verschiebt sich der Block sehr hoher Grenzbelastungen mit zunehmender Haushaltsgröße in höhere Einkommensbereiche[12]. Dies liegt an der unterschiedlichen Höhe des Wohngeldes und

---

12 Das Absinken des Grenzeffektes kurz vor dem endgültigen Auslaufen der Sozialhilfe ist auf eine Härteregelung zurückzuführen, welche den Wegfall der Sozialhilfe um eine oder höchstens zwei Einkommensstufen hinausschiebt, so daß durch etwa gleich hohe Sozialhilfeleistungen in den letzten Einkommensstufen ein minimaler Grenzeffekt auf der vorletzten oder auf den beiden vorletzten Einkommensstufen sowie eine sehr hohe Grenzbelastung beim vollständigen Wegfall der Sozialhilfe die Folge ist.

Sozialhilfe und Wohngeld bei ausgewählten Haushalten

Tabelle 1

| Haushaltstyp | | letzte BHE-Stufe für Transferleistung | | Transfer bei 1ooo DM BHE | |
|---|---|---|---|---|---|
| Lfd. Nummer | typische Merkmale | Sozialhilfe | Wohngeld | Sozialhilfe | Wohngeld |
| A-1-1 1oo | Alleinstehender | 1 3oo | 1 1oo | 38 | 16 |
| A-3-1 1oo | Ehepaar mit einem Vorschulkind | 1 5oo | 1 6oo | 31o | 1o3 |
| A-3-1 2oo | Ehepaar mit einem Kind unter 15 Jahre | 1 7oo | 1 6oo | 374 | 1o3 |
| A-6-1 1oo | 6-Personen-Haushalt 4 Kinder unter 15 Jahre | 2 1oo | 2 5oo | 569 | 274 |
| A-6-1 2oo | 6-Personen-Haushalt 2 Kinder unter 15 Jahre 2 ältere Schüler | 1 7oo | 2 2oo | 365 | 221 |
| A-6-1 3oo | 6-Personen-Haushalt 2 Kinder unter 15 Jahre 2 Auszubildende | 1 4oo | 2 3oo | 237 | 267 |

Eigene Berechnungen, Rechtsstand 3o.6.1977.

der Sozialhilfe, die wesentlich von der Haushaltsgröße bzw. der Kinderzahl abhängt.

Wie Tabelle 1 zeigt, erhält ein Alleinstehender bei einem Basishaushaltseinkommen von 1000 DM 38 DM Sozialhilfe und 16 DM Wohngeld pro Monat, während ein Sechs-Personen-Haushalt mit vier Kindern unter 15 Jahren bei dem gleichen BHE 569 DM Sozialhilfe und 274 DM Wohngeld bezieht. Auf Grund der unterschiedlichen Transferhöhe verschiebt sich auch die Grenze, an der Sozialhilfe bzw. Wohngeld vollständig wegfallen (bei 1000 bzw. 1 100 DM BHE für den Alleinstehenden gegenüber 2 100 bzw. 2 500 DM für den Sechs-Personen-Haushalt).

Die Höhe und der Einkommensbereich, in dem bei steigender Kinderzahl noch Sozialhilfe und Wohngeld gewährt werden, hängen allerdings in bedeutendem Maße von dem Alter und der Art der Ausbildung sowie (beim Wohngeld) von der Unterbringung der Kinder ab. Kinder, die Ausbildungsförderung beziehen (BAföG- oder Berufsausbildungsbeihilfe), gelten bei der Sozialhilfe als versorgt.

Der oben angeführte Sechs-Personen-Haushalt erhält daher etwa 200 DM weniger Sozialhilfe, wenn z. B. von den vier Kindern zwei über 15 Jahre alt sind und BAföG beziehen. Deshalb entfällt die Sozialhilfe bereits bei 1 700 DM BHE (vgl. Tabelle 1).

Handelt es sich bei den beiden Kindern über 15 Jahre um Auszubildende, die eigenes Einkommen haben und außerdem Berufsausbildungsbeihilfe beziehen, so wird die Schwelle, an der die Sozialhilfe vollständig entfällt, sogar noch weiter nach unten verschoben, und zwar bis zu einem BHE von 1 400 DM (vgl. Tabelle 1). Dies erklärt sich aus dem Wirksamwerden zweier indirekter Effekte. Einerseits erhalten die Auszubildenden eine geringere Ausbildungsförderung als die Schüler. Da die Ausbildungsförderung in die Berechnung des Familieneinkommens beim Wohngeld eingeht, erhält der Haushalt mit den beiden Auszubildenden ein höheres Wohngeld. Da Wohngeld wiederum voll auf die Sozialhilfe angerechnet wird, bezieht der Haushalt mit den beiden Auszubildenden eine geringere Sozialhilfe. Ein weiterer indirekter Effekt in gleicher Richtung beruht auf der Zusammensetzung des Einkommens. Im Gegensatz zu Schülern haben Auszubildende eigenes Einkommen (beide je 400 DM BHE), auf das sie keine Einkommensteuer und nur geringe Sozialversicherungsbeiträge leisten. Dadurch ist bei gleich hohem BHE das anzurechnende Einkommen des Haushalts mit den Auszubildenden höher und damit die Sozialhilfe geringer als bei Kindern ohne eigenes Einkommen.

Im Gegensatz dazu schlägt sich die Art der Ausbildung und die Höhe der Ausbildungsförderung beim Wohngeld weniger stark und in differenzierterer Form nieder (vgl. die entsprechenden Angaben in Tabelle 1). Die Verringerung des Wohngeldes bei dem Haushalt mit zwei Auszubildenden fällt allerdings kaum ins Gewicht. Es gibt hier zwar ähnliche indirekte Effekte wie bei der Sozialhilfe; sie wirken aber zum Teil gegenläufig[13].

Im allgemeinen kann man davon ausgehen, daß Wohngeld später ausläuft als die Sozialhilfe. Dabei rücken die BHE-Stufen, bei denen die beiden Transfers wegfallen, um so mehr zusammen, je geringer die Haushaltsgröße ist. Insbesondere bei Haushalten mit drei und weniger Personen kann es sogar vorkommen, daß die Sozialhilfe später ausläuft als das Wohngeld. Die letzte Stufe, auf der z. B. bei einem Drei-Personen-Haushalt mit einem Vorschulkind noch Sozialhilfe und Wohngeld gezahlt werden, liegt bei 1 600 DM BHE. Nimmt man nun an, daß es sich bei dem Kind um einen jüngeren Schüler handelt, für den ein höherer Sozialhilfesatz gewährt wird als für das Vorschulkind, so steigt die Sozialhilfe und läuft etwas später aus (vgl. Tabelle 1). Auf die Wohngeldzahlung hat diese Veränderung keinerlei Auswirkungen, so daß dort die Auslaufstufe bei 1 600 DM bleibt. Ähnliche Wirkungen auf die Lage der Sozialhilfe- und Wohngeld-Abbauphase zueinander ergeben sich aus der Art der Unterbringung. Auswärtige Unterbringung hat bei Studenten z. B. zur Folge, daß sie bei der Wohngeldberechnung nicht mehr zum Haushalt zählen und damit diesen Transfer mindern. Da die Sozialhilfe durch die auswärtige Unterbringung nicht beeinflußt wird, so kann auch hier der Fall eintreten, daß Wohngeld früher ausläuft als Sozialhilfe. Einen ähnlichen Effekt hat auch die Annahme von Doppelverdienern im Vergleich zu Alleinverdienern, da sich der Sozialhilferegelsatz bei Doppelverdienern um 70 DM erhöht, während das Wohngeld unverändert bleibt.

### bb) Der Wegfall der Sozialwohnungs-Berechtigung

Unter den hier getroffenen Annahmen hat die Begünstigung durch den sozialen Wohnungsbau – mit Ausnahme des Schwellenphänomens bei Wegfall der Begünstigung – keinen Einfluß auf die Struktur der Grenzeffekte, weil die Höhe der Begünstigung – gemessen als Unterschied zwischen der Quadratmetermiete im freien und im öffentlich geförderten Wohnungsbau – von der Größe der Wohnung, aber nicht vom Einkommen abhängig ist. Der einzige Grenzeffekt tritt an der Stelle auf, an der das Gesamteinkommen der Familie die durch das Wohnungsbaugesetz vorgegebene Einkommensgrenze überschreitet und damit die Sozialwohnungsberechtigung entfällt. Dieses Schwellenphänomen trifft allerdings nur die Haushalte, die im Untersuchungsjahr eine Sozialwohnung beziehen wollen. Für einen Haushalt, der bereits eine Sozialwohnung bewohnt, wird – auch wenn sein Einkommen im Laufe der Zeit über diese Grenze hinauswächst – keine Einkommensüberprüfung vorgenommen. Für solche Haushalte existiert daher das dargestellte Schwellenphänomen nicht.

---

[13] Die unterschiedliche Zahlung der Einkommensteuer bei beiden Sechs-Personen-Haushalten wirkt sich nicht auf das anzurechnende Einkommen aus. Die niedrigeren Sozialversicherungsbeiträge des Haushaltes mit zwei Lehrlingen wirken zum Teil mindernd (Rentenversicherung), zum Teil erhöhend (Krankenversicherung) auf das anzurechnende Einkommen. Die Ausbildungsförderung des Lehrlings ist niedriger als die der Schüler, wird aber zu 80 vH in die Einkommensberechnung einbezogen, während BAFöG nur zu 60 vH einbezogen wird. Bei dem Haushalt mit beiden Auszubildenden wird das Wohngeld nur um 15–20 DM monatlich verringert und der Wegfall des Wohngeldes nur mit 200 DM nach unten verschoben, während das Auslaufen der Sozialhilfe im gleichen Fall um 700 DM nach unten verschoben wurde (vgl. Tabelle 1).

Die Höhe der Begünstigung und damit der Grenzbelastung bei Wegfall der Sozialwohnungsberechtigung wird, da sie von der Wohnfläche abhängig ist, indirekt durch die Familiengröße bestimmt. Auch die Lage der Schwelle verschiebt sich bei zunehmender Haushaltsgröße in höhere Einkommensbereiche. Sie liegt für Alleinstehende bei 1 600 DM (vgl. Schaubild 2), für Ehepaare ohne Kinder - sofern es sich nicht um jüngere Ehepaare handelt, denen ein zusätzlicher Freibetrag eingeräumt wird - bei 2 300 DM BHE, für Ehepaare mit zwei Kindern bei 3 000 DM BHE und für Ehepaare mit vier Kindern bei 3 800 DM BHE (vgl. Schaubild 4). Die Begünstigung durch den Sozialen Wohnungsbau reicht demnach erheblich weiter als die Begünstigung durch das Wohngeld.

Hinsichtlich der dargestellten Grenzeffekte besteht ein auffälliger Unterschied zwischen Haushalten, die den § 7b EStG in Anspruch nehmen können, und vergleichbaren Haushalten ohne eigenes Haus (vgl. Schaubilder 11 und 13). Bei den Hauseigentümern kommen die hohen Grenzeffekte durch den Abbau des Wohngeldes und der Sozialhilfe nicht zur Geltung[14]. Auf Grund der in dieser Untersuchung getroffenen Standardannahmen für Ein- und Zweifamilienhäuser und der damit verbundenen hohen Annuitäten (um 1 000 DM je Monat) ist es nicht sinnvoll, Haushalte, die ein steuerlich begünstigtes Haus gebaut haben, unterhalb 2 000 DM BHE zu betrachten. Außerdem entfällt bei Hauseigentümern das Sozialwohnungs-Schwellenphänomen.

### c) Die Grenzeffekte der Ausbildungsförderungsmaßnahmen

Die staatlichen Leistungen zur Ausbildungsförderung haben durch ihre Einkommensabhängigkeit Einfluß auf die Entwicklung der Grenzbelastung der Haushalte.

Die direkten Geldtransfers BAFöG und BAB weisen negative Grenzeffekte auf, da von einer bestimmten Einkommensgrenze an die Höchstförderung mit weiter steigendem Einkommen kontinuierlich abgebaut wird und schließlich ganz entfällt. Zu Beginn der Abbauphase steigt daher zunächst der Grenzeffekt sprunghaft an und verbleibt dann bis zum vollständigen Wegfall auf dem erhöhten Niveau.

Die indirekte Begünstigung durch den steuermindernden Ausbildungsfreibetrag weist für sich genommen positive Grenzeffekte auf, da sie in bestimmten Einkommensbereichen mit steigendem Einkommen zunimmt; dies ist da der Fall, wo der abzusetzende Freibetrag - in Abhängigkeit von BAFöG und ggf. der BAB - bis zur Erreichung des Höchstbetrages ansteigt (s. o. Abschnitt II. 1.a)2.).

---

14 Darüber hinaus werden in diesen Fällen durch die ESt-Begünstigungen die Grenzbelastungen in der Progressionszone sogar abgesenkt.

### aa) Der Abbau der BAFöG-Förderung

Die durch den BAFöG-Abbau hervorgerufenen Grenzbelastungsverläufe für die verschiedenen Haushaltstypen unterscheiden sich durch den Beginn und die Länge der Abbauphase sowie durch die Geschwindigkeit, mit der sich der Abbau vollzieht. An den Schaubildern 5 bis 8 wird deutlich, daß die Phase erhöhter Grenzeffekte um so länger ist, je mehr BAFöG-beziehende Kinder dem Haushalt angehören bzw. je höher der maximale Förderungsanspruch ist. Außerdem werden die Grenzbelastungen bei geringer Kinderzahl stärker erhöht als bei kinderreichen Haushalten.

Der BAFöG-Abbau setzt ein, wenn das Einkommen der Eltern die Freibeträge übersteigt. Bei Haushalten mit ein oder zwei geförderten Kindern liegt diese Grenze bei 1 900 DM BHE; bei drei und vier BAFöG-beziehenden Kindern 100 bis 200 DM darunter. In diesem Fall werden nämlich die zusätzlichen Kinderfreibeträge von je 70 DM durch das für das dritte und vierte Kind je 120 DM betragende Kindergeld, das als Einkommen angerechnet wird, überkompensiert (vgl. dazu und zu den folgenden Beispielen Tabelle 2).

Für Kinder ohne Ausbildungsförderung werden erheblich höhere Freibeträge angesetzt. So verschiebt sich die Grenze der Vollförderung durch jedes nicht förderungsfähige Kind um 300 DM nach oben, z. B. bei einem Fünf-Personen-Haushalt mit einem BAFöG-Empfänger bis auf 2 500 DM BHE.

Neben der Kinderzahl, dem Alter bzw. der Ausbildung der Kinder – Merkmalen also, die im wesentlichen über die Freibeträge wirksam werden – bestimmt die Höhe der steuerlichen Einkünfte den Beginn des Transferabbaus.

Als maßgeblicher Einkommensbegriff wird der Gesamtbetrag der Einkünfte im Sinne des Einkommensteuergesetzes zugrunde gelegt. Dies führt dazu, daß Haushalte mit einem Ein- oder Zweifamilienhaus durch ihre negativen Einkünfte aus Vermietung und Verpachtung aufgrund der Sonderabschreibungen nach § 7b EStG insgesamt ein erheblich niedrigeres anzurechnendes Einkommen haben als vergleichbare Haushalte ohne Eigenheim. Andererseits erhöht die niedrigere Steuerschuld des Hauseigentümers das anzurechnende Einkommen. Dennoch ergibt sich im Einfamilienhausfall ein bemerkenswerter Nettoeffekt zugunsten des Hausbesitzers, so daß der BAFöG-Abbau um circa 600 DM später einsetzt (vgl. Schaubild 13).

Bei Doppelverdienern ist ebenfalls eine Verschiebung der Höchstförderungsgrenze in höhere Einkommensbereiche – und zwar um circa 300 DM – zu beobachten (vgl. Schaubild 15). Dies ist zum einen auf den zusätzlichen Freibetrag von maximal 180 DM zurückzuführen, zum anderen auf den im Vergleich zu Alleinverdienern niedrigeren Gesamtbetrag der Einkünfte[15]. Die geringere Steuerschuld von Doppelverdienern, die zudem durch höhere Vorsorgeaufwendun-

---

[15] Doppelverdiener können den Arbeitnehmer- und den Weihnachtsfreibetrag zweimal geltend machen.

Einkommensbereiche mit erhöhter Grenzbelastung durch den BAFöG-Abbau bei ausgewählten Haushalten

Tabelle 2

| Haushaltstyp | | BAFöG-Abbauphase | |
|---|---|---|---|
| Lfd. Nummer | typische Merkmale | von ... bis DM BHE | durchschnittliche Gesamtgrenzbelastung |
| **Haushalte mit Schülern** | | | |
| A-3-1-0300 | 3-Personen-Haushalt, 1 Schüler über 15 | 1900 - 2500 | 68 |
| A-4-1-0300 | 4-Personen-Haushalt, 2 Schüler über 15 | 1900 - 3300 | 62 |
| A-6-1-0800 | 6-Personen-Haushalt, 4 Schüler über 15 | 1700 - 6200 | 54 |
| A-4-1-0900 | 4-Personen-Haushalt, 1 Schüler über 15, 1 Kind unter 15 | 2200 - 2900 | 62 |
| A-5-1-0100 | 5-Personen-Haushalt, 1 Schüler über 15, 2 Kinder unter 15 | 2500 - 3400 | 54 |
| **Haushalte mit Studenten[1]** | | | |
| A-3-1-0501 | 3-Personen-Haushalt, 1 Student | 1800 - 3400 | 61 |
| A-4-1-0501 | 4-Personen-Haushalt, 2 Studenten | 1800 - 5400 | 58 |
| A-5-1-0752 | 5-Personen-Haushalt, 3 Studenten | 1600 - 8800 | 52 |
| A-6-1-0962 | 6-Personen-Haushalt, 4 Studenten | 1500 - >10000 | 53 |
| A-4-1-0553 | 4-Personen-Haushalt, 2 Studenten, Einfamilienhaus | 2400 - 6200 | 55 |
| A-4-2-0501 | 4-Personen-Haushalt, 2 Studenten, Doppelverdiener | 2100 - 5800 | 62 |
| **Haushalte mit Schülern und Studenten[1]** | | | |
| A-4-1-1201 | 4-Personen-Haushalt, 1 Schüler über 15, 1 Student | 1800 - 4400 | 59 |
| A-5-1-0201 | 5-Personen-Haushalt, 2 Schüler über 15, 1 Student | 1800 - 5800 | 57 |
| A-6-1-0451 | 6-Personen-Haushalt, 2 Schüler über 15, 2 Studenten | 1700 - >10000 | 54 |

Eigene Berechnungen; Rechtsstand 30.06.1977.- [1]Studenten sind in den angeführten Beispielen auswärtig untergebracht.

RWI ESSEN

gen bedingt ist, wirkt sich erst in oberen Einkommensbereichen aus, so daß der Beginn des BAFöG-Abbaus dadurch nicht mehr tangiert wird.

Im Gegensatz zu den Sonderabschreibungen nach § 7b EStG bewirken die übrigen steuerlichen Sonderbegünstigungen keine Verminderung des Gesamtbetrages der Einkünfte, sondern nur eine geringere Steuerschuld. Dadurch erhöht sich das anzurechnende Einkommen, und der BAFöG-Abbau wird vorgezogen. Nennenswerte Verschiebungen ergeben sich allerdings nur, wenn mehrere Begünstigungen bei einem Haushalt zusammentreffen. Konnten z. B. im für die BAFöG-Förderung maßgeblichen Vorvorjahr für zwei auswärts wohnende Studenten Aufwendungen für auswärtige Unterbringung geltend gemacht werden und setzten die Eltern zudem Ausgaben für die Aus- und Weiterbildung im nicht ausgeübten Beruf ab, erhöht sich das anzurechnende Einkommen, und der Förderungsabbau beginnt 200 bis 300 DM eher.

Die Höhe der Grenzbelastung durch den BAFöG-Abbau bleibt für ein und denselben Haushalt mit steigendem Einkommen nahezu konstant[16]. Bei unterschiedlichen Haushaltstypen liegen die isolierten BAFöG-Grenzeffekte je nach Kinderzahl zwischen 15 und 35 vH. Ausschlaggebend sind dabei alle „unversorgten" Kinder[17], zu denen auch die BAFöG-Geförderten zählen. Diese unterschiedliche Belastung durch den BAFöG-Abbau schlägt sich auch in den gesamten Grenzeffekten der Haushalte nieder:

*Durchschnittliche Grenzeffekte (GE) in der BAFöG-Abbauphase*

| | GE durch BAFöG-Abbau | GE insgesamt |
|---|---|---|
| 3-Personen-Haushalt | 30–35 vH | circa 65 vH |
| 4-Personen-Haushalt | circa 30 vH | circa 60 vH |
| 5-Personen-Haushalt | circa 25 vH | circa 55 vH |
| 6-Personen-Haushalt | 15–20 vH | knapp 55 vH |

Ursache für diese unterschiedliche Belastung ist die Ausgestaltung des relativen Freibetrages: Er beträgt für die Eltern 25 vH zuzüglich 10 vH für jedes Kind. Während also von dem Einkommen, das den absoluten Freibetrag übersteigt, bei einem Drei-Personen-Haushalt nur 35 vH anrechnungsfrei bleiben, sind dies bei einem Sechs-Personen-Haushalt 65 vH.

Besonders hohe Grenzeffekte können auftreten, wenn ein Haushalt vermögensteuerpflichtig wird[18], da damit automatisch die ansonsten zu gewährende BA-

[16] Kleinere Schwankungen in der Grenzbelastung können auf die Einkommensteuerprogression (bei leichter Verlangsamung des Abbaus) oder auf das Erreichen des maximalen Pauschalbetrages für Sozialversicherungsbeiträge (bei leichter Beschleunigung des Abbaus) zurückgeführt werden.

[17] Kinder, für die die Eltern einen Freibetrag geltend machen können.

[18] In den Modellrechnungen wird ein mit steigendem Einkommen wachsendes Vermögen angenommen, so daß die Vermögensteuerpflicht auch bei Haushalten mit der hohen Vermögensvariante nicht von vornherein besteht.

FöG-Förderung entfällt. Diesen Grenzeffekten kommt aber deshalb keine größere Bedeutung zu, da sie empirisch wenig relevant sind und da die Lage und die Höhe dieser Effekte von der jeweils getroffenen Vermögensannahme abhängen. Würde bei anderen Vermögensannahmen die Vermögensteuerpflicht in unteren Einkommensbereichen einsetzen, würden sehr hohe Grenzbelastungen mit weit über 100 vH entstehen, da im Extremfall der BAFöG-Höchstbetrag entfallen würde. Bei einer erst sehr spät einsetzenden Vermögensteuerpflicht wären die Grenzeffekte wesentlich niedriger, weil nur ein geringer Restbetrag wegfallen würde, oder sogar gleich 0, wenn die BAFöG-Förderung bereits ausgelaufen wäre.

Die Länge der BAFöG-Abbauphase hängt neben der Höhe der Grenzbelastungen auch vom jeweiligen Vollförderungsbetrag ab. Dieser richtet sich wiederum nach der Anzahl der BAFöG-Bezieher in einem Haushalt, nach deren Ausbildungsart und Unterbringung. So haben Studenten einen höheren Bedarfssatz als Schüler und auswärts untergebrachte Auszubildende einen höheren als Kinder, die zu Hause wohnen (vgl. Tabelle 2).

Die Teilförderung eines auswärts wohnenden Studenten erstreckt sich über 1 500 DM BHE, bei zwei, drei und vier Studenten über 3 600, 7 200 bzw. mehr als 10 000 DM BHE. Bei Schülern reichen die vergleichbaren Abbauphasen von 600 bis 4 500 DM BHE.

Die Abbauphase von 600 DM BHE für einen BAFöG-beziehenden Schüler (in einem Drei-Personen-Haushalt) verlängert sich mit jedem weiteren nicht förderungsfähigen Kind nur um jeweils 100 bis 200 DM. Dies ist allein auf die Verlangsamung des Abbautempos zurückzuführen.

Ausschließlich auf höheren Bedarfssätzen beruht die Ausdehnung des Teilförderungsbereichs bei einem Drei-Personen-Haushalt mit einem Schüler (600 DM BHE), einem zu Hause wohnenden Studenten (1 300 DM BHE) und einem auswärts untergebrachten Studenten (1 500 DM BHE).

Die hohe Grenzbelastung durch den BAFöG-Abbau wird, wie in den Schaubildern 7 und 8 deutlich sichtbar ist, erheblich durch den Ausbildungsfreibetrag gemildert. Die charakteristische Wirkung des sich bei steigendem Einkommen aufbauenden Ausbildungsfreibetrages wurde bereits oben dargestellt.

Im Zusammenhang mit BAFöG ist interessant, wo die grenzbelastungsmindernde Wirkung des Ausbildungsfreibetrages einsetzt, wie hoch sie ist und wie lang sie andauert.

Die Begünstigung durch den Ausbildungsfreibetrag hängt erstens von der maximalen Höhe des Freibetrages, der nach Alter und Unterbringung gestaffelt ist, ab und zweitens von der Höhe des BAFöG-Zuschusses, der nach Ausbildungsart und ebenfalls nach Unterbringung differenziert ist. Da Schüler i. d. R. unter 18 Jahre alt sind und zu Hause wohnen, kann für sie kein Freibetrag geltend gemacht werden. Für Studenten über 18 Jahre ist ein maximaler Freibetrag von 200 DM, bei auswärtiger Unterbringung von 350 DM monatlich absetzbar.

Bei einem Vier-Personen-Haushalt mit zwei zu Hause wohnenden Studenten fällt der BAFöG-Zuschuß bei einem BHE von 2 900 DM pro Kind unter 200 DM, so daß hier der Aufbau des Ausbildungsfreibetrages beginnt, bis er beim völligen Wegfall des BAFöG-Zuschusses bei 4 200 DM seinen Höchstbetrag erreicht.

Bei zwei auswärts wohnenden Studenten erhöht sich sowohl der maximale Freibetrag (+ 150 DM) als auch die BAFöG-Höchstförderung (+ 100 DM, wobei nur 80 DM Zuschuß-Anteil sind). Wegen der stärkeren Erhöhung des Ausbildungsfreibetrages setzt dieser eher ein als bei zu Hause wohnenen Studenten (bei 2 400 DM) und erreicht erst später (bei einem BHE von 4 600 DM) den Höchstbetrag.

Bei zunehmender Studentenzahl setzt der Ausbildungsfreibetrag später ein, obwohl für jeden Studenten ein gleicher Freibetrag gilt. Dies liegt allein an der Entwicklung des BAFöG-Abbaus, der sich mit steigender Kinderzahl verlangsamt. Aus demselben Grund verlängert sich die grenzbelastungsmindernde Phase mit steigender Kinderzahl; das langsamere Aufbautempo des Ausbildungsfreibetrages hat aber selbstverständlich zur Folge, daß die Grenzeffekte nicht mehr so stark abgesenkt werden.

Die kompensatorische Wirkung des Ausbildungsfreibetrages erfolgt nur während der Abbauphase des Zuschusses nach dem BAFöG. Nach Erreichen des maximalen Ausbildungsfreibetrages erhöht sich die Grenzbelastung wieder durch den anschließenden Abbau des BAFöG-Darlehens.

Fällt die Aufbauphase des Ausbildungsfreibetrages in hohe Einkommensbereiche wie z. B. bei einem Haushalt mit 4 Studenten (4 800 bis 9 800 DM BHE), ist die Entlastungswirkung wegen des höheren Grenzsteuersatzes höher als in unteren Einkommensbereichen. Sind die 4 Studenten auswärts untergebracht, reicht der Freibetragsaufbau sogar über 10 000 DM BHE hinaus.

### bb) Der Abbau der Berufsausbildungsbeihilfe (BAB)

Die Grenzeffekte, die durch den Abbau der Berufsausbildungsbeihilfe entstehen, unterscheiden sich erheblich von den durch BAFöG bewirkten Grenzbelastungen. So setzt der Förderungsabbau erst bei einem höheren BHE ein, die Grenzbelastungen sind stärker, und die Abbauphase ist ganz erheblich kürzer. Bei einem Vergleich beider Ausbildungsförderungszweige muß allerdings immer berücksichtigt werden, daß der betrieblich Auszubildende eigenes Einkommen in Form seiner Ausbildungsvergütung erzielt. Dadurch ergibt sich eine andere Zusammensetzung des Basishaushaltseinkommens.

Der Abbau der BAB beginnt bei einem Haushalt mit einem Auszubildenden bei einem BHE von 2 300 DM. Bei einem Vier-Personen-Haushalt mit 2 Auszubildenden (Sechs-Personen-Haushalt mit 4 Auszubildenden) wird diese Grenze auf 2 600 (3 000) DM herausgeschoben. Betrachtet man nur das Elterneinkommen, wird diese Grenze bei 4 Auszubildenden schon bei 1 400 DM erreicht, während sie beim Haushalt mit einem Auszubildenden erst bei 1 900 DM einsetzt. Ursache dafür ist, daß für die Geförderten selbst keine Freibeträge angesetzt werden können, wohingegen das Kindergeld für die Auszubildenden als Einkommen angerechnet wird.

Weitere Kinder ohne eigenes Einkommen verschieben den Abbaubeginn um je 200 bis 300 DM[19]. Das Auslaufen der Höchstförderung verschiebt sich allerdings bei einem Vier-Personen-Haushalt mit einem Auszubildenden und einem jüngeren Schulkind gegenüber einem Haushalt mit 2 Auszubildenden nicht. In diesem Fall kompensieren sich der erhöhte Freibetrag für das Schulkind und das aufgrund der veränderten Zusammensetzung des BHE höhere anzurechnende Elterneinkommen.

Ist der Auszubildende auswärts untergebracht, wird die Phase der erhöhten Grenzeffekte erst in sehr viel höheren Einkommensbereichen wirksam, da ein zusätzlicher Freibetrag in Höhe von 750 DM gewährt wird. Bei einem Haushalt mit zwei nicht zu Hause wohnenden Auszubildenden verschiebt sich der Abbaubeginn von 2 600 auf 4 800 DM (vgl. Schaubilder 9 und 10).

Steuerliche Vergünstigungen bewirken über die geringere Steuerschuld, die das anzurechnende Einkommen erhöht, eine Vorverlagerung des Förderungsabbaus. Im Gegensatz zu BAFöG tritt also bei Hauseigentümern ein früherer Abbau der Höchstförderung ein, da bei der Berechnung der BAB keine steuerlichen Einkünfte aus Vermietung und Verpachtung und damit auch keine negativen Einkünfte aufgrund der Abschreibungen nach § 7b EStG angesetzt werden.

Die Höhe der Grenzeffekte durch die BAB liegt bei circa 60 vH. Dadurch ergeben sich während der Abbauphase i. d. R. Grenzbelastungen von insgesamt über 90 vH. Da bei der Berechnung der Förderung neben dem absoluten Freibetrag nicht zusätzlich noch ein relativer Freibetrag - wie bei der BAFöG-Berechnung - angesetzt wird, der praktisch zum zweiten Mal eine Staffelung nach der Kinderzahl vornimmt, sind die Grenzeffekte erheblich höher, und es tritt keine vergleichbare Differenzierung im Grenzbelastungsniveau wie bei BAFöG auf.

Der im Vergleich zu BAFöG wohl augenfälligste Unterschied liegt in der Länge der Förderungsabbauphase. Die wesentlich kürzeren Abbauphasen bei der BAB beruhen hauptsächlich darauf, daß die Förderungsbeträge erheblich niedriger als bei BAFöG sind, weil der Auszubildende selbst Einkommen bezieht[20] und sein „Nettoeinkommen" voll auf seinen Bedarfssatz angerechnet wird. So erhält ein Auszubildender - bei der hier angenommenen durchschnittlichen Ausbildungsvergütung im Untersuchungsjahr 1977 - eine maximale BAB von 71 DM[21]. Diese wird bereits bei einer Steigerung des BHE um 200 DM vollstän-

---

19 Für diese Kinder wird die gleiche Freibetragsregelung wie bei BAFöG wirksam.

20 Bei den Modellrechnungen wurde die durchschnittliche Ausbildungsvergütung für männliche Auszubildende von 400 DM im Jahr 1977 angenommen.

21 Zum Vergleich erhält ein gleichaltriger Schüler maximal 235 DM BAFöG.

dig abgebaut. Bei zwei auswärts wohnenden Auszubildenden erstreckt sich die Abbauphase wegen der erhöhten Bedarfssätze über 800 DM; ähnliches gilt für Auszubildende über 21 Jahre.

Die Grenzbelastungsminderung durch den Ausbildungsfreibetrag spielt für Haushalte mit Kindern in betrieblicher Berufsausbildung praktisch keine Rolle. Das liegt zum einen daran, daß die Voraussetzungen (auswärtige Unterbringung oder Vollendung des 18. Lebensjahres) ähnlich wie bei Schülern in der Regel nicht erfüllt sind, und zum anderen daran, daß das eigene Einkommen des Auszubildenden und die BAB – selbst nach Abzug eines Freibetrags von 200 DM mtl. – den Ausbildungsfreibetrag vollständig kompensieren.

### d) Die Grenzeffekte der Sparförderungsmaßnahmen

Die Sparförderung umfaßt die drei Maßnahmen Abzug von Bausparbeiträgen als Sonderausgaben im Sinne des § 10 EStG, Gewährung der Arbeitnehmer-Sparzulage nach dem 3. VermBG und Gewährung von Wohnungsbau- oder Sparprämien[22].

Sowohl das 3. VermBG als auch die Prämiengesetze sehen eine Einkommensgrenze vor, so daß der Anspruch auf die Begünstigung in voller Höhe entfällt, wenn das Einkommen einer potentiell berechtigten Person diese Grenze übersteigt. Das kann sogenannte Schwelleneffekte hervorrufen, die sich darin äußern, daß die Grenzbelastungskurven an diesen Stellen deutliche Ausschläge nach oben aufweisen (vgl. z. B. Schaubild 3). Die Bedeutung weiterer Grenzeffekte der Sparförderungsmaßnahmen ist dagegen vernachlässigbar.

Dem 3. VermBG und den Prämiengesetzen liegt als Einkommensbegriff das zu versteuernde Einkommen zugrunde. Dabei bezieht sich das 3. VermBG auf das zu versteuernde Einkommen des laufenden Jahres, die Prämiengesetze dagegen auf das des Vorjahres. Die Einkommensgrenzen sind für beide Maßnahmen gleichartig konstruiert: jährlich 24 000 DM/48 000 DM (Alleinstehender/Ehepaar) zuzüglich 1 800 DM für jedes Kind. Dabei zählt im 3. VermBG jedes Kind im Sinne des EStG, während bei den Prämiengesetzen nur Kinder unter 17 Jahren berücksichtigt werden. Unterstellt man – wie in den Modellrechnungen – eine Einkommenssteigerung von 1976 nach 1977, so wird im Normalfall zuerst die Einkommensgrenze nach dem 3. VermBG überschritten und erst bei einer etwas höheren BHE-Stufe die Einkommensgrenze nach den Prämiengesetzen. Wenn jedoch Kinder über 17 Jahren dem Haushalt angehören, so können beide Grenzen in die gleiche BHE-Stufe fallen, oder die Reihenfolge kann sich sogar umkehren (vgl. Schaubild 15).

Aufgrund der Konstruktion der Einkommensgrenzen hängt die Lage der Sparförderungs-Schwellen davon ab, ob es sich um einen Alleinstehenden oder ein

---

22 Die Modellannahmen hinsichtlich der Ausnutzung der Sparförderungsmaßnahmen sind im Anhang, Abschnitt XII, dargestellt.

Ehepaar handelt, wieviele Kinder zum Haushalt gehören und ob das zu versteuernde Einkommen durch Sonderbegünstigungen gemindert werden kann. Am wichtigsten sind hierbei die Absetzungen nach § 7b EStG und der Ausbildungsfreibetrag. Wenn die Kinder durch eigene Einkommen zum BHE beitragen, werden die Einkommensgrenzen erst bei einem relativ hohen BHE überschritten, da nur das Einkommen der Eltern relevant ist. Der Wegfall der Begünstigungen an diesen Grenzen bezieht sich übrigens nur auf die Eltern; falls die Kinder einen eigenen Anspruch auf die Sparförderung haben, weil sie Arbeitnehmer oder mindestens 17 Jahre alt sind, bleibt dieser Anspruch - unter den hier getroffenen Einkommensannahmen - bestehen. Tabelle 3 verdeutlicht die Abhängigkeit der Lage der Einkommensgrenzen von den genannten Faktoren.

Der Schwelleneffekt durch das 3. VermBG setzt sich aus einem direkten und einem indirekten Effekt zusammen. Der direkte Effekt besteht im Wegfall der Arbeitnehmer-Sparzulage. Er ist bei Doppelverdienern doppelt so hoch wie bei Alleinverdienern. Außerdem hängt er von der Zahl der Kinder ab, da die Zulage bei mehr als drei Kindern 40 vH, sonst aber 30 vH der vermögenswirksam angelegten Mittel beträgt. Der indirekte Effekt, der durch den Wegfall der Arbeitnehmer-Sparzulage ausgelöst wird, beruht darauf, daß mit dem Wegfall der vermögenswirksamen Leistungen auch die Prämien auf diese Mittel entfallen. Wenn die Einkommensgrenze der Prämiengesetze vor derjenigen des 3. VermBG erreicht wird, tritt dieser indirekte Effekt natürlich nicht auf. In Extremfällen kann der indirekte Effekt annähernd so groß werden wie der direkte Effekt.

Der Schwelleneffekt aufgrund der Prämiengesetze besteht ausschließlich im Wegfall der Prämien. Er wird jedoch vollständig unterdrückt, wenn der Haushalt bereits vor oder bei Erreichen der Schwelle Bausparbeiträge nach § 10 EStG absetzt. In Tabelle 3 sind die betreffenden Grenzen in Klammern gesetzt. Betroffen sind davon Haushalte mit einem Verdiener und Kindern. Bei Haushalten mit einem Verdiener und nur einem Kind tritt der Fall ein, daß der Haushalt nach Überschreiten der Einkommensgrenze zwar Bausparbeiträge nach § 10 EStG absetzen kann, die daraus resultierende Begünstigung aber geringer ist als die weggefallene Prämie[23]. Der Schwelleneffekt wird dadurch abgeschwächt (vgl. Schaubild 5).

Einige Schaubilder machen die hier beschriebenen Schwelleneffekte deutlich. Bei dem Zwei-Personen-Haushalt in Schaubild 11 sind die beiden Schwelleneffekte der Sparförderung etwa gleich groß. Bei dem entsprechenden Doppelverdiener-Haushalt in Schaubild 14 ist dagegen der erste Schwelleneffekt (3. VermBG) wesentlich stärker ausgeprägt. Bei dem Vier-Personen-Haushalt in Schaubild 6 entfällt dagegen der Schwelleneffekt aufgrund der Prämiengesetze, weil der Haushalt seine Bausparbeiträge in den entsprechenden Einkommensstufen nach § 10 EStG absetzt. Man bemerkt auch, daß die Grenzeffekte der Sparförderung i. d. R. nur einen kleinen Teil der gesamten Grenzbelastungen ausmachen.

---

23 Dies ist auf die mit geringerer Kinderzahl abnehmenden Spielräume für den Sonderabgabenabzug von Bausparbeiträgen zurückzuführen.

Schwelleneffekte durch Wegfall der Sparförderungsmaßnahmen bei ausgewählten Haushalten — Tabelle 3

| Haushaltstyp | | 3. Vermögensbildungsgesetz | | Wohnungsbau-Prämiengesetz | |
|---|---|---|---|---|---|
| Lfd. Nummer | typische Merkmale | Lage der Einkommensgrenze | wegfallender Förderungsbetrag | Lage der Einkommensgrenze | wegfallender Förderungsbetrag |
| A-1-1-o1oo | Alleinstehender | 2 3oo DM | 25 DM | 2 4oo DM | 12 DM |
| A-2-1-o1oo | 2-Personen-HH | 4 4oo DM | 25 DM | 4 8oo DM | 24 DM |
| A-4-1-o1oo | 4-Personen-HH., 2 Kinder unter 17 Jahre; | 4 8oo DM | 25 DM | (5 2oo DM) | - |
| A-4-1-o5o1 | 4-Personen-HH., 2 Studenten | 5 6oo DM | 16 DM | (5 ooo DM) | - |
| A-4-2-o5o2 | wie A-4-1-o5o1, aber Doppelverdiener | 5 6oo DM | 31 DM | 5 2oo DM | 43 DM |
| A-6-1-o1oo | 6-Personen-HH., 4 Kinder unter 17 Jahre; | 5 4oo DM | 32 DM | (5 4oo DM) | - |
| A-6-1-o1o3 | wie A-6-1-o1oo, aber mit Einfamilienhaus | 6 ooo DM | 32 DM | (6 2oo DM) | - |
| A-6-1-o8oo | 6-Personen-HH., 4 Auszubildende | 7 ooo DM[1] | 16 DM | (6 6oo DM) | - |

Eigene Berechnungen; Rechtsstand 3o.o6.1977.- [1]Diese Schwelle gilt für den Fall, daß der Haushalt Bausparbeiträge nach § 1o EStG absetzt.

RWI ESSEN

## 2. Die typischen Grenzbelastungsverläufe

Im folgenden sollen die typischen Grenzbelastungsverläufe, unter die der größte Teil der Modellhaushalte subsumiert werden kann, anhand der Schaubilder 2 bis 16 kurz dargestellt werden. Übersicht 4 zeigt die wesentlichen Unterscheidungsmerkmale der hierfür ausgewählten Haushalte.

Die hohen Grenzbelastungen, die mit dem Abbau von Ausbildungsförderungsmaßnahmen bei steigendem Einkommen verbunden sind, führen dazu, daß sich die Grenzbelastungsverläufe bei Haushalten mit Kindern in geförderter Ausbildung (Schaubilder 5 bis 10) deutlich von denen bei Haushalten ohne Ausbildungsförderung (Schaubilder 2 bis 4) unterscheiden. Bei fehlender Ausbildungsförderung sind die Grenzbelastungen geprägt durch eine Dominanz der steuerlichen Grenzeffekte (Einkommensteuer und indirekte Steuern) bereits in relativ niedrigen BHE-Bereichen. Überlagert werden diese Einflüsse hier vor allem bei den unteren Einkommen durch den Abbau von Sozialhilfe und Wohngeld sowie ggf. den Wegfall der Sozialwohnungsberechtigung und die Zunahme der GKV-Beiträge bis zum Erreichen des Höchstbeitrages. Darüber hinaus spielt lediglich der Wegfall von Sparförderungsmitteln in höheren Einkommensbereichen eine Rolle.

Der unterschiedliche Verlauf bei Ledigen (Schaubild 2) und kinderlosen Ehepaaren (Schaubild 3) beruht vor allem auf der Anwendung des ESt-Grund- bzw. Splittingtarifs. Im Gegensatz zu Verheirateten kommen bei Ledigen die niedrigen EST-Grenzbelastungen der unteren Proportionalzone nicht zum Tragen, so daß die Grenzbelastungen des Alleinstehenden auch in unteren Einkommensbereichen nicht unter 40 vH fallen. Außerdem entfallen die einkommensabhängigen Transfers (Sozialhilfe, Wohngeld, Sparförderung) und die Sozialwohnungsberechtigung bei Ledigen früher.

Haushalte mit Kindern, die nicht ausbildungsförderungsfähig sind (Vorschulkinder, Schüler unter 15 Jahren) weisen - bei unterschiedlichen Belastungs- bzw. Begünstigungsniveaus - ähnliche Grenzbelastungsverläufe wie kinderlose Ehepaare auf. Der bedeutsamste Unterschied resultiert aus dem Sozialhilfe- und Wohngeldabbau, der bei Kindern ohne Ausbildungsförderung - in Abhängigkeit von der Kinderzahl - bis in wesentlich höhere Einkommensbereiche reicht. Die damit verbundene größere Ausdehnung des Bereichs mit sehr hohen Grenzbelastungen macht Schaubild 4 für einen Haushalt mit 4 Kindern sehr deutlich. Darüber hinaus bewirkt die Kinderzahl eine Verschiebung der Sozialwohnungs- und Sparförderungsschwellen in höhere BHE-Bereiche sowie die Kompensation des Prämienverlustes aufgrund höherer Spielräume für den Sonderausgabenabzug von Bausparbeiträgen. Die Grenzbelastungsverläufe von Haushalten mit weniger Kindern (unter 15 Jahren) sind entsprechend zwischen Schaubild 3 und 4 anzusiedeln.

Bei Haushalten mit Kindern in förderungsfähiger Ausbildung ist zunächst zu unterscheiden zwischen Haushalten, die eine BAFöG-Förderung (vgl. Schau-

Übersicht 4

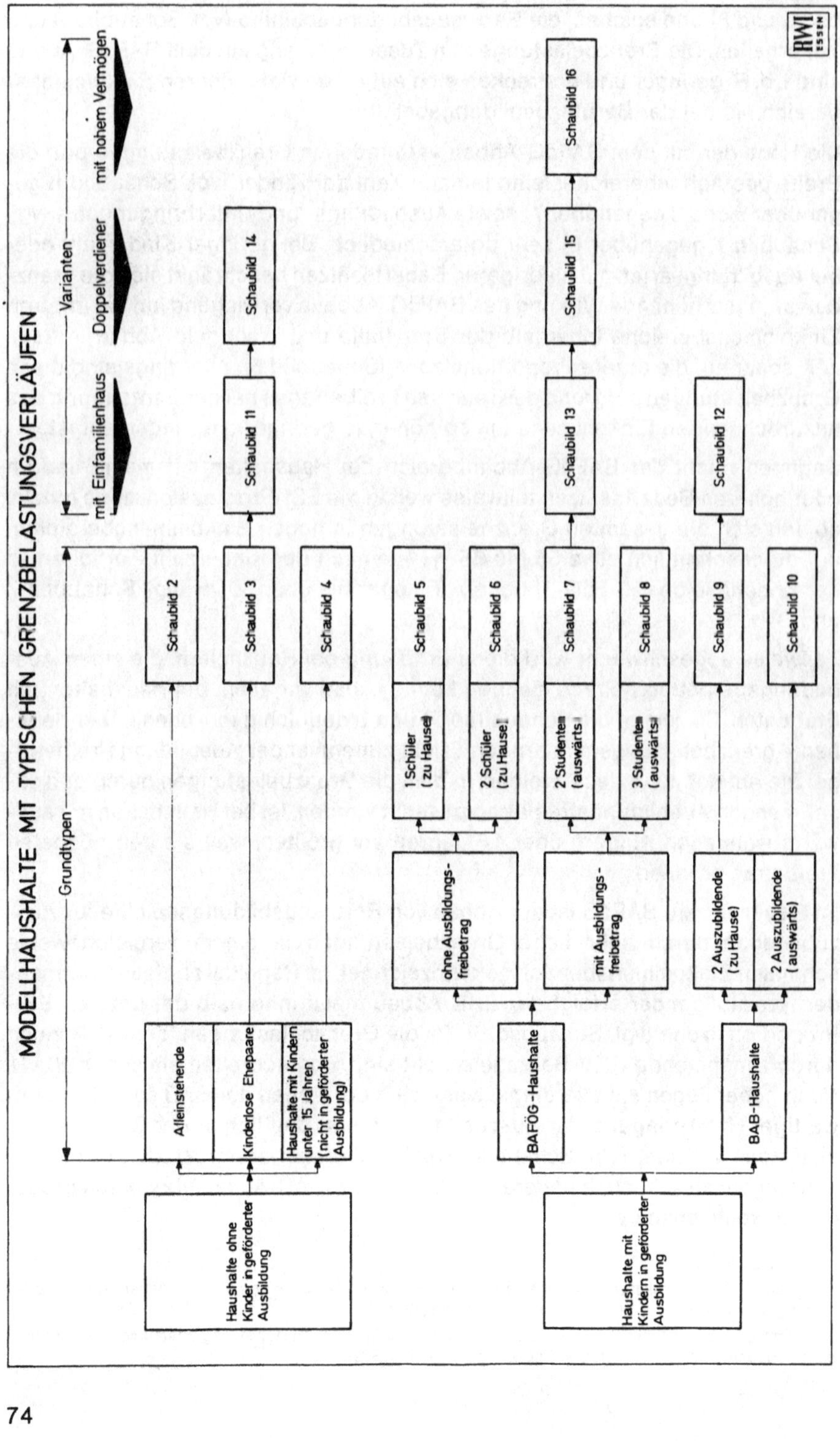

MODELLHAUSHALTE MIT TYPISCHEN GRENZBELASTUNGSVERLÄUFEN
RWI ESSEN
Grundtypen
Varianten
mit Einfamilienhaus
Doppelverdiener
mit hohem Vermögen
Haushalte ohne Kinder in geförderter Ausbildung
Alleinstehende
Kinderlose Ehepaare
Haushalte mit Kindern unter 15 Jahren (nicht in geförderter Ausbildung)
Schaubild 2
Schaubild 3
Schaubild 4
Schaubild 11
Schaubild 14
Haushalte mit Kindern in geförderter Ausbildung
BAFÖG-Haushalte
BAB-Haushalte
ohne Ausbildungs-freibetrag
mit Ausbildungs-freibetrag
1 Schüler (zu Hause)
2 Schüler (zu Hause)
2 Studenten (auswärts)
3 Studenten (auswärts)
2 Auszubildende (zu Hause)
2 Auszubildende (auswärts)
Schaubild 5
Schaubild 6
Schaubild 7
Schaubild 8
Schaubild 9
Schaubild 10
Schaubild 13
Schaubild 15
Schaubild 16
Schaubild 12

bild 5 und 8) und solchen, die Berufsausbildungsbeihilfe (vgl. Schaubild 9 und 10) erhalten. Die Grenzbelastungen im Zusammenhang mit dem BAFöG-Abbau sind i. d. R. geringer und erstrecken sich auf einen viel größeren Einkommensbereich als bei der Berufsausbildungsbeihilfe.

Die Höhe der mit dem BAFöG-Abbau verbundenen Grenzbelastungen und die Breite des Abbaubereiches sind je nach Zahl der Kinder (vgl. Schaubild 6 gegenüber 5 und 8 gegenüber 7) sowie Ausbildungs- und Unterbringungsart (vgl. Schaubild 7 gegenüber 6) sehr unterschiedlich. Bei geringer Kinderzahl oder bei Ausbildungsarten mit niedrigeren Bedarfssätzen beschränkt sich die grenzbelastungserhöhende Wirkung des BAFöG-Abbaus vorwiegend auf die unteren Einkommensbereiche (oberhalb der Sozialhilfe und Wohngeld-Abbau-Phase), z. T. sogar auf die untere Proportionalzone (Schaubild 5). Allerdings sind diese Grenzbelastungen aufgrund des relativen Freibetrages bei der Berechnung des anzurechnenden Einkommens um so höher, je geringer die Kinderzahl ist.

Dagegen reicht der BAFöG-Abbaubereich bei Haushalten mit mehr Kindern oder höheren Bedarfssätzen teilweise weit in die ESt-Progressionszone hinein, so daß sich die gesamten Grenzbelastungen in hohen Einkommensbereichen auf durchschnittlich etwa 55 bis 65 vH - je nach der Kinderzahl - erhöhen, in der Endphase des BAFöG-Abbaus z. T. sogar bis über 70 vH (vgl. Schaubild 7 und 8)[24].

Teilweise abgeschwächt wird diese Erhöhung bei Haushalten, die einen Ausbildungsfreibetrag geltend machen können, also vor allem bei Haushalten mit Studenten. So zeigen die Schaubilder 7 und 8 deutlich den - oben beschriebenen - grenzbelastungsmindernden Effekt zunehmender Ausbildungsfreibeträge. Die Ausdehnung des Bereichs, in dem die Grenzbelastungen durch den zunehmenden Ausbildungsfreibetrag gesenkt werden, ist bei Haushalten mit auswärts wohnenen Kindern über 18 Jahren am größten, weil sie den höchsten Freibetrag erhalten.

Im Gegensatz zu BAFöG ist der Abbau von Berufsausbildungsbeihilfe für Auszubildende durch sehr hohe Grenzbelastungen in einem vergleichsweise schmalen Einkommensbereich gekennzeichnet. Im Regelfall zu Hause wohnender Auszubildender erfolgt der BAB-Abbau meist innerhalb der unteren ESt-Proportionalzone (vgl. Schaubild 9). Da die Grenzbelastungen hier i. d. R. noch durch zunehmende GKV-Beiträge erhöht sind, überschreiten sie sogar 90 vH. Noch höher liegen sie allerdings, wenn sich der Abbau der BAB aufgrund auswärtiger Unterbringung der Auszubildenden erst deutlich in der ESt-Progressionszone vollzieht (vgl. Schaubild 10)[25]. Außerdem erstreckt sich in diesem Fall wegen der erheblich höheren Förderung der BAB-Abbau über einen größeren Einkommensbereich.

---

24 Sofern der Wegfall der Sparförderung in diesen Bereich fällt, können sich die gesamten Grenzbelastungen auf über 80 vH erhöhen (vgl. z. B. Schaubild 15).

25 Im Schaubild 10 fällt der BAB-Abbau mit dem Wegfall der Sparförderung zusammen, so daß sich die Grenzbelastungen teilweise auf über 100 vH kumulieren.

Die Grenzbelastungsverläufe der dargestellten Haushaltsgrundtypen verändern sich z. T. erheblich bei Variation bestimmter Merkmale, und zwar vor allem bei Annahme

- eines Hauses, für das Sonderabschreibungen nach § 7b EStG geltend gemacht werden, statt einer Mietwohnung (Schaubilder 11 bis 13),
- einer mitverdienenen Ehefrau (Doppelverdiener) statt eines alleinverdienenden Ehegatten (Schaubilder 14 und 15),
- eines hohen - einkommensabhängigen - Vermögens statt eines geringen Vermögens (Schaubild 16).

Zu jedem der oben dargestellten Grundtypen gibt es grundsätzlich eine entsprechende Variante. Wie Übersicht 4 zeigt, werden die für die genannten Varianten typischen Veränderungen der Grenzbelastungsverläufe allerdings nur anhand von Schaubildern für einige ausgewählte Haushaltstypen verdeutlicht, da sich die hierfür aufgezeigten Veränderungen in ähnlicher Weise oder mit systematischen Abweichungen bei den übrigen Grundtypen wiederholen.

Ein wesentlicher Unterschied zwischen Haushalten, die die Sonderbegünstigung des § 7b EStG in den ersten 8 Jahren in Anspruch nehmen können (Hauseigentümer), und Haushalten in Mietwohnungen besteht darin, daß die hohen Grenzbelastungen durch den Abbau der Sozialhilfe und des Wohngeldes sowie durch den Wegfall der Sozialwohnungsberechtigung hier nicht zum Tragen kommen. Darüberhinaus hat die Geltendmachung des § 7b EStG zur Folge, daß sich die effektiven ESt-Grenzbelastungen - unter Berücksichtigung der Sonderbegünstigungen - und die Grenzeffekte anderer Maßnahmen, die von einkommensteuerlichen Größen abhängen (z. B. BAFöG und Ausbildungsfreibetrag, Sparförderung) in erheblich höhere BHE-Bereiche verschieben. Wie die Schaubilder 11 bis 13 zeigen, verbreitert sich dadurch vor allem der Einkommensbereich zwischen dem GKV-Höchstbeitrag und dem ESt-Tarifsprung, d. h. der Bereich, in dem die niedrigen Grenzsteuersätze der unteren ESt-Proportionalzone zum Tragen kommen[26]. Auch die erhöhten Grenzbelastungen im Zusammenhang mit dem BAFöG-Abbau und dem Wegfall der Sparförderung wirken sich erst in entsprechend höheren BHE-Bereichen aus.

Außerdem verdeutlicht Schaubild 12 im Vergleich zu Schaubild 13, daß eine verschiebende Wirkung wie beim BAFöG-Abbau und beim Aufbau des Ausbildungsfreibetrags in höhere BHE-Bereiche bei der Berufsausbildungsbeihilfe nicht auftritt.

Im Gegensatz zu einkommensteuerlichen Begünstigungen wirkt die zusätzliche Erwerbstätigkeit der Ehefrau in Richtung auf eine Verkleinerung bzw. den Wegfall des Bereichs zwischen dem GKV-Höchstbeitrag und dem EST-Tarifsprung (vgl. Schaubild 15)[27]. Außerdem ist im Doppelverdienerfall die Grenzbelastung

---

26 Bei Haushalten, bei denen der Tarifsprung vor dem GKV-Höchstbeitrag erreicht wird (z. B. Ledige und Doppelverdiener), kann u. U. durch einkommensteuerliche Begünstigungen eine Umkehrung der Reihenfolge eintreten.

durch den Wegfall der Arbeitnehmersparzulage doppelt so hoch wie bei nur einem Arbeitnehmer-Ehegatten, und der Schwelleneffekt beim Wegfall der Prämien kommt hier voll zum Tragen, weil Doppelverdiener in den hier relevanten BHE-Bereichen i. d. R. keine Spielräume für den Sonderausgabenabzug von Bausparbeiträgen mehr besitzen. Darüberhinaus verlängert sich der Bereich niedriger Grenzbelastungen zwischen dem Wohngeld-Wegfall und dem in diesem Fall später einsetzenden BAFöG-Abbau.

Die Auswirkung der hohen Vermögens-Variante auf die Grenzeffekte beschränkt sich im wesentlichen auf die hohen Grenzbelastungen, die auf dem schlagartigen Wegfall der BAFöG-Förderung mit dem Einsetzen der Vermögensteuerpflicht beruhen. Dieser Effekt wird durch Schaubild 16 verdeutlicht. Nach dem Wegfall der Ausbildungsförderung entspricht der Grenzbelastungsverlauf demjenigen eines Haushalts ohne Kinder in förderungsfähiger Ausbildung, d. h. die steuerlichen Grenzbelastungen dominieren.

[27] Es kann auch eine Umkehrung der Reihenfolge auftreten, so daß der grenzbelastungssenkende Effekt des Erreichens des GKV-Höchstbeitrages erst oberhalb des ESt-Tarifsprungs wirksam wird (vgl. Schaubild 14).

## Grenzbelastungen*
## bei steigendem Basishaushaltseinkommen

### Schaubilder 2 bis 16

Abkürzungen

| | |
|---|---|
| ANSparz | : Wegfall der Arbeitnehmer-Sparzulage |
| AusbFB | : Aufbau des Ausbildungsfreibetrages |
| BAB | : Abbau der Berufsausbildungsbeihilfe |
| BAFöG | : Abbau der BAFöG-Förderung |
| Bausp. | : Übergang von Wohnungsbauprämien zum Sonderausgabenabzug von Bausparbeiträgen bei der EST |
| GKV | : Erreichen des GKV-Höchstbeitrages |
| SoHi | : Abbau der Sozialhilfe |
| SozWo | : Wegfall der Sozialwohnung |
| SparF | : Wegfall der Sparförderung (ANSparz, WoPr und SparPr) |
| SparPr | : Wegfall der Sparprämie |
| TSpr | : Tarifsprung der Einkommensteuer |
| VST | : Wegfall von BAFöG durch Eintreten der Vermögensteuer |
| WoG | : Abbau des Wohngeldes (Mietzuschuß) |
| WoPr | : Wegfall der Wohnungsbauprämie |

Schaubild 2

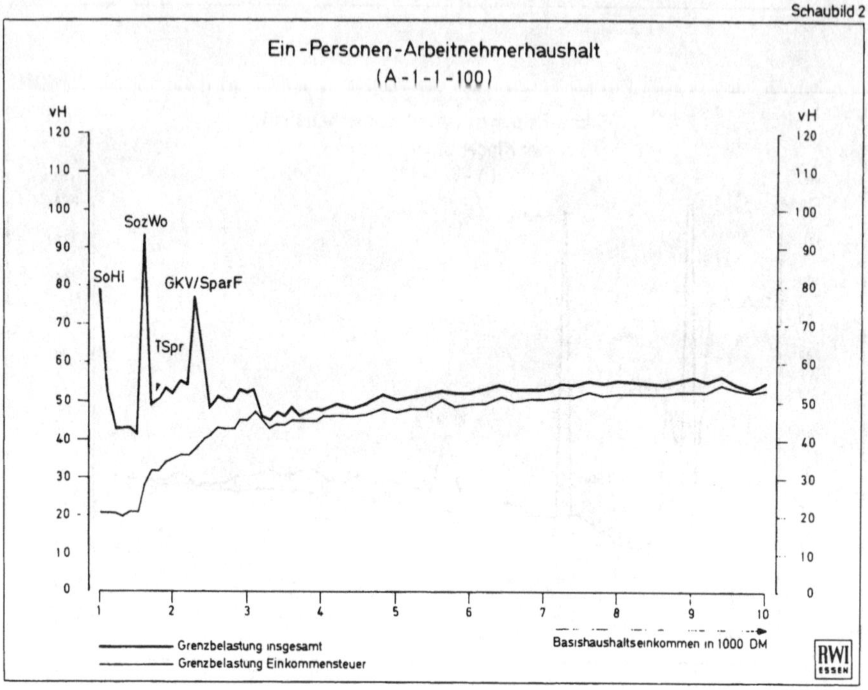


*Eigene Berechnungen. – Rechtsstand 30. 6. 1977.

Schaubild 3

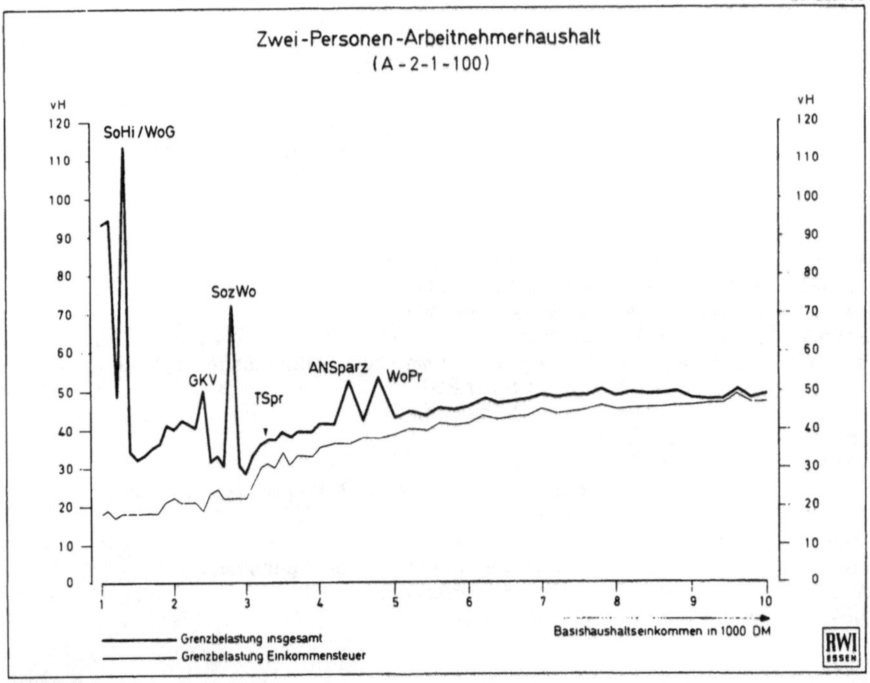


Schaubild 4

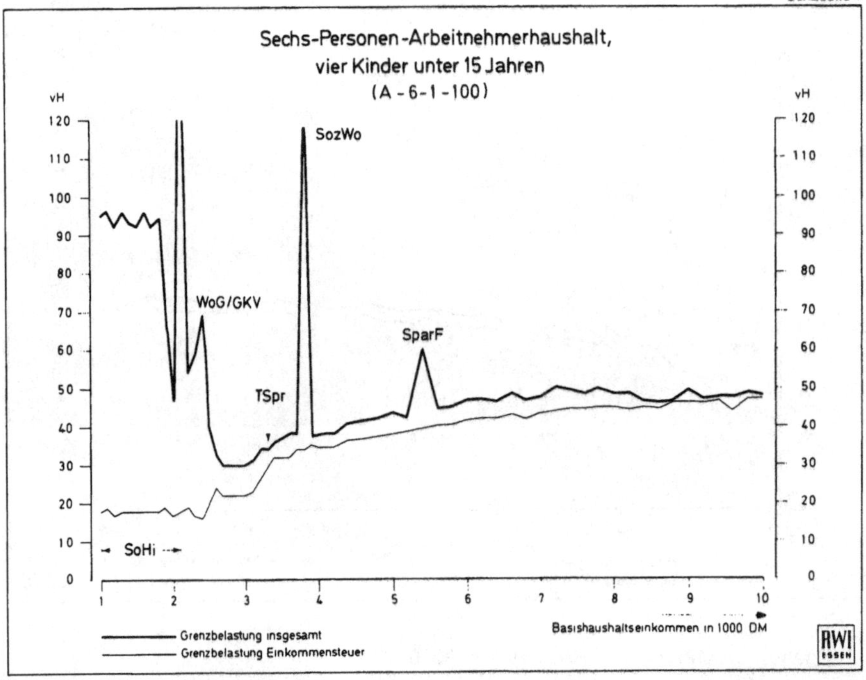

Schaubild 5

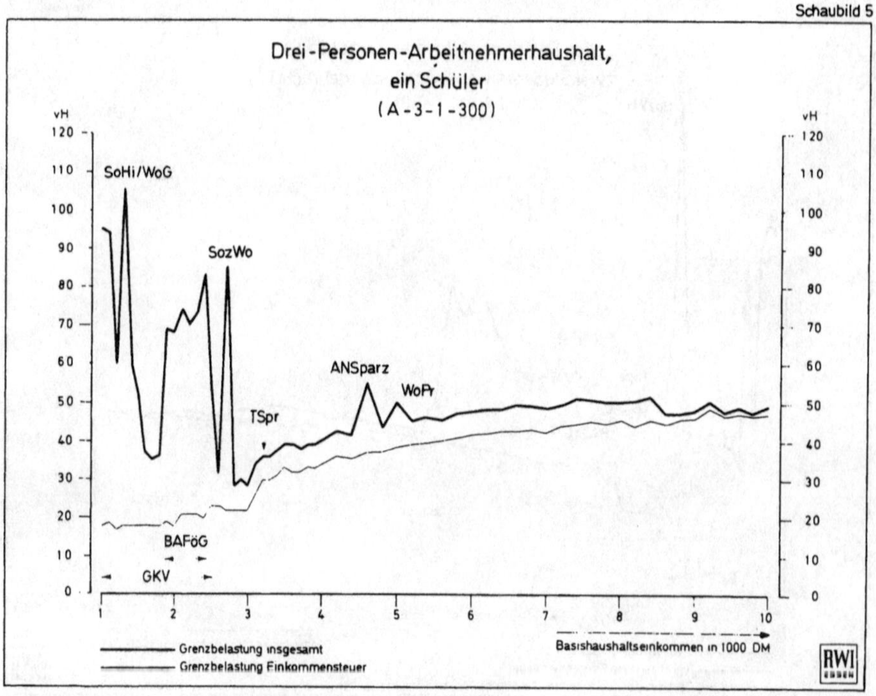


Schaubild 6

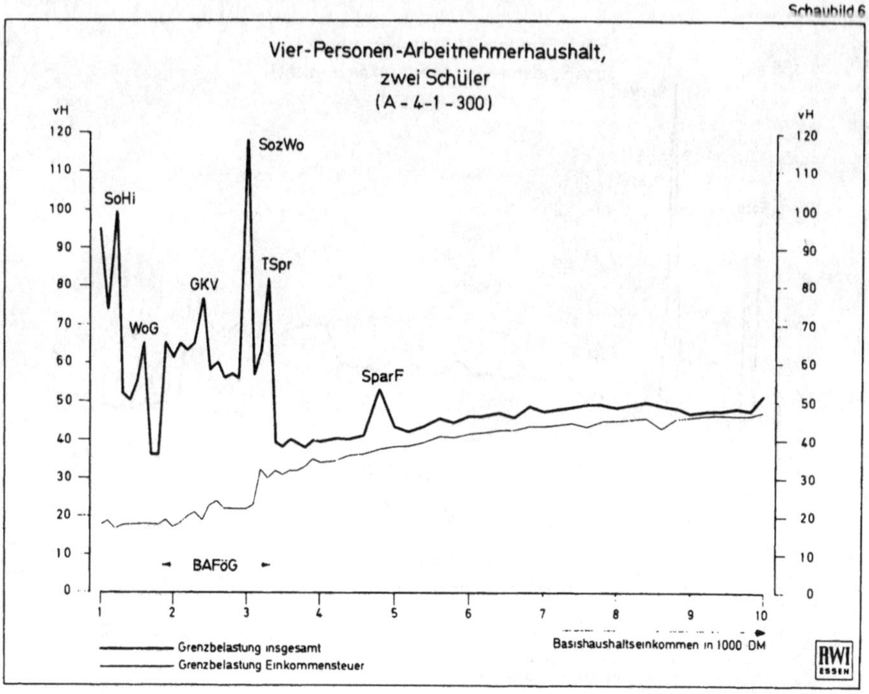

Schaubild 7

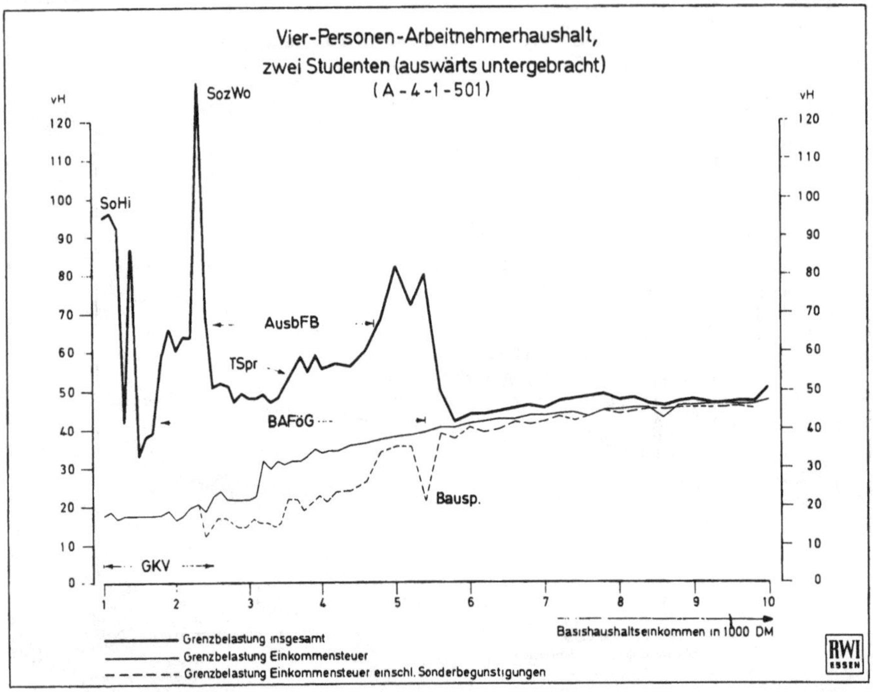


Vier-Personen-Arbeitnehmerhaushalt, zwei Studenten (auswärts untergebracht) (A-4-1-501)

Schaubild 8

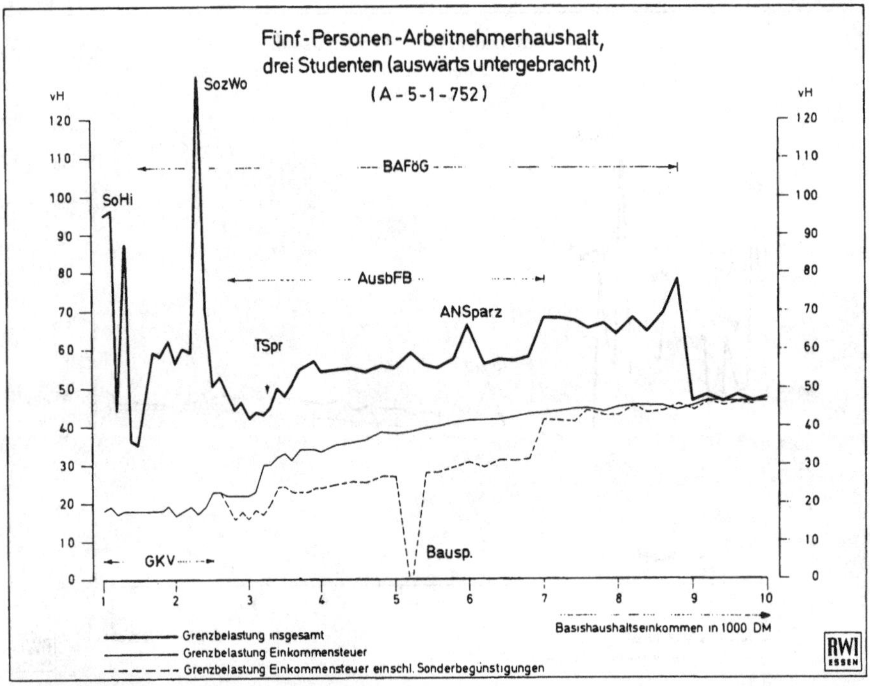


Fünf-Personen-Arbeitnehmerhaushalt, drei Studenten (auswärts untergebracht) (A-5-1-752)

Schaubild 9

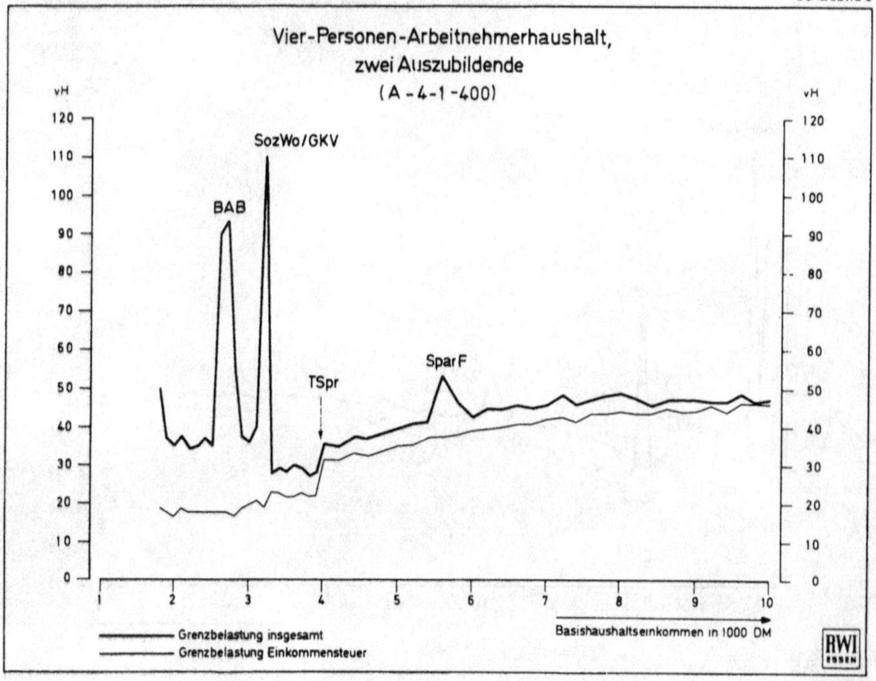


Schaubild 10

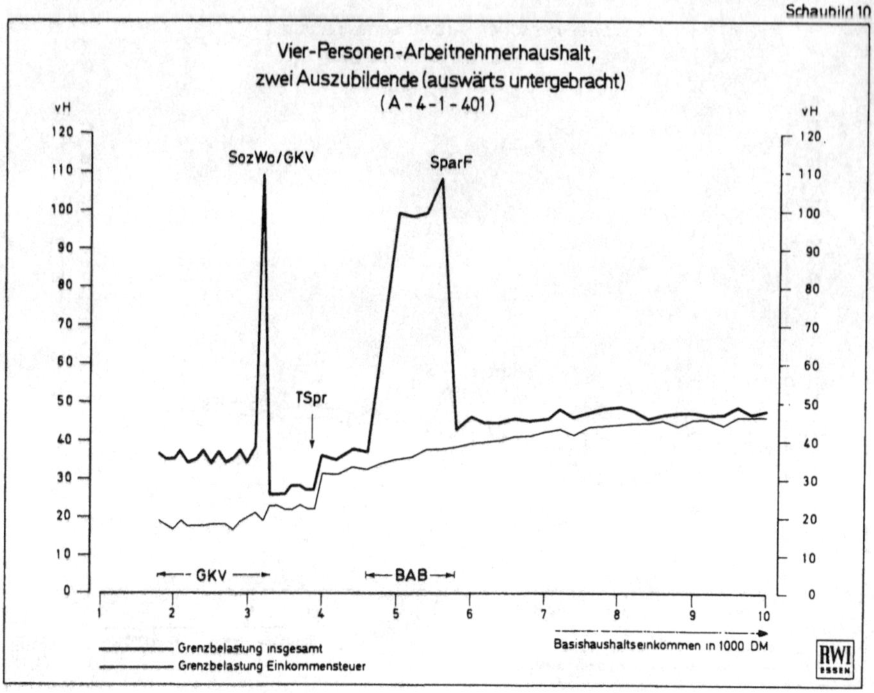

Schaubild 11

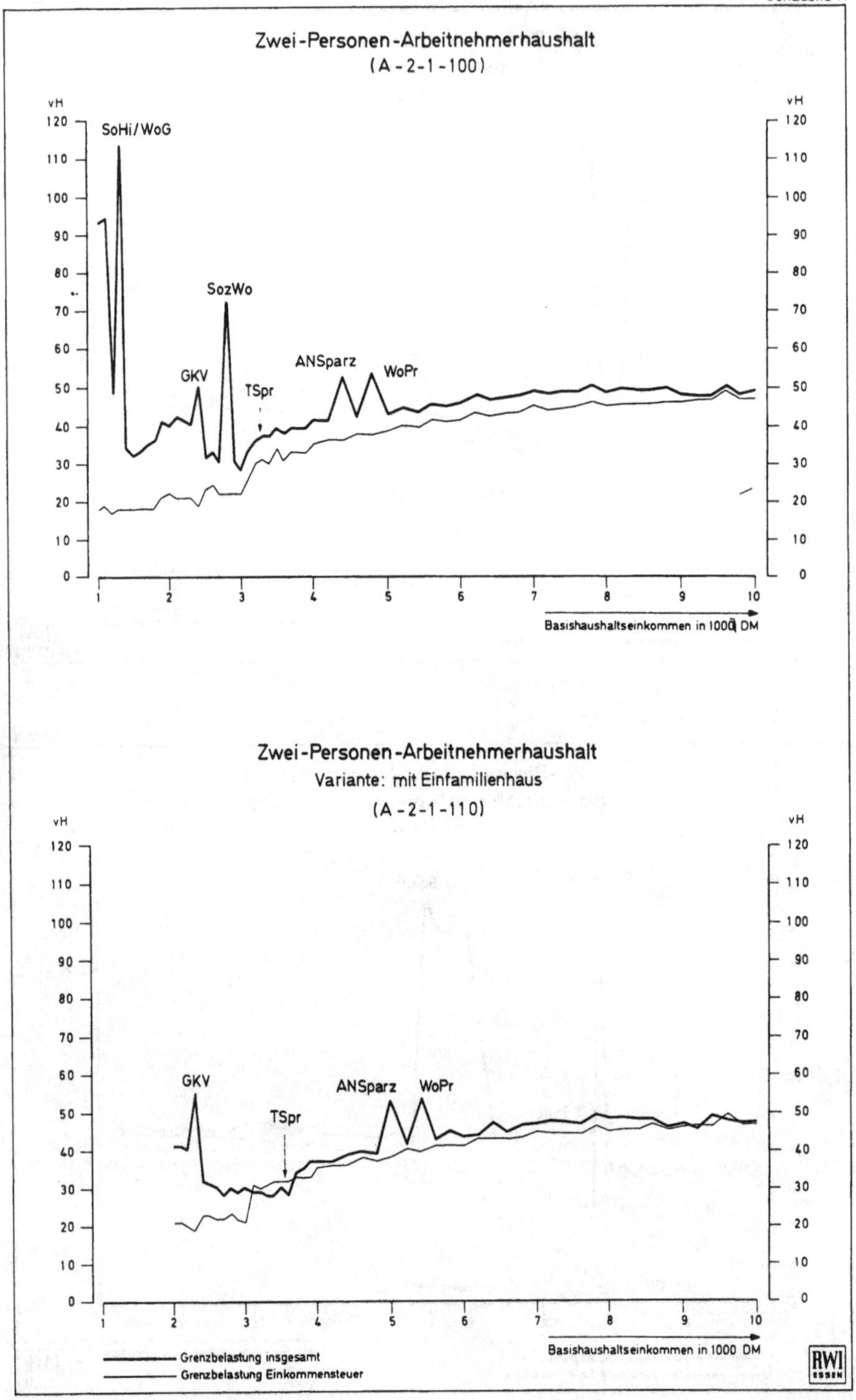

Schaubild 12

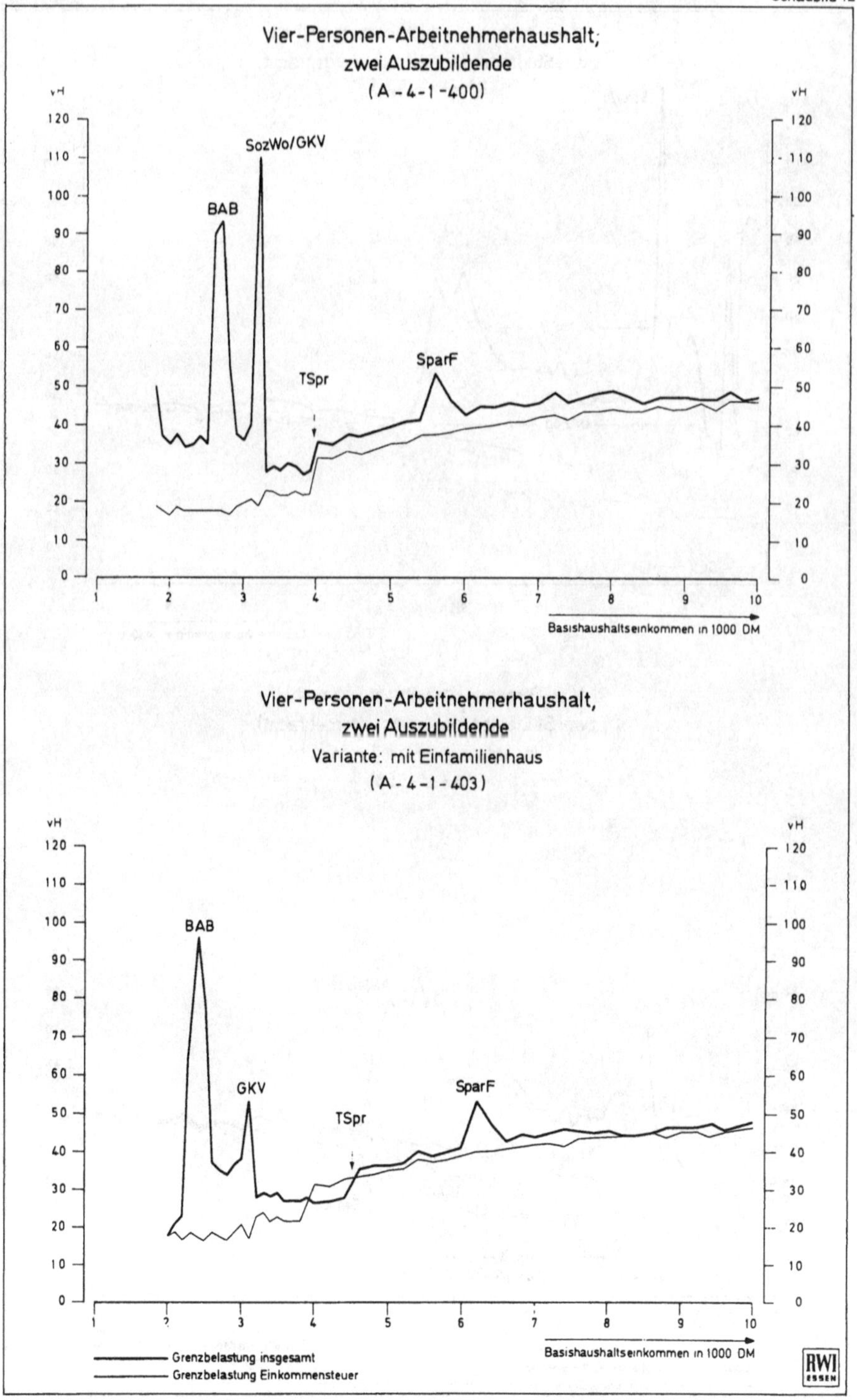

Schaubild 13

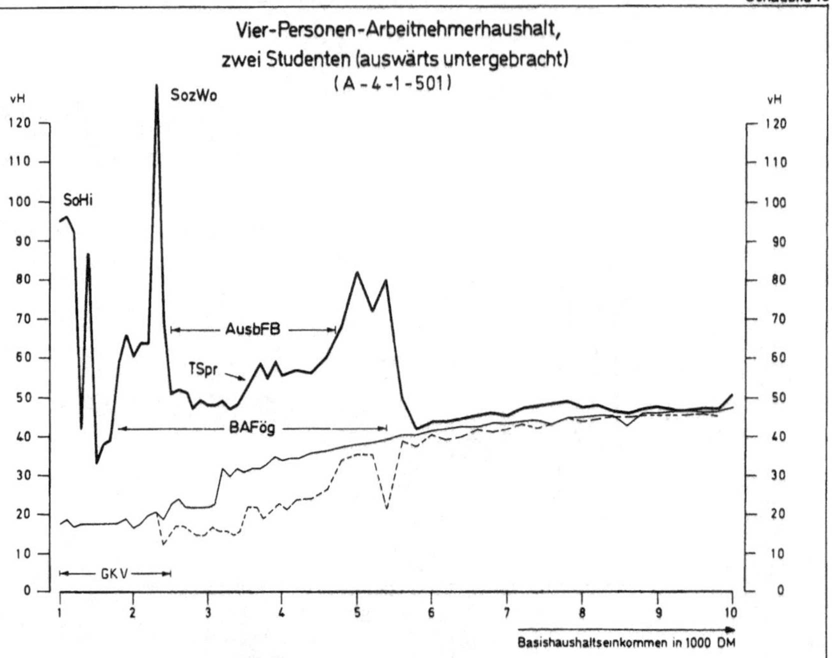


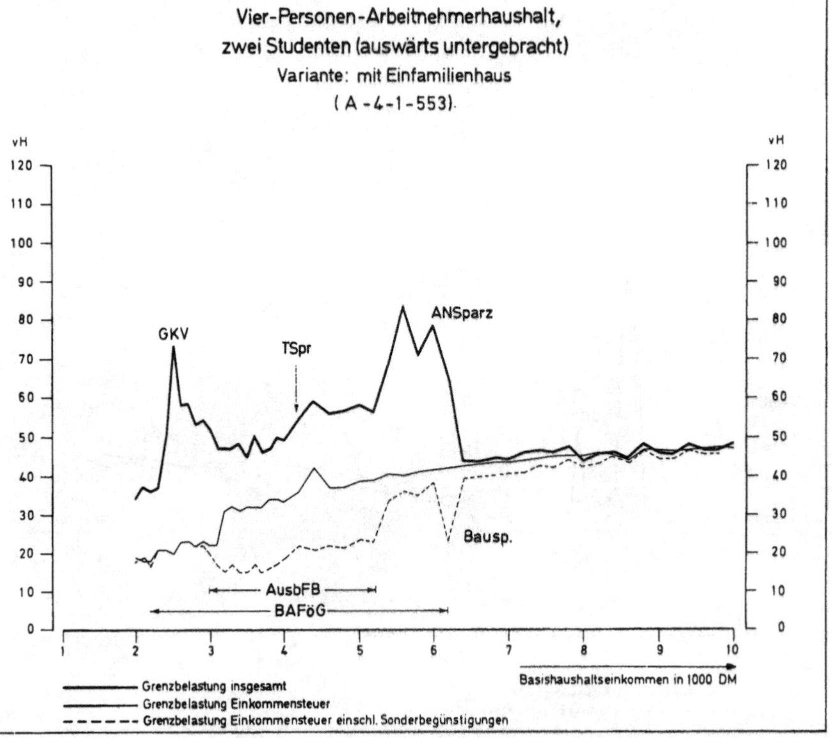

Schaubild 14

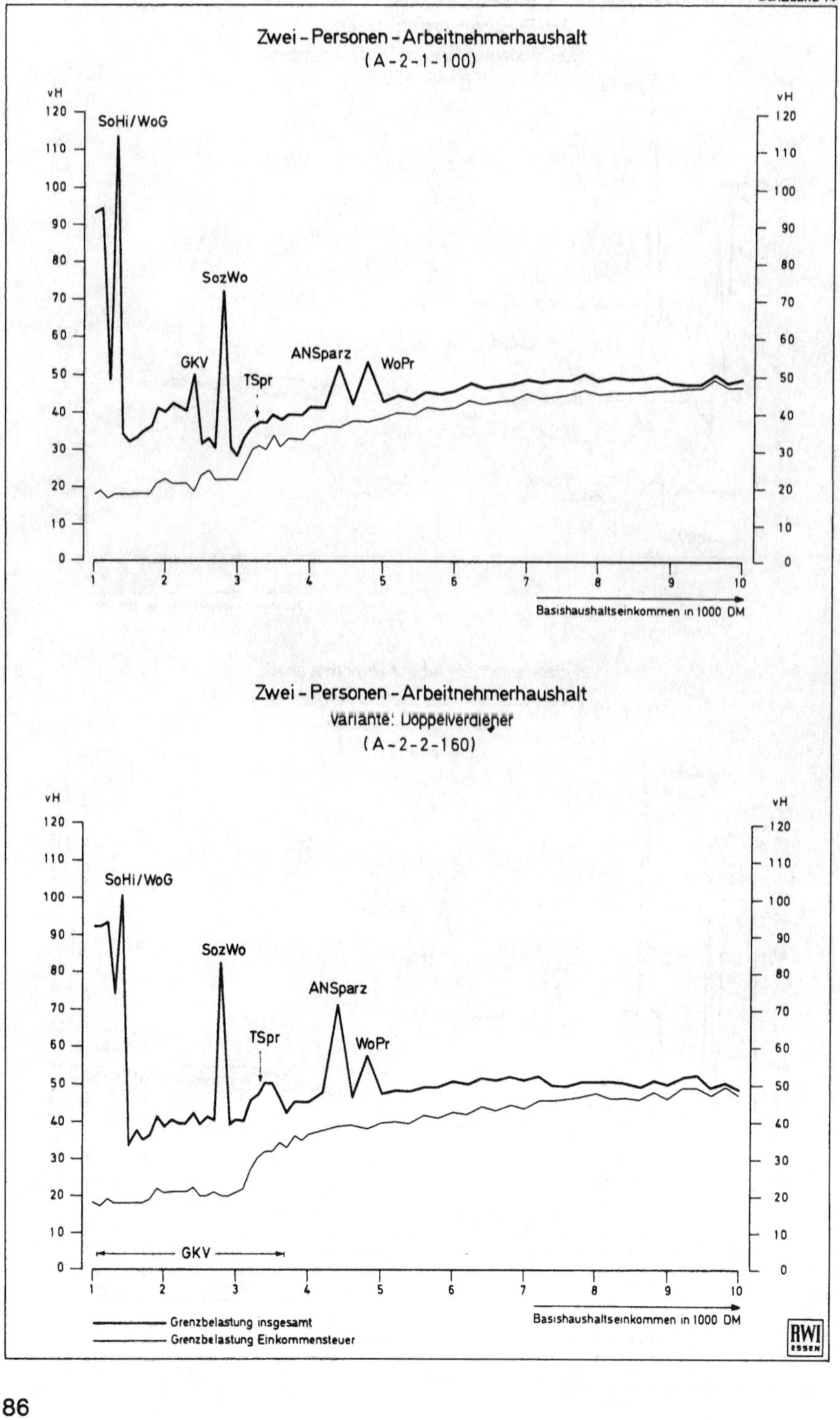

Schaubild 15

Vier-Personen-Arbeitnehmerhaushalt,
zwei Studenten (auswärts untergebracht)
(A-4-1-501)

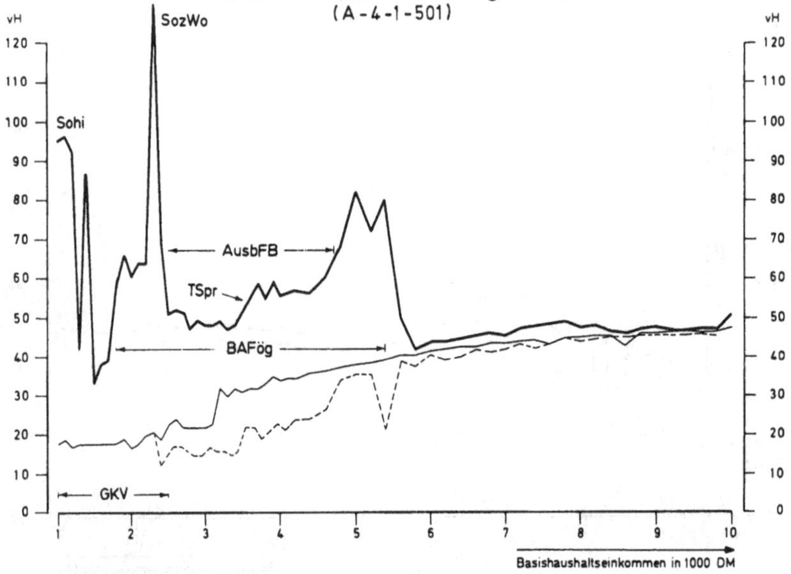


Vier-Personen-Arbeitnehmerhaushalt,
zwei Studenten (auswärts untergebracht)
Variante: Doppelverdiener
(A-4-2-501)

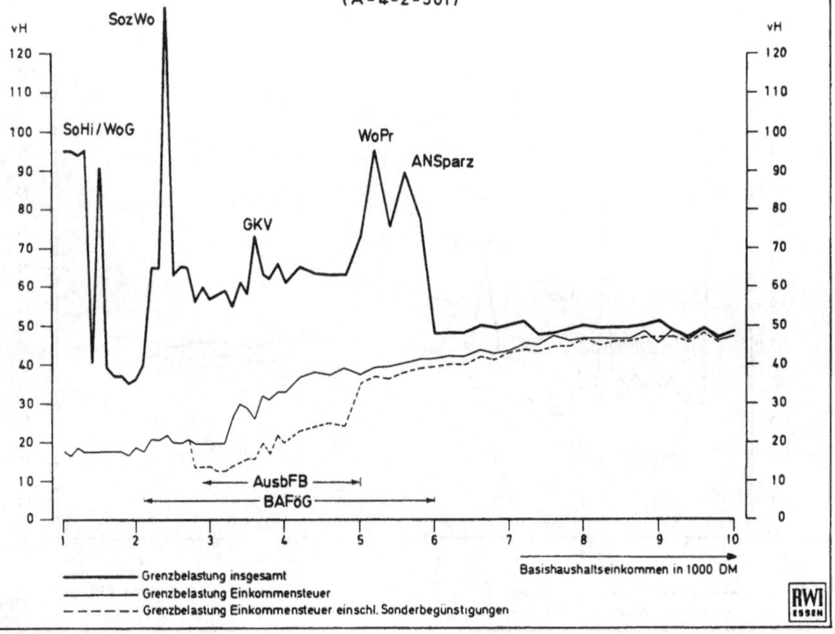

Schaubild 16

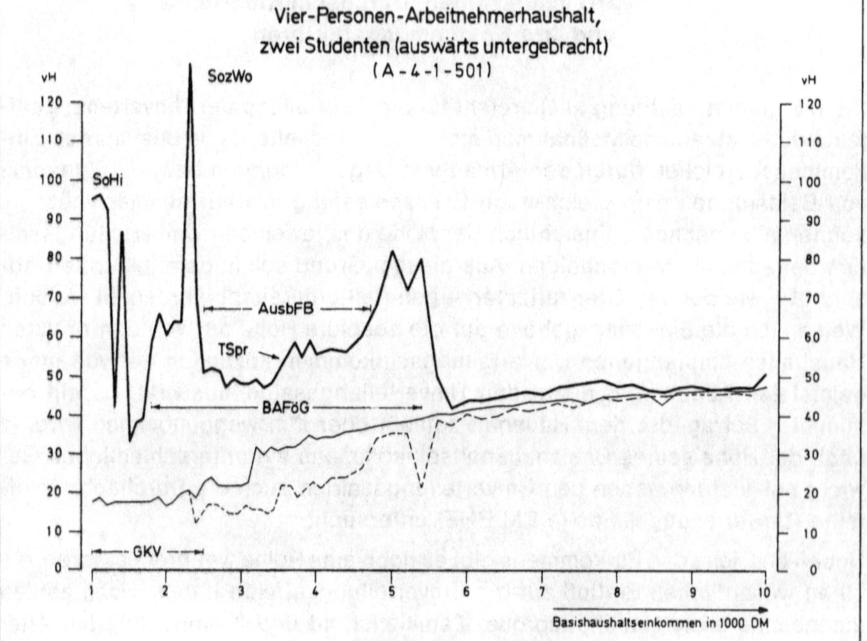


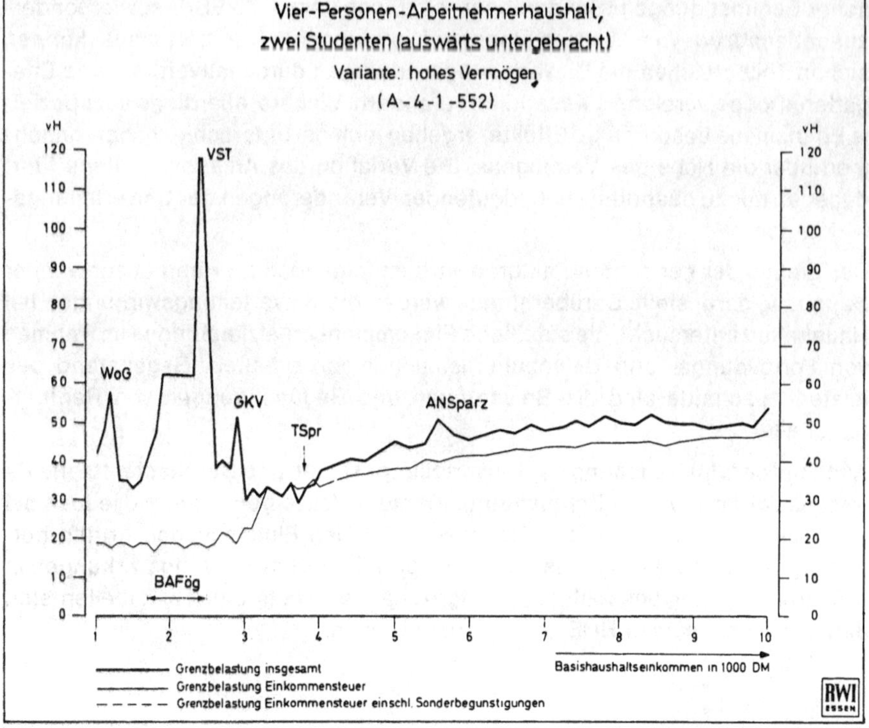

## III. Umverteilungssalden, Durchschnittseffekte und ihre Bestimmungsfaktoren

Die Marginalbetrachtung allein reicht für die Beurteilung der Umverteilungseffekte durch staatliche Maßnahmen nicht aus. Haushalte, die in bestimmten Einkommensbereichen durch den Abbau von Begünstigungen bzw. die Zunahme von Belastungen eine gleich hohe Grenzbelastung in Kauf nehmen müssen, können sich dennoch hinsichtlich der Höhe des jeweiligen Umverteilungssaldos beträchtlich unterscheiden. Aus diesem Grund soll in dem folgenden Abschnitt - wie bei den Grenzeffekten - generell untersucht werden, in welcher Weise sich die Einkommenshöhe auf die absolute Höhe der von den privaten Haushalten empfangenen Umverteilungseinkommen abzüglich der von ihnen geleisteten Abgaben, d. h. auf den Umverteilungssaldo, auswirkt. Da ein bestimmter Betrag, der dem Haushalt zufließt oder ihm weggenommen wird, je nach der Höhe seines Basishaushaltseinkommens ein unterschiedliches Gewicht hat, werden neben den Umverteilungssalden auch die Durchschnittseffekte (Umverteilungssaldo je DM BHE) untersucht.

Neben der Höhe des Einkommens gibt es noch eine Reihe weiterer Faktoren, die einen wesentlichen Einfluß auf die Umverteilungseffekte haben. Dazu zählen insbesondere die Haushaltsgröße (Familienstand und Kinderzahl), das Alter und die Ausbildung der Kinder sowie die Geltendmachung einkommensteuerlicher Begünstigungen (Sonderabschreibungen nach § 7b EStG sowie Sonderausgabenabzug von Weiterbildungsaufwendungen). Darüberhinaus können sich in Teilbereichen die Umverteilungswirkungen durch mitverdienende Ehegatten (Doppelverdiener) wesentlich verändern. Weitere, allerdings auf spezielle Phänomene beschränkte Effekte, ergeben sich bei unterschiedlichen Annahmen über die Höhe des Vermögens. Die Variation des Anlageverhaltens führt dagegen nur zu quantitativ unbedeutenden Veränderungen der Umverteilungswirkungen.

Der Einfluß der genannten Faktoren wird im folgenden an Hand ausgewählter Haushalte dargestellt. Darüberhinaus werden die Umverteilungswirkungen bei Haushalten untersucht, die staatliche Einkommensersatzleistungen im Rahmen von Fortbildungs- und Umschulungsmaßnahmen erhalten. Gegenstand des letzten Abschnitts sind die Belastungen und Begünstigungen von Rentnerhaushalten.

Auch bei der Untersuchung der Umverteilungssalden und Durchschnittseffekte geht es darum, typische Erscheinungsformen aufzuzeigen. Während jedoch bei den Grenzbetrachtungen ein Vorgehen in kleinen Einkommensschritten notwendig war, reicht es hier aus, wenn die jeweiligen Umverteilungswirkungen in größeren Einkommensabständen aufgezeigt werden. In den Texttabellen sind daher maximal sieben BHE-Stufen ausgewiesen.

### 1. Der Einfluß der Haushaltsgröße bei unterschiedlicher Ausbildung der Kinder

Bei der Untersuchung der Auswirkungen der Haushaltsgröße auf die Umverteilungseffekte ist neben dem Belastungs- bzw. Begünstigungsunterschied zwischen Alleinstehenden und Verheirateten die Wirkung zunehmender Kinderzahl von besonderer Bedeutung. Bei Haushalten mit Kindern ergeben sich z. T. erhebliche Unterschiede, je nachdem ob die Kinder sich in geförderter Ausbildung befinden und welche Ausbildungsförderungsmaßnahme für sie in Frage kommt.

#### a) Der Einfluß der Haushaltsgröße bei Haushalten ohne Kinder in geförderter Ausbildung

Im folgenden werden zunächst die Unterschiede der Umverteilungseffekte zwischen Haushalten untersucht, die sich allein in der Anzahl der Mitglieder unterscheiden. Die Maßnahmen der Ausbildungsförderung, die bei Haushalten mit älteren Kindern einen entscheidenden Einfluß auf den Umverteilungssaldo haben können, spielen in diesem Vergleich keine Rolle, da in den betrachteten Haushalten die Kinder noch nicht in förderungsfähiger Ausbildung sind. Infolgedessen kann hier isoliert der Einfluß zunehmender Haushaltsgröße aufgezeigt werden.

Tabelle 4 zeigt – ausgehend vom Umverteilungssaldo für den Alleinstehenden – die Veränderungen der Umverteilungseffekte bei Vergrößerung des Haushaltes um jeweils eine Person bei gleichem BHE, und zwar – wie im folgenden generell – für mehrere BHE-Stufen zwischen 1 000 und 10 000 DM monatlich (vgl. auch Schaubild 17).

Dabei ergeben sich zwischen Alleinstehenden und Verheirateten einerseits und Familien mit Kindern andererseits erhebliche Wirkungsunterschiede:

- Die Differenzen der Umverteilungssalden sind zwischen (den Haushalten) von Alleinstehenden und kinderlosen Ehepaaren – also durch Hinzutreten der Ehefrau – vergleichsweise groß, und sie nehmen mit steigendem BHE zu.
- Die durch die Kinder hervorgerufenen Veränderungen sind in den unteren BHE-Stufen am größten. Mit zunehmendem BHE werden sie tendenziell geringer; man kann dabei allerdings keinen systematischen Zusammenhang zwischen diesen Kinder-Effekten und dem BHE feststellen.

Diese unterschiedlichen Wirkungsweisen führen dazu, daß ausgehend von etwa gleich hohen Ehefrau- und Kindereffekten bei einem BHE von 1 000 DM die Begünstigung von Ehepaaren gegenüber Alleinstehenden bereits bei 4 000 DM BHE drei- bis siebenmal so hoch ist wie für die einzelnen Kinder.

Veränderung der Umverteilungseffekte bei zunehmender Haushaltsgröße für Haushalte ohne Kinder in geförderter Ausbildung

Tabelle 4

| Haushaltstyp | zusätzliche Haushaltsmitglieder | Basishaushaltseinkommen in DM mtl. | | | | | | |
|---|---|---|---|---|---|---|---|---|
| | | 1 ooo | 2 ooo | 3 ooo | 4 ooo | 5 ooo | 7 6oo | 1o ooo |
| | | Umverteilungssaldo für den Alleinstehenden in DM mtl. | | | | | | |
| A-1-1-o1oo | | -131 | -679 | -1 23o | -1 7o8 | -2 198 | -3 566 | -4 882 |
| | | Veränderung des Umverteilungssaldos[1] in DM mtl. | | | | | | |
| A-2-1-o1oo | Ehefrau | +251 | +24o | + 382 | + 495 | + 527 | + 695 | + 841 |
| A-3-1-o1oo | 1. Kind | +259 | + 75 | + 71 | + 7o | + 84 | + 36 | + 3o |
| A-4-1-o1oo | 2. Kind | +221 | +1o5 | + 161 | + 96 | + 112 | + 167 | + 182 |
| A-5-1-o65o | 3. Kind | +281 | +199 | + 149 | + 145 | + 164 | + 12o | + 124 |
| A-6-1-o1oo | 4. Kind | +276 | +3o6 | + 154 | + 156 | + 166 | + 167 | + 176 |
| | | Durchschnittseffekt für den Alleinstehenden in vH | | | | | | |
| A-1-1-o1oo | | -13,1 | -34,o | -41,o | -42,7 | -44,o | -47,o | -48,8 |
| | | Veränderung der Durchschnittseffekte[1] in vH-Punkten | | | | | | |
| A-2-1-o1oo | Ehefrau | +25,1 | +12,o | +12,7 | +12,6 | +1o,6 | + 8,9 | + 8,4 |
| A-3-1-o1oo | 1. Kind | +25,9 | + 3,8 | + 2,4 | + 1,7 | + 1,7 | + o,4 | + o,3 |
| A-4-1-o1oo | 2. Kind | +21,9 | + 5,2 | + 4,4 | + 1,7 | + 2,1 | + 2,o | + 1,6 |
| A-5-1-o65o | 3. Kind | +28,1 | +1o,o | + 4,9 | + 2,4 | + 3,o | + 1,3 | + 1,o |
| A-6-1-o1oo | 4. Kind | +27,6 | +15,3 | + 5,2 | + 3,7 | + 3,o | + 1,8 | + 1,6 |

Eigene Berechnungen; Rechtsstand 3o.o6.1977.- [1]Veränderungen, die durch das jeweils hinzukommende Haushaltsmitglied bewirkt werden.

RWI ESSEN

Schaubild 17

## UMVERTEILUNGSSALDEN UND DURCHSCHNITTSEFFEKTE BEI ZUNEHMENDER HAUSHALTSGRÖSSE

### Haushalte ohne Kinder in geförderter Ausbildung

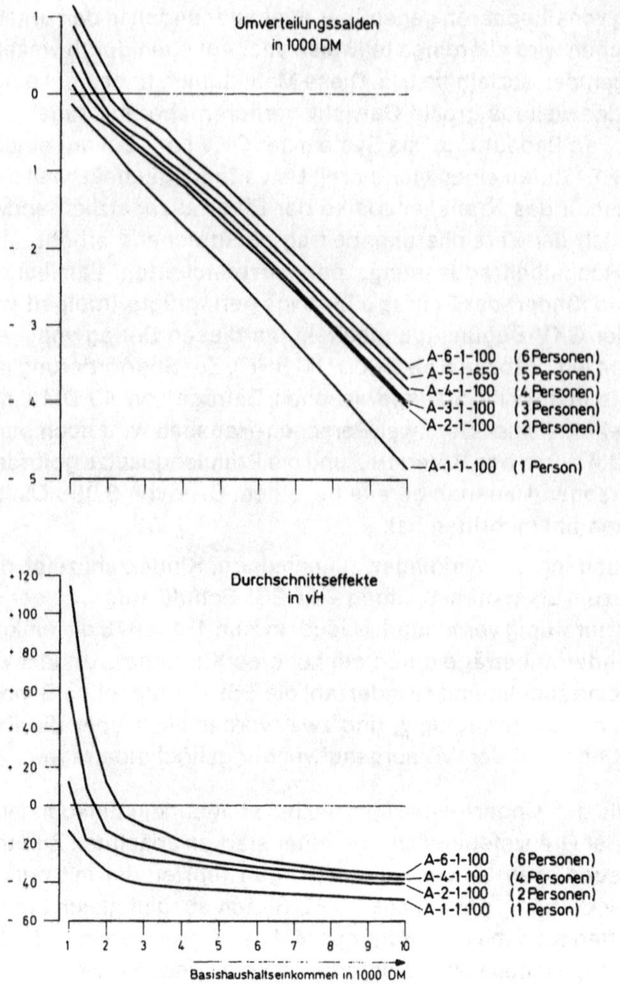


Eigene Berechnungen.- Rechtsstand 30. 6. 1977.

RWI ESSEN

Aus Tabelle 5 ist ersichtlich, auf welche Maßnahmen die Differenzen der Umverteilungssalden zwischen Alleinstehenden und kinderlosen Ehepaaren zurückzuführen sind. Dabei zeigt sich, daß die Zunahme dieser Differenzen bei steigendem BHE überwiegend auf die einkommensteuerliche Belastung zurückzuführen ist. Dies ist in erster Linie Ausdruck des Ehegatten-Splitting. Man beachte, daß dieser Splitting-Effekt zwar absolut stark zunimmt; relativ zum BHE nimmt er jedoch nach einer Zunahme bis in mittlere Einkommensbereiche in den höheren BHE-Stufen wieder ab. Die geringe einkommensteuerliche Begünstigung von Ehepaaren gegenüber Alleinstehenden in den unteren Einkommensbereichen wird allerdings teilweise ausgeglichen durch wesentlich höhere Leistungen der Sozialhilfe u. ä. Diese Maßnahmen haben bei einem BHE von 1 000 DM das weitaus größte Gewicht, verlieren aber mit zunehmendem BHE sehr schnell an Bedeutung. Das System der GKV hat - bei nur einem Verdiener - in allen BHE-Stufen einen merkbaren Umverteilungseffekt, weil der Zwei-Personen-Haushalt das Krankheitsrisiko der Ehefrau zusätzlich abdecken kann, ohne daß sich der Versicherungsbeitrag entsprechend erhöht. Mit Erreichen des GKV-Höchstbeitrages steigt bei mitversicherten Familienangehörigen (Ehefrau und Kinder) der Beitrag allerdings geringfügig. Infolgedessen vermindert sich der GKV-Begünstigungseffekt um diesen Betrag von - annahmegemäß - 20 DM (vgl. Tabelle 5 ab 3 000 DM BHE). Zur Sparförderung ist zu bemerken, daß die in Tabelle 5 ausgewiesenen Beträge von 49 DM eine Folge der Schwelleneffekte sind: Der Zwei-Personen-Haushalt wird noch bei einem BHE von 4 000 DM durch das 3. VermBG und die Prämiengesetze gefördert, während der Ein-Personen-Haushalt bereits bei einem BHE von 3 000 DM die Einkommensgrenzen überschritten hat.

Die Untersuchung der Wirkungen zunehmender Kinderzahl zeigt, daß sich - im Gegensatz zum Ehegatten-Splitting - die ESt-Schuld aufgrund der veränderten Kinderzahl nur wenig vermindert. Nachdem zum 1. 1. 1975 die einkommensteuerlichen Kinderfreibeträge durch ein höheres Kindergeld ersetzt worden sind, beeinflußt eine zunehmende Kinderzahl die ESt-Schuld (ohne Sonderbegünstigungen) nur noch geringfügig, und zwar vornehmlich über die Berücksichtigung der Kinder bei den Vorsorgeaufwendungshöchstbeträgen.

An die Stelle der Kinderfreibeträge, die bei steigendem Einkommen - aufgrund zunehmender Grenzsteuersätze - zu einer starken absoluten Zunahme der einkommensteuerlichen Kinderbegünstigungen führten, ist mit dem Kindergeld ein Transfer getreten, der auf allen BHE-Stufen absolut gleich hoch ist und der bis zum dritten Kind mit der Ordnungszahl der Kinder zunimmt. Das Kindergeld bestimmt - abgesehen von den unteren Einkommensbereichen - wesentlich die auf der Kinderzahl beruhenden Differenzen der Umverteilungssalden (vgl. Tabelle 5)[28], die beim dritten und vierten Kind deutlich größer als beim ersten und

---

[28] Die Bedeutung des Kindergeldes hat inzwischen gegenüber dem in dieser Untersuchung berücksichtigten Rechtsstand durch zweimalige Anhebung des Kindergeldes für das zweite Kind auf 100 DM (ab 1. 7. 1979) und für das dritte und jedes weitere Kind auf 200 DM (ab 1. 1. 1979) erheblich zugenommen.

Veränderung der Umverteilungssalden
bei zunehmender Haushaltsgröße[1]
für Haushalte ohne Kinder in geförderter Ausbildung
(in DM monatlich)
- Aufteilung nach Einzelmaßnahmen - Tabelle 5

| Haus-haltstyp | Zusätz-liche Haus-haltsmit-glieder | Ins-gesamt | darunter: | | | | |
|---|---|---|---|---|---|---|---|
| | | | ESt[2] | GKV[3] | Kinder-geld | Sozial-hilfe u.ä.[4] | Spar-för-derung[5] |
| | | | bei 1ooo DM BHE monatlich | | | | |
| A-2-1-o1oo | Ehefrau | 251 | 62 | 9o | o | 179 | o |
| A-3-1-o1oo | 1. Kind | 259 | o | 3o | 5o | 192 | 2 |
| A-4-1-o1oo | 2. Kind | 221 | o | 3o | 7o | 142 | 2 |
| A-5-1-o65o | 3. Kind | 281 | o | 3o | 12o | 156 | 7 |
| A-6-1-o1oo | 4. Kind | 276 | o | 3o | 12o | 156 | 2 |
| | | | bei 2ooo DM BHE monatlich | | | | |
| A-2-1-o1oo | Ehefrau | 24o | 13o | 9o | o | 44 | 12 |
| A-3-1-o1oo | 1. Kind | 75 | 2 | 3o | 5o | 12 | 4 |
| A-4-1-o1oo | 2. Kind | 1o5 | o | 3o | 7o | 8 | 4 |
| A-5-1-o65o | 3. Kind | 199 | o | 3o | 12o | 66 | 8 |
| A-6-1-o1oo | 4. Kind | 3o6 | o | 3o | 12o | 186 | 4 |
| | | | bei 3ooo DM BHE monatlich | | | | |
| A-2-1-o1oo | Ehefrau | 382 | 313 | 7o | o | o | 49 |
| A-3-1-o1oo | 1. Kind | 71 | 6 | 3o | 5o | o | 4 |
| A-4-1-o1oo | 2. Kind | 161 | 5 | 3o | 7o | 64 | 4 |
| A-5-1-o65o | 3. Kind | 149 | 6 | 3o | 12o | 8 | 8 |
| A-6-1-o1oo | 4. Kind | 154 | 5 | 3o | 12o | 8 | 4 |
| | | | bei 4ooo DM BHE monatlich | | | | |
| A-2-1-o1oo | Ehefrau | 495 | 458 | 7o | o | o | 49 |
| A-3-1-o1oo | 1. Kind | 7o | 7 | 3o | 5o | o | 4 |
| A-4-1-o1oo | 2. Kind | 96 | 5 | 3o | 7o | o | 7 |
| A-5-1-o65o | 3. Kind | 143 | 5 | 3o | 12o | o | 16 |
| A-6-1-o1oo | 4. Kind | 156 | 7 | 3o | 12o | o | 1o |
| | | | bei 5ooo DM BHE monatlich | | | | |
| A-2-1-o1oo | Ehefrau | 527 | 56o | 7o | o | o | o |
| A-3-1-o1oo | 1. Kind | 84 | 12 | 3o | 5o | o | 27 |
| A-4-1-o1oo | 2. Kind | 112 | 7 | 3o | 7o | o | 7 |
| A-5-1-o65o | 3. Kind | 164 | 4 | 3o | 12o | o | 5o |
| A-6-1-o1oo | 4. Kind | 165 | 6 | 3o | 12o | o | 2o |
| | | | bei 1oooo DM BHE monatlich | | | | |
| A-2-1-o1oo | Ehefrau | 841 | 9o4 | 7o | o | o | o |
| A-3-1-o1oo | 1. Kind | 3o | 35 | 3o | 5o | o | o |
| A-4-1-o1oo | 2. Kind | 182 | 15 | 3o | 7o | o | 2o |
| A-5-1-o65o | 3. Kind | 124 | 4 | 3o | 12o | o | 25 |
| A-6-1-o1oo | 4. Kind | 176 | 1o | 3o | 12o | o | 19 |

Eigene Berechnungen, Rechtsstand 3o.o6.1977.- [1]Veränderungen, die durch das jeweils hinzukommende Haushaltsmitglied bewirkt werden.- [2]Ohne Sonderbegünstigungen.- [3]Saldo aus Beitrag und Versicherungsschutz.- [4]Sozialhilfe, Wohngeld, Sozialwohnung.- [5]Arbeitnehmersparzulage, Prämien, Sonderausgabenabzug von Bausparbeiträgen.

zweiten sind. Außerdem reduzieren sich aufgrund der allenfalls geringfügigen absoluten Zunahme der Kindereffekte mit steigendem BHE die Durchschnittseffekte relativ stark. In den unteren BHE-Bereichen spielt die Kinderzahl allerdings auch absolut eine erheblich größere Rolle, da hier pro Kind zusätzliche Sozialhilfe gewährt wird. Der Bereich, in dem dieser Effekt dominiert, reicht mit zunehmender Kinderzahl in höhere Einkommensbereiche.

Ein ähnlicher Effekt wie beim Kindergeld, der aber quantitativ weniger bedeutsam ist, resultiert daraus, daß Kinder im Rahmen der GKV ohne Beitragsaufschlag mitversichert werden können. Es ergibt sich also ein Umverteilungseffekt zugunsten der Haushalte mit Kindern in Höhe des durchschnittlichen Versicherungsschutzes für jedes Kind, der hier mit 30 DM angenommen wird.

Außerdem ergeben sich bei der Sparförderung größere Differenzen der Umverteilungseffekte in mittleren und oberen BHE-Bereichen; sie sind hauptsächlich darauf zurückzuführen, daß die Absetzungsmöglichkeiten (Spielräume) für Bausparbeiträge nach § 10 EStG mit der Zahl der Kinder zunehmen. Besonders deutlich wird dieser Effekt in der BHE-Stufe von 5 000 DM beim Hinzukommen des dritten Kindes.

### b) Der Einfluß der Haushaltsgröße bei Haushalten mit Kindern in geförderter Ausbildung

Bei den im folgenden zu analysierenden Wirkungen der Haushaltsgröße auf die Umverteilungseffekte anhand von Haushalten mit Kindern, deren Ausbildung gefördert wird, soll nur auf zusätzliche Phänomene hingewiesen werden, die über die bisher aufgezeigten hinausgehen. Die oben beschriebenen Wirkungen durch das Kindergeld und durch den Krankenversicherungsschutz treten nämlich auch hier auf: Für das erste Kind liegt die Begünstigung durch beide Maßnahmen bei 80 DM, für das zweite bei 100 DM und für jedes weitere bei 150 DM, unabhängig von der jeweiligen Einkommenshöhe.

Da sich die Wirkungen bei ausbildungsgeförderten Kindern je nach Art der Ausbildung wesentlich unterscheiden, werden im folgenden

- Haushalte mit beruflich Auszubildenden,
- Haushalte mit Studenten,
- Haushalte mit Schülern und Studenten

untersucht. Zwar treten in der Realität häufig „gemischte" Haushalte mit nicht ausbildungsgeförderten und ausbildungsgeförderten Kindern auf. Die „reinen" Haushaltstypen sind aber als Extremfälle besser geeignet, die Grenzen in einer Tarifuntersuchung abzustecken.

aa) Haushalte mit beruflich auszubildenden Kindern

Tabelle 6 und Schaubild 18 zeigen, daß der Umverteilungssaldo auf allen Einkommensstufen mit zunehmender Haushaltsgröße steigt. Die Umverteilungseffekte durch den letzten hinzukommenden Auszubildenden sind wesentlich höher als die der anderen Kinder, weil er aufgrund seines hier angenommenen Alters eine höhere Berufsausbildungsbeihilfe nach dem Arbeitsförderungsgesetz erhält. Die Unterschiede zwischen den Umverteilungseffekten von Alleinstehenden und kinderlosen Ehepaaren übersteigen schon ab 3 000 DM BHE fast durchweg diejenigen für die Kinder, obwohl sich diese in förderungsfähiger Ausbildung befinden. Der mit steigendem Einkommen zunehmenden Begünstigung durch das Ehegattensplitting steht hier nämlich die mit steigendem Einkommen sinkende bzw. wegfallende Berufsausbildungsbeihilfe gegenüber (vgl. Tabelle 7). Allerdings tritt durch jedes weitere Kind mit eigener Ausbildungsvergütung eine erhebliche Senkung der Einkommensteuerbelastung des Haushalts auf, da sich bei gleichem BHE das Einkommen der Eltern um die - annähernd steuerfrei bleibende - Ausbildungsvergütung vermindert. Diese positive Wirkung nimmt - ähnlich wie beim Splitting-Effekt - mit steigendem Einkommen zu (circa 70 DM pro Kind bei 2 000 DM BHE bis zu circa 200 DM pro Kind bei 10 000 DM BHE).

Wie Tabelle 6 zeigt, weisen die Veränderungen der gesamten Umverteilungssalden keine einheitliche Tendenz auf. Auffällig ist, daß für das dritte und vierte Kind die Berufsausbildungsbeihilfe beim Einkommen von 3 000 DM ansteigt, da die bei höherem Einkommen aufgestockten vermögenswirksamen Leistungen positiv auf die Förderung wirken. Außerdem wird der Wegfall der BAB nicht deutlich sichtbar, da er durch die zunehmende Einkommensteuerentlastung teilweise kompensiert wird.

Die mit höherer Kinderzahl steigende Belastung durch GKV-Beiträge - die Auszubildenden sind sozialversicherungspflichtig - ist bei niedrigen Einkommen kaum merklich, da das Einkommen der Eltern ohnehin voll oder fast vollständig zur Beitragsbemessung herangezogen wird. Erst wenn die Beitragsbemessungsgrenze des Vaters erheblich überschritten ist, wird die zusätzliche GKV-Beitragsbelastung von circa 50 DM für jedes weitere Kind voll wirksam.

Die Erhöhung der Umverteilungssalden mit steigender Kinderzahl wird nicht unerheblich durch die Sparförderung bewirkt. So kommen in Einkommensbereichen bis 4 000 DM pro Kind zwischen 15 und 30 DM hinzu, bei höheren Einkommen bis zu 70 DM. Das liegt hauptsächlich daran, daß die Kinder in diesem Fall das 3. VermBG ausnutzen können und - sofern sie mindestens 17 Jahre alt sind - einen eigenen Anspruch auf Wohnungsbauprämien haben. Darüberhinaus können sich die Prämiensätze erhöhen, und es besteht eine erweiterte Möglichkeit, Bausparbeiträge nach § 10 EStG abzusetzen; das sind Effekte, die auch Haushalte mit Kleinkindern, Schülern und Studenten aufweisen.

Veränderung der Umverteilungseffekte bei zunehmender Haushaltsgröße für Haushalte mit beruflich Auszubildenden

Tabelle 6

| Haushaltstyp | zusätzliche Haushaltsmitglieder | Basishaushaltseinkommen in DM mtl. | | | | | |
|---|---|---|---|---|---|---|---|
| | | 2 ooo | 3 ooo | 4 ooo | 5 ooo | 7 6oo | 1o ooo |
| | | Umverteilungssaldo für den Alleinstehenden in DM mtl. | | | | | |
| A-1-1-o1oo | | -679 | -1 23o | -1 7o8 | -2 198 | -3 566 | -4 882 |
| | | Veränderung des Umverteilungssaldos[1] in DM mtl. | | | | | |
| A-2-1-o1oo | Ehefrau | +24o | +382 | +495 | +527 | +695 | +841 |
| A-3-1-o4oo | 1. Kind | +211 | +118 | +156 | +21o | +157 | +17o |
| A-4-1-o4oo | 2. Kind | +232 | +246 | +188 | +225 | +314 | +341 |
| A-5-1-o4oo | 3. Kind | +285 | +292 | +178 | +22o | +255 | +285 |
| A-6-1-o8oo | 4. Kind | +376 | +587 | +392 | +279 | +319 | +337 |
| | | Durchschnittseffekt für den Alleinstehenden in vH | | | | | |
| A-1-1-o1oo | | -34 | -41 | -43 | -44 | -48 | -49 |
| | | Veränderung der Durchschnittseffekte[1] in vH Punkten | | | | | |
| A-2-1-o1oo | Ehefrau | +12,o | +12,7 | +12,4 | +1o,6 | + 9,1 | + 8,4 |
| A-3-1-o4oo | 1. Kind | +1o,6 | + 4,o | + 3,9 | + 4,2 | + 2,o | + 1,7 |
| A-4-1-o4oo | 2. Kind | +11,6 | + 8,2 | + 4,7 | + 4,4 | + 3,9 | + 3,2 |
| A-5-1-o4oo | 3. Kind | +14,3 | + 9,7 | + 4,4 | + 4,5 | + 3,o | + 2,6 |
| A-6-1-o8oo | 4. Kind | +18,8 | +19,6 | + 9,8 | + 4,7 | + 3,9 | + 3,1 |

Eigene Berechnungen; Rechtsstand 3o.6.1977.- [1]Veränderungen, die durch das jeweils hinzukommende Haushaltsmitglied bewirkt werden.

RWI ESSEN

Schaubild 18

## UMVERTEILUNGSSALDEN UND DURCHSCHNITTSEFFEKTE BEI ZUNEHMENDER HAUSHALTSGRÖSSE

Haushalte mit beruflich Auszubildenden

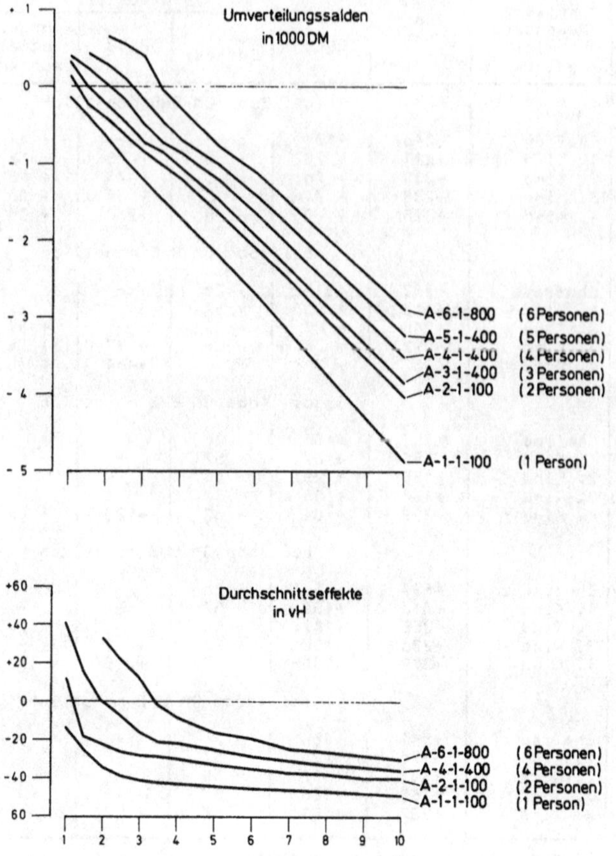


Eigene Berechnungen.- Rechtsstand 30. 6. 1977.

RWI ESSEN

Veränderung der Umverteilungssalden
bei zunehmender Haushaltsgröße[1]
für Haushalte mit beruflich Auszubildenden (in DM monatlich) Tabelle 7
- Aufteilung nach Einzelnaßnahmen -

| Haushalts-typ | Weitere Haushalts-mit-glieder | ins-gesamt | darunter: | | | | |
|---|---|---|---|---|---|---|---|
| | | | ESt[2] | GKV-Beitrag | BAB[3] | Wohngeld/ Sozial-wohnung | Spar-för-derung[4] |
| | | | bei 2ooo DM BHE monatlich | | | | |
| A-2-1-o1oo | Ehefrau | +24o | +131 | - | - | + 44 | + 12 |
| A-3-1-o4oo | 1. Kind | +211 | + 73 | - 6 | + 73 | + 12 | + 22 |
| A-4-1-o4oo | 2. Kind | +232 | + 7o | - 5 | + 73 | + 8 | + 15 |
| A-5-1-o4oo | 3. Kind | +285 | + 71 | - 6 | + 64 | + 3o | + 17 |
| A-6-1-o8oo | 4. Kind | +376 | + 6 | - 6 | +231 | + 36 | + 16 |
| | | | bei 3ooo DM BHE monatlich | | | | |
| A-2-1-o1oo | Ehefrau | +382 | +313 | - 2o | - | - | + 49 |
| A-3-1-o4oo | 1. Kind | +118 | + 93 | - 57 | - | - | + 29 |
| A-4-1-o4oo | 2. Kind | +246 | + 87 | - 7 | - | + 64 | + 28 |
| A-5-1-o4oo | 3. Kind | +292 | + 7o | - 6 | + 97 | + 8 | + 2o |
| A-6-1-o8oo | 4. Kind | +587 | + 71 | - 5 | +4o4 | + 8 | + 15 |
| | | | bei 4ooo DM BHE monatlich | | | | |
| A-2-1-o1oo | Ehefrau | +495 | +458 | - 2o | - | - | + 49 |
| A-3-1-o4oo | 1. Kind | +156 | +137 | - 57 | - | - | + 29 |
| A-4-1-o4oo | 2. Kind | +188 | +129 | - 56 | - | - | + 38 |
| A-5-1-o4oo | 3. Kind | +178 | + 93 | - 57 | - | - | + 29 |
| A-6-1-o8oo | 4. Kind | +392 | + 84 | - 32 | +122 | + 8o | + 15 |
| | | | bei 5ooo DM BHE monatlich | | | | |
| A-2-1-o1oo | Ehefrau | +527 | +56o | - 2o | - | - | - |
| A-3-1-o4oo | 1. Kind | +21o | +159 | - 57 | - | - | + 78 |
| A-4-1-o4oo | 2. Kind | +225 | +147 | - 56 | - | - | + 41 |
| A-5-1-o4oo | 3. Kind | +22o | +138 | - 57 | + 2 | - | + 73 |
| A-6-1-o8oo | 4. Kind | +279 | +136 | - 56 | + 5 | - | + 2o |
| | | | bei 1oooo DM BHE monatlich | | | | |
| A-2-1-o1oo | Ehefrau | +841 | +9o4 | - 2o | - | - | - |
| A-3-1-o4oo | 1. Kind | +17o | +22o | - 57 | - | - | + 16 |
| A-4-1-o4oo | 2. Kind | +341 | +197 | - 56 | - | - | + 56 |
| A-5-1-o4oo | 3. Kind | +285 | +186 | - 57 | + 3 | - | + 63 |
| A-6-1-o8oo | 4. Kind | +337 | +185 | - 56 | + 4 | - | + 62 |

Eigene Berechnungen; Rechtsstand 3o.o6.1977.- [1]Veränderungen, die durch das jeweils hinzukommende Haushaltsmitglied bewirkt werden.- [2]Ab 5oooDM BHE Ausbildungsfreibetrag.- [3]Ohne Sonderbegünstigungen.- [4]Arbeitnehmer-sparzulage, Prämien, Sonderausgabenabzug von Bausparbeiträgen. RWI ESSEN

Die Differenzen der Umverteilungssalden werden zusätzlich beeinflußt durch das Wohngeld (bei einem BHE von 2 000 DM wird nur noch bei 3 und mehr Kindern Wohngeld geleistet) und die Sozialwohnungsberechtigung (so bekommt der Haushalt mit einem BHE von 3 000 DM durch das zweite Kind wieder den Anspruch auf eine Sozialwohnung)[29].

Die Durchschnittseffekte durch die hinzukommende Ehefrau einerseits und die Kinder andererseits entwickeln sich unterschiedlich. Durch die Ehefrau werden die Durchschnittseffekte um 8 bis 13 vH-Punkte erhöht, wobei diese Differenz mit steigendem Einkommen nur leicht absinkt. Die positive Veränderung der Durchschnittseffekte durch zusätzliche Kinder nimmt zum einen mit steigender Kinderzahl zu, zum anderen erfolgt ein starker Abbau mit zunehmendem Einkommen. Während sich der Durchschnittseffekt bei 2 000 DM BHE zwischen 11 und 18 vH-Punkten pro Kind erhöht, beträgt diese Differenz bei 10 000 DM lediglich 2 bis 3 vH-Punkte.

### bb) Haushalte mit Studenten

Die Entwicklung der Umverteilungssalden bei zunehmender Kinderzahl wird bei Haushalten mit auswärts wohnenden Studenten dominiert durch die BAFöG-Förderung und , wenn diese entfällt, durch den Ausbildungsfreibetrag[30]. Tabelle 8 zeigt in allen Einkommensstufen mit zunehmender Haushaltsgröße positive Umverteilungssaldodifferenzen. Auffällig ist, daß diese Differenzen um so größer sind, je mehr Kinder dem Haushalt angehören (vgl. auch Schaubild 19). Betrachtet man die isolierte Veränderung der BAFöG-Förderung, die durch jedes weitere Kind bewirkt wird (vgl. Tabelle 9), so wird die Ursache deutlich. Im Vollförderungsbereich (bei 1 000 DM BHE) kommt für jedes Kind der gleiche BAFöG-Höchstsatz von 592 DM hinzu. Im Bereich der Teilförderung steigt mit zunehmender Haushaltsgröße (Kinderzahl) der zusätzliche Förderungsbetrag an. Dies ist darin begründet, daß die BAFöG-Förderung um so langsamer abgebaut wird – d. h. also bei gleichem BHE um so höher ist –, je mehr Kinder zum Haushalt gehören[31]. Eine Ausnahme wird durch das hinzukommende dritte Kind zu Beginn des Teilförderungsbereichs (bei 2 000/3 000 DM BHE) bewirkt. Trotz des im Vergleich zu zwei Kindern langsameren BAFöG-Abbaus bei drei Kindern, sinkt die Umverteilungssaldodifferenz, da der Abbau der Vollförderung bei drei Kindern eher als bei nur zweien beginnt. In höheren Einkommensbereichen überwiegt dann wieder der Effekt des langsameren Abbautempos.

---

29 Die Sozialhilfe spielt in den hier betrachteten Einkommensbereichen i. d. R. keine Rolle mehr.

30 Um die Wirkungen der Bafög-Förderung bei zunehmender Kinderzahl zu verdeutlichen, werden hier Haushaltstypen mit auswärts wohnenen Studenten herangezogen, da sie den maximalen Bedarfssatz aufweisen.

31 Ursache hierfür ist die Regelung des relativen Freibetrages bei der BAFöG-Berechnung (s. u. Anhang VII.2.d).

Veränderung der Umverteilungseffekte bei zunehmender Haushaltsgröße[1]
für Haushalte mit Studenten[2]

Tabelle 8

| Haushaltstyp | Weitere Haushaltsmitglieder | Basishaushaltseinkommen in DM mtl. | | | | | | |
|---|---|---|---|---|---|---|---|---|
| | | 1 000 | 2 000 | 3 000 | 4 000 | 5 000 | 7 600 | 10 000 |
| | | Umverteilungssaldo für den Alleinstehenden in DM mtl. | | | | | | |
| A-1-1-0100 | | -131 | -679 | -1 230 | -1 708 | -2 198 | -3 566 | -4 882 |
| | | Veränderung des Umverteilungssaldos[1] in DM mtl. | | | | | | |
| A-2-1-0100 | Ehefrau | +251 | +240 | +382 | +495 | +527 | +695 | + 841 |
| A-3-1-0501 | 1. Kind | +672 | +581 | +328 | +184 | +226 | +189 | + 201 |
| A-4-1-0501 | 2. Kind | +638 | +642 | +665 | +654 | +474 | +329 | + 356 |
| A-5-1-0752 | 3. Kind | +637 | +667 | +686 | +715 | +765 | +584 | + 290 |
| A-6-1-0962 | 4. Kind | +641 | +696 | +736 | +742 | +771 | +941 | +1 054 |
| | | Durchschnittseffekt für den Alleinstehenden in vH | | | | | | |
| A-1-1-0100 | | -13,1 | -34,0 | -41,0 | -42,7 | -44,0 | -46,9 | -48,8 |
| | | Veränderung der Durchschnittseffekte[1] in vH-Punkten | | | | | | |
| A-2-1-0100 | Ehefrau | +25,1 | +12,0 | +12,7 | +12,4 | +10,6 | + 9,1 | + 8,4 |
| A-3-1-0501 | 1. Kind | +67,2 | +29,1 | +11,0 | + 4,6 | + 4,1 | + 2,4 | + 2,0 |
| A-4-1-0501 | 2. Kind | +63,8 | +32,0 | +12,5 | +16,3 | + 9,9 | + 4,1 | + 3,4 |
| A-5-1-0752 | 3. Kind | +63,7 | +33,4 | +22,9 | +17,9 | +15,3 | + 7,9 | + 2,7 |
| A-6-1-0962 | 4. Kind | +64,1 | +34,8 | +24,5 | +18,6 | +15,4 | +11,9 | +10,5 |

[1] Veränderungen, die durch das jeweils hinzukommende Haushaltsmitglied bewirkt werden.

[2] Alle Studenten sind auswärts untergebracht, d.h. es wird der höchste BAFöG-Satz angesetzt.

RWI ESSEN

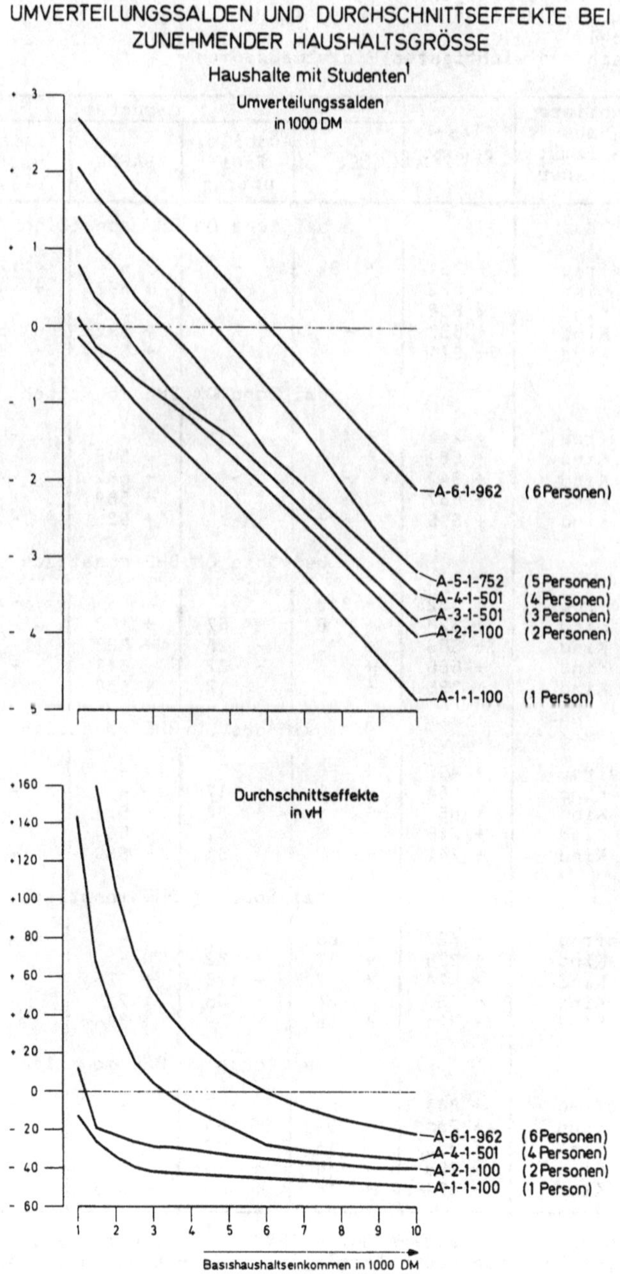


Eigene Berechnungen.- Rechtsstand 30.6.1977.
-1) Studenten sind auswärts untergebracht.

Veränderung der Umverteilungssalden
bei zunehmender Haushaltsgröße[1]
für Haushalte mit Studenten[2]
(in DM monatlich)
- Aufteilung nach den wichtigsten Einzelmaßnahmen -

Tabelle 9

| Haushaltstyp | Weitere Haushaltsmitglieder | Insgesamt | darunter: ESt[3] | Ausbild.-freibetrag | BAFöG | Sozialhilfe u.ä.[4] | Sparförderung[5] |
|---|---|---|---|---|---|---|---|
| | | bei 1ooo DM BHE monatlich | | | | | |
| A-2-1-o1oo | Ehefrau | + 251 | + 62 | - | - | + 179 | - |
| A-3-1-o5o1 | 1. Kind | + 672 | - | - | + 592 | + 48 | - |
| A-4-1-o5o1 | 2. Kind | + 638 | - | - | + 592 | - 4 | - |
| A-5-1-o752 | 3. Kind | + 637 | - | - | + 592 | - 52 | + 5 |
| A-6-1-o962 | 4. Kind | + 641 | - | - | + 592 | - 52 | - |
| | | bei 2ooo DM BHE monatlich | | | | | |
| A-2-1-o1oo | Ehefrau | + 24o | + 131 | - | - | - | + 12 |
| A-3-1-o5o1 | 1. Kind | + 581 | + 2 | - | + 545 | - | + 3 |
| A-4-1-o5o1 | 2. Kind | + 642 | - | - | + 582 | - | - |
| A-5-1-o752 | 3. Kind | + 667 | - | - | + 569 | - | - |
| A-6-1-o962 | 4. Kind | + 696 | - | - | + 585 | - | - |
| | | bei 3ooo DM BHE monatlich | | | | | |
| A-2-1-o1oo | Ehefrau | + 382 | + 313 | - | - | - | + 49 |
| A-3-1-o5o1 | 1. Kind | + 328 | + 6 | + 67 | + 192 | - | + 12 |
| A-4-1-o5o1 | 2. Kind | + 665 | + 5 | - 28 | + 633 | - | + 9 |
| A-5-1-o752 | 3. Kind | + 686 | + 6 | - 27 | + 617 | - | + 5 |
| A-6-1-o962 | 4. Kind | + 736 | + 5 | - 12 | + 638 | - | - |
| | | bei 4ooo DM BHE monatlich | | | | | |
| A-2-1-o1oo | Ehefrau | + 495 | + 458 | - | - | - | + 49 |
| A-3-1-o5o1 | 1. Kind | + 184 | + 7 | + 117 | - | - | + 12 |
| A-4-1-o5o1 | 2. Kind | + 654 | + 5 | + 38 | + 531 | - | + 12 |
| A-5-1-o752 | 3. Kind | + 715 | + 5 | - 52 | + 664 | - | + 17 |
| A-6-1-o962 | 4. Kind | + 742 | + 7 | - 61 | + 689 | - | + 3 |
| | | bei 5ooo DM BHE monatlich | | | | | |
| A-2-1-o1oo | Ehefrau | + 527 | + 56o | - | - | - | - |
| A-3-1-o5o1 | 1. Kind | + 226 | + 12 | + 132 | - | - | + 5o |
| A-4-1-o5o1 | 2. Kind | + 474 | + 7 | + 126 | + 225 | - | + 23 |
| A-5-1-o752 | 3. Kind | + 765 | + 4 | - 5o | + 719 | - | + 17 |
| A-6-1-o962 | 4. Kind | + 771 | + 6 | - 89 | + 74o | - | + 12 |
| | | bei 1oooo DM BHE monatlich | | | | | |
| A-2-1-o1oo | Ehefrau | + 841 | + 9o4 | - | - | - | - |
| A-3-1-o5o1 | 1. Kind | + 2o1 | + 35 | + 163 | - | - | + 12 |
| A-4-1-o5o1 | 2. Kind | + 356 | + 15 | + 167 | - | - | + 3o |
| A-5-1-o752 | 3. Kind | + 29o | + 4 | + 16o | - | - | + 35 |
| A-6-1-o962 | 4. Kind | +1o54 | + 1o | + 63 | + 8o6 | - | + 35 |

Eigene Berechnungen; Rechtsstand 3o.o6.1977.- [1]Veränderungen, die durch das jeweils hinzukommende Haushaltsmitglied bewirkt werden.- [2]Alle Studenten sind auswärts untergebracht, d.h. es werden die BAFöG-Höchstsätze angesetzt.- [3]Ohne Sonderbegünstigungen.- [4]Sozialhilfe, Wohngeld, Sozialwohnung.- [5]Arbeitnehmersparzulage, Prämien, Sonderausgabenabzug von Bausparbeiträgen.

RWI ESSEN

Schaubild 20

SCHEMATISCHE DARSTELLUNG DER BAFöG FÖRDERUNG BEI HAUSHALTEN MIT STUDENTEN[1]

DM/Monat

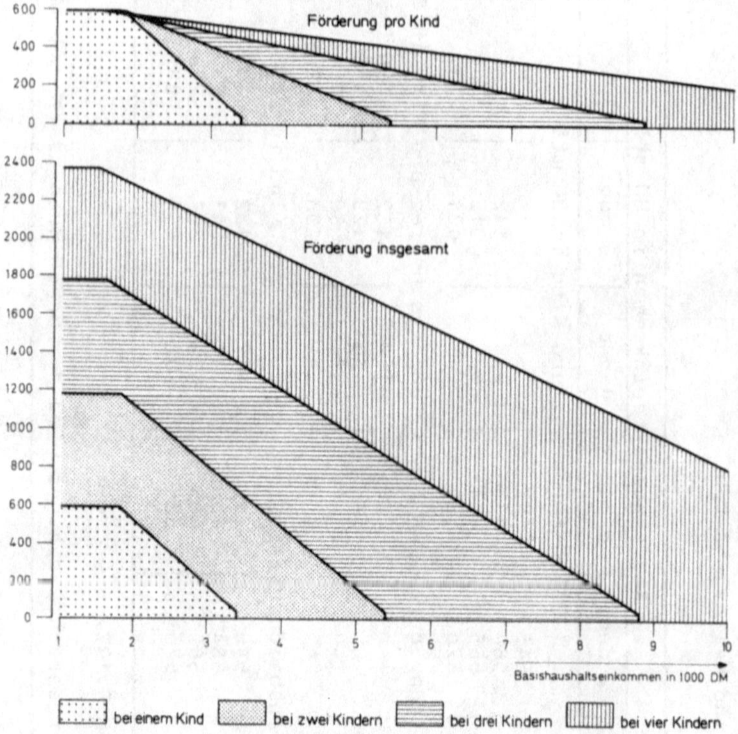


Eigene Berechnungen.- Rechtsstand 30.6.1977. - 1) Studenten sind auswärts untergebracht.

RWI ESSEN

Tabelle 10 zeigt die BAFöG-Förderung je geförderten Studenten für Drei- bis Sechs-Personen-Haushalte. Es wird deutlich, daß sich die Förderung je Kind ganz entscheidend danach richtet, für wieviele Kinder die Eltern zu sorgen haben. Die erheblichen Diskrepanzen dieser Pro-Kopf-Beträge treten insbesondere in mittleren und - noch verstärkt - in höheren Einkommensbereichen auf, da sich hier die im Teilförderungsbereich scherenartig auseinanderlaufende BAFöG-Förderung ganz besonders bemerkbar macht (vgl. Schaubild 20)[32]. Dies

[32] Die mit steigender Kinderzahl erheblich zunehmende Pro-Kopf-Förderung entsteht dadurch, daß unabhängig von der Höhe der Gesamtförderung (592 DM bei einem Kind und bis zu 2 368 DM bei vier Kindern) die Vollförderung in ungefähr gleichen absoluten Beträgen abgebaut wird und dadurch der Abbaubetrag pro Kind mit zunehmender Kinderzahl entsprechend gering ist. Verstärkend auf diese Unterschiede wirkt hier noch die Ausgestaltung des relativen Freibetrages.

BAFöG und Ausbildungsfreibetrag pro Kind bei Haushalten mit ein bis vier Studenten[1]

Tabelle 1o

| Haushaltstyp | Kinderzahl | Basishaushaltseinkommen in DM mtl. | | | | | | |
|---|---|---|---|---|---|---|---|---|
| | | 1 ooo | 2 ooo | 3 ooo | 4 ooo | 5 ooo | 7 6oo | 1o ooo |
| | | BAFöG-Förderung pro Kind in DM mtl. | | | | | | |
| A-3-1-o5o1 | 1 | 592 | 545 | 192 | - | - | - | - |
| A-4-1-o5o1 | 2 | 592 | 564 | 413 | 266 | 112 | - | - |
| A-5-1-o751 | 3 | 592 | 565 | 481 | 398 | 315 | 1o6 | - |
| A-6-1-o962 | 4 | 592 | 57o | 52o | 471 | 421 | 297 | 2o1 |
| | | Begünstigung durch den Ausbildungsfreibetrag pro Kind in DM mtl. | | | | | | |
| A-3-1-o5o1 | 1 | - | - | 67 | 117 | 132 | 155 | 163 |
| A-4-1-o5o1 | 2 | - | - | 2o | 78 | 129 | 156 | 165 |
| A-5-1-o751 | 3 | - | - | 4 | 34 | 69 | 154 | 163 |
| A-6-1-o962 | 4 | - | - | - | 11 | 3o | 9o | 138 |
| | | Ausbildungsförderung insgesamt pro Kind in DM mtl. | | | | | | |
| A-3-1-o5o1 | 1 | - | 545 | 259 | 117 | 132 | 155 | 163 |
| A-4-1-o5o1 | 2 | - | 564 | 433 | 344 | 241 | 156 | 165 |
| A-5-1-o751 | 3 | - | 565 | 485 | 432 | 384 | 26o | 163 |
| A-6-1-o962 | 4 | - | 57o | 52o | 482 | 451 | 387 | 339 |

Eigene Berechnungen, Rechtsstand 3o.6.1977

[1] Alle Studenten sind auswärts untergebracht, d.h. es wird der BAFöG-Höchstsatz angesetzt.

kann dann im Extremfall dazu führen, daß ein Sechs-Personen-Haushalt mit einem BHE von 10 000 DM pro Kind einen gleich hohen BAFöG-Betrag erhält wie ein Drei-Personen-Haushalt mit nur 3 000 DM BHE.

Der Ausbildungsfreibetrag kompensiert z. T. den Abbau bzw. den Wegfall der BAFöG-Förderung. Dadurch ergibt sich – faßt man BAFöG und den Ausbildungsfreibetrag als staatliche Ausbildungsförderung zusammen – eine bei steigendem Einkommen zunächst sinkende, dann leicht zunehmende Förderung. Bis zum Erreichen seines Höchstbetrages hängt die Pro-Kopf-Begünstigung durch den Ausbildungsfreibetrag hauptsächlich von der BAFöG-Förderung ab. Sie sinkt also mit zunehmender Kinderzahl und steigt mit zunehmendem Einkommen. Nach dem Wegfall der BAFöG-Förderung, d. h. nach Erreichen des maximalen Ausbildungsfreibetrages, verändert sich die Begünstigung durch diesen Freibetrag je Kind auf einer BHE-Stufe um etwa gleiche Beträge (vgl. Tabelle 10). Bei 10 000 DM BHE ergibt sich eine Begünstigung von circa 160 DM pro Kind[33]. Das macht fast 30 vH des maximalen BAFöG-Betrages aus. Vergleichbare Wirkungen des Ausbildungsfreibetrags treten bei Haushalten mit Auszubildenden i. d. R. nicht auf, da zum einen das eigene Einkommen der Kinder so hoch ist, daß die Anrechenbarkeit des Ausbildungsfreibetrags entfällt, und zum anderen für Kinder unter 18 Jahren ohnehin kein Freibetrag gewährt wird, sofern sie zu Hause wohnen.

Zu den Veränderungen der Umverteilungseffekte durch die Ausbildungsförderung treten in den unteren Einkommensbereichen diejenigen, die auf Sozialhilfe und Wohngeld beruhen. Während der Umverteilungssaldo durch die hinzukommende Ehefrau auch hier erheblich ansteigt (insgesamt + 180 DM), bewirken hinzukommende Kinder – im Gegensatz zu Haushalten ohne Kinder in geförderter Ausbildung – nur noch ein leichtes Ansteigen der Begünstigung. Durch jedes weitere Kind wird vor allem die Sozialhilfe reduziert, da einerseits die Kinder durch die Ausbildungsförderung als „versorgt" gelten, so daß sich der Bedarfssatz nicht erhöht, andererseits aber das anzurechnende Einkommen durch das zusätzliche Kindergeld zunimmt.

Eine Einkommensteuerentlastung durch die sog. Kinderadditive bei den Vorsorgeaufwendungen macht sich erst in höheren Einkommensbereichen und da auch nur geringfügig bemerkbar. Die Sparförderung hat nur da nennenswerte Effekte, wo die Förderungsgrenzen durch zunehmende Haushaltsgröße hinausgeschoben werden. Außerdem spielt in oberen Einkommensbereichen der Sonderausgabenabzug für Bausparbeiträge im Rahmen des § 10 EStG – aufgrund der mit höherer Kinderzahl zunehmenden Abzugsmöglichkeiten – verstärkt eine Rolle.

Die in Tabelle 8 ausgewiesenen Veränderungen der Durchschnittseffekte bei zunehmender Kinderzahl sinken mit steigendem Einkommen erheblich ab, vor allem im Einkommensbereich bis 4 000 DM BHE.

---

33 Die maximale Begünstigung durch den Ausbildungsfreibetrag beläuft sich auf 196 DM pro Kind, sofern der Steuerpflichtige den Spitzensteuersatz von 56 vH erreicht (oberhalb von 260 000 DM zu versteuerndes Einkommen).

### cc) Haushalte mit Schülern und Studenten

Bei Haushalten mit steigender Anzahl von Schülern über 15 Jahren und Studenten zeigt sich ein ähnliches Bild wie beim vorhergehenden Beispiel mit ein bis vier Studenten. Der wesentliche Unterschied liegt in der geringeren BAFöG-Förderung für den Drei- und Vier-Personen-Haushalt mit einem und zwei Schülern und dem damit verbundenen früheren Wegfall der Förderung. Das hat aber auch zur Folge, daß die BAFöG-Förderung für das dritte und vierte Kind (auswärts untergebrachte Studenten) niedriger ist. Zwar erfolgt der Förderungsabbau bei Haushalten mit gleicher Kinderzahl mit gleicher Geschwindigkeit; der Gesamtförderungsbetrag, der abgebaut wird, ist jedoch geringer als im Fall mit drei und vier Studenten.

## 2. Die Einflüsse von Alter, Ausbildungs- und Unterbringungsart der Kinder bei gleicher Haushaltsgröße

Während bisher Auswirkungen veränderter Haushaltsgröße für Haushalte untersucht wurden, die sich hinsichtlich der Ausbildung der Kinder unterscheiden, sollen im folgenden Haushalte gleicher Größe verglichen werden, um isoliert die Einflüsse von Alter, Ausbildungs- und Unterbringungsart der Kinder darstellen zu können.

### a) Der Einfluß von Alter und Ausbildungsphase

Variiert man bei einem Vier-Personen-Haushalt mit zwei Kindern das Alter und damit gleichzeitig die Ausbildungsphase, in der sich die Kinder gerade befinden, ergibt sich folgendes Bild (vgl. Tabelle 11). Bei niedrigem Einkommen erhöht sich mit zunehmendem Alter der Kinder – allerdings nur solange sie noch keine Ausbildungsförderung erhalten – der Umverteilungssaldo, da die Sozialhilfe nach relativ kleinen Altersklassen gestaffelt ist. Wird ein Schüler 15 Jahre alt und kommt damit in förderungsfähige Ausbildung, verliert er wegen der BAföG-Förderung seinen Sozialhilfeanspruch (–215 DM); gleichzeitig wird auch weniger Wohngeld an den Haushalt geleistet (–25 DM). An die Stelle dieser Transfers tritt die Ausbildungsförderung mit 235 DM, so daß sich in diesem Fall die staatlichen Transfers kaum verändern; es erfolgt also lediglich ein Wechsel der leistenden Institution. Bei einem BHE von 2 000 DM zeigt sich beim Einsetzen der Ausbildungsförderung eine Zunahme des Umverteilungssaldos, da die wegfallende Sozialhilfe hier geringer als die BAFöF-Förderung ist, die auf dieser Einkommensstufe noch mit dem Höchstsatz gewährt wird.

Im BAFöG-Förderungsbereich – das ist der Bereich unterhalb der Linie in Tabelle 11 – steigt der Umverteilungssaldo mit zunehmendem Alter und weiterfüh-

Veränderung der Umverteilungseffekte
bei zunehmendem Alter der Kinder[1]
- Beispiel: Vier-Personen-Haushalt mit 2 Kindern
in Vorschul-, schulischer und Hochschulausbildung[2] -

Tabelle 11

| Haus-haltstyp | Alter und Ausbildung | Basishaushaltseinkommen in DM monatlich | | | | | | |
|---|---|---|---|---|---|---|---|---|
| | | 1ooo | 2ooo | 3ooo | 4ooo | 5ooo | 76oo | 1oooo |
| | | Umverteilungssaldo für Haushalt mit 2 Vorschulkindern in DM monatlich | | | | | | |
| A-4-1-o1oo | Vorschulkinder | 6oo | -259 | -616 | -1 o47 | -1 475 | -2 668 | -3 829 |
| | | Veränderung des Umverteilungssaldos in DM monatlich[1] | | | | | | |
| A-4-1-o8oo | Vorschulkind/Schüler | + 57 | - | - | - | - | - | - |
| A-4-1-o2oo | Schüler unter 15 Jahre | + 86 | + 91 | - | - | - | - | - |
| A-4-1-o9oo | Schüler unter u. über 15 Jahre | - 5 | +119 | - | - | - | - | - |
| A-4-1-o3oo | Schüler über 15 Jahre | + 23 | +183 | +133 | + 1o | + 11 | + 11 | + 12 |
| A-4-1-12o1 | Schüler/Student | +336 | +325 | +278 | + 28o | + 145 | + 149 | + 159 |
| A-4-1-o5o1 | Studenten | +333 | +323 | +35o | + 382 | + 348 | + 155 | + 174 |
| | | Durchschnittseffekt für Haushalt mit 2 Vorschulkindern in vH | | | | | | |
| A-4-1-o1oo | Vorschulkinder | + 6o | - 13 | -2o,5 | + 26,3 | + 29,6 | - 35,4 | - 38,5 |
| | | Veränderung des Durchschnittseffekts in vH-Punkten[1] | | | | | | |
| A-4-1-o8oo | Vorschulkind/Schüler | + 5,7 | - | - | - | - | - | - |
| A-4-1-o2oo | Schüler unter 15 Jahre | + 8,6 | + 4,6 | - | - | - | - | - |
| A-4-1-o9oo | Schüler unter u. über 15 Jahre | - o,5 | + 5,9 | - | - | - | - | - |
| A-4-1-o3oo | Schüler über 15 Jahre | + 2,3 | + 3,2 | + 4,4 | + o,2 | + o,2 | + o,1 | + o,1 |
| A-4-1-12o1 | Schüler/Student | +33,6 | +16,3 | + 9,3 | + 7,2 | + 2,9 | + 1,9 | + 1,6 |
| A-4-1-o5o1 | Studenten | +33,3 | +16,1 | +11,6 | + 9,3 | + 7,1 | + 2,1 | + 1,8 |

Eigene Berechnungen; Rechtsstand 3o.o6.1977.- [1]Veränderungen, die durch die jeweils älter gewordenen Kinder bewirkt werden.- [2]Studenten sind auswärts untergebracht, d.h. es werden die BAFöG-Höchstsätze angesetzt.

RWI ESSEN

render Ausbildung an. Das liegt wesentlich an den für Studenten im Vergleich zu Schülern höheren BAFöG-Bedarfssätzen. Oberhalb der BAFöG-Förderungslinie steigen die Umverteilungssaldodifferenzen ebenfalls mit dem Alter der Kinder an. Ursache dafür ist der Ausbildungsfreibetrag, der nur für die Studenten, nicht aber für die - zu Hause wohnenden -Schüler angesetzt werden kann. Die Veränderungen des Umverteilungssaldos, die auf steuerlichen Begünstigungen beruhen, steigen mit zunehmendem Einkommen an, da sie vom jeweiligen Grenzsteuersatz abhängen.

Zusammenfassend läßt sich feststellen, daß der Staat der mit zunehmendem Alter und weitergehender Ausbildung der Kinder höheren finanziellen Belastung der Eltern Rechnung trägt. Ausnahmen bilden das Kindergeld und - annahmegemäß - der GKV-Versicherungsschutz, Transfers, die sich nicht mit dem Alter oder der Ausbildung verändern.

Führt man einen ähnlichen Vergleich für einen Vier-Personen-Haushalt durch, dessen Kinder nach der Pflichtschulzeit in die betriebliche Berufsbildung gehen und danach erwerbstätig werden, zeigen sich - solange die Kinder Schüler oder Auszubildende sind - positive Veränderungen des Umverteilungssaldos (vgl. Tabelle 12). Ist das älteste Kind bereits Arbeitnehmer, werden die Differenzen negativ bzw. zeigen sich keine Veränderungen der Umverteilungseffekte. Für diesen Haushalt ergibt sich bei einem BHE von 2 000 DM eine negative Differenz von 155 DM im Vergleich zum Haushalt mit zwei Auszubildenden, weil für das ältere Kind kein Kindergeld und keine Berufsausbildungsbeihilfe mehr gezahlt wird. Bei 3 000 DM BHE ergibt sich keine Differenz zwischen diesen Haushalten. Denn der Haushalt mit zwei Kindern in beruflicher Ausbildung erhält überhaupt keine Berufsausbildungsbeihilfe mehr, während der Haushalt, bei dem ein Kind bereits Arbeitnehmer ist, zwar für den Auszubildenden noch Ausbildungsförderung beanspruchen kann[34], aber für den Arbeitnehmer kein Kindergeld mehr erhält. Beide Effekte kompensieren sich in diesem Fall zufällig.

Die positiven Umverteilungseffekte außerhalb des BAB-Förderungsbereichs beruhen hauptsächlich auf einer - bei gleichem Haushaltseinkommen - geringeren einkommensteuerlichen Belastung, weil der Beitrag der Kinder zum BHE in Höhe der Ausbildungsvergütung praktisch steuerfrei bleibt. Diese Effekte sind von der Größenordnung her zu vergleichen mit denen des Ausbildungsfreibetrages bei Studenten.

Bei der Frage, wie die staatlichen Maßnahmen die finanzielle Belastung durch heranwachsende Kinder berücksichtigen, ist es auch sinnvoll, einen Vergleich von Haushalten mit gleichen Elterneinkommen vorzunehmen. Das eigene Einkommen der Kinder wird also als durch die Wahl des Ausbildungs- und Berufsweges automatisch hinzukommendes Haushaltseinkommen betrachtet. So wird z. B. der Haushalt mit zwei Schülern bei 2 000 DM BHE verglichen mit dem Haushalt mit einem Schüler und einem Auszubildenden bei 2 400 DM BHE.

[34] Ursache hierfür ist, daß bei gleich hohem BHE das Einkommen der Eltern, das auf die Berufsausbildungsbeihilfe angerechnet wird, geringer wird, wenn das Einkommen eines erwerbstätigen Kindes die Ausbildungsvergütung übersteigt.

Veränderung der Umverteilungseffekte
bei zunehmendem Alter der Kinder[1]
- Beispiel: Vier-Personen-Haushalt mit 2 Kindern
in Vorschul-, schulischer und beruflicher Ausbildung
sowie in beruflicher Tätigkeit -

Tabelle 12

| Haushaltstyp | Alter und Ausbildung | Basishaushaltseinkommen in DM monatlich | | | | | |
|---|---|---|---|---|---|---|---|
| | | 2ooo | 3ooo | 4ooo | 5ooo | 76oo | 1oooo |
| | | Umverteilungssaldo für Haushalt mit 2 Vorschulkindern in DM monatlich | | | | | |
| A-4-1-o1oo | Vorschulkinder | -259 | -616 | -1 o47 | -1 475 | -2 668 | -3 829 |
| | | Veränderung des Umverteilungssaldos in DM monatlich | | | | | |
| A-4-1-o8oo | Vorschulkind/Schüler | - | - | - | - | - | - |
| A-4-1-o2oo | Schüler unter 15 Jahre | + 91 | - | - | - | - | - |
| A-4-1-1ooo | Schüler/Auszubildender | + 43 | + 47 | + 86 | + 128 | + 126 | + 14o |
| A-4-1-o4oo | Auszubildende | +129 | + 85 | + 92 | + 91 | + 142 | + 159 |
| A-4-1-13oo | Auszubildender/Arbeitnehmer | -155 | - | - 121 | - 37 | - 29 | - 13 |
| | | Durchschnittseffekt für Haushalt mit 2 Vorschulkindern in vH | | | | | |
| A-4-1-o1oo | Vorschulkinder | - 13 | -2o,5 | -26,3 | -29,6 | -35,4 | -38,5 |
| | | Veränderung des Durchschnittseffekts in vH-Punkten | | | | | |
| A-4-1-o8oo | Vorschulkind/Schüler | - | - | - | - | - | - |
| A-4-1-o2oo | Schüler unter 15 Jahre | +4,6 | - | - | - | - | - |
| A-4-1-1ooo | Schüler/Auszubildender | +3,1 | +1,5 | + 2,3 | + 2,6 | + 1,6 | + 1,4 |
| A-4-1-o4oo | Auszubildende | +6,5 | +2,9 | + 2,3 | + 2,2 | + 1,9 | + 1,6 |
| A-4-1-13oo | Auszubildender/Arbeitnehmer | -7,4 | - | - 3,1 | - 1,2 | - o,2 | - |

Eigene Berechnungen, Rechtsstand 3o.o6.1977.- [1]Veränderungen, die durch die jeweils älter werdenden Kinder bewirkt werden.

RWI ESSEN

Hierbei ergeben sich für letzteren positive Effekte dadurch, daß das ältere Kind nun BAB und Sparförderung erhält. Verringert wird dieser Effekt allerdings durch die GKV-Beiträge, mit denen der Auszubildende belastet wird. Da der Haushalt mit einem Auszubildenden, der zusätzliches Einkommen erzielt, bei einem Einkommen von 2 400 DM keine Sozialhilfe mehr erhält, ergibt sich insgesamt eine negative Veränderung des Umverteilungssaldos von etwa 100 DM. Bei einem Vergleich der genannten Haushalte in höheren Einkommensbereichen tritt ebenfalls ein - wenn auch geringerer - negativer Umverteilungseffekt auf. Da hier keine BAB mehr geleistet wird, entsteht durch den Auszubildenden nur noch bei der Sparförderung ein leichter positiver Effekt. Dem steht der zusätzliche GKV-Beitrag und eine höhere Belastung durch indirekte Steuern gegenüber; dagegen entfällt der negative Effekt des Wegfalls von Sozialhilfe in diesen Einkommensbereichen.

### b) Der Einfluß der Ausbildungsart

Aufgrund der bisher dargestellten Untersuchungsergebnisse kann festgestellt werden, daß Haushalte mit Kindern je nach der Ausbildung, in der sich die Kinder befinden, sehr unterschiedlich vom Staat begünstigt werden. Dieses unterschiedliche Ergebnis staatlicher Umverteilung macht Tabelle 13 für Vier-Personen-Arbeitnehmerhaushalte anhand der Umverteilungssalden, Durchschnittseffekte und Belastungsschwellen deutlich. Dabei zeigt sich, daß Haushalte mit Studenten auf allen Einkommensstufen stärker gefördert werden als Haushalte mit förderungsfähigen Schülern und die wiederum stärker als Haushalte mit Kindern, die sich noch nicht im förderungsfähigen Alter befinden[35]. Haushalte mit Auszubildenden schneiden in unteren BHE-Bereichen schlechter, bei höheren Haushaltseinkommen aber besser ab als vergleichbare Haushalte mit Schülern.

In den unterschiedlichen Effekten in Tabelle 13 schlägt sich allerdings auch das Alter und die Ausbildungsphase der Kinder nieder. Um diese Faktoren zu eliminieren, werden deshalb im folgenden zwei Haushalte mit gleichaltrigen Kindern gegenübergestellt. Tabelle 14 zeigt also den isolierten Einfluß der Ausbildungsart anhand vergleichbarer Vier-Personen-Haushalte mit zwei Schülern bzw. zwei Auszubildenden über 15 Jahren. Dabei ergibt sich in unteren Einkommensbereichen (bis 3 000 DM BHE) eine geringere Begünstigung bzw. höhere Belastung des Haushalts mit den Auszubildenden. Ursache hierfür ist, daß die BAFöG-Förderungen wesentlich höher als die Berufsausbildungsbeihilfe ist, weil das eigene Einkommen des Auszubildenden auf die BAB angerechnet wird. Bei höheren Einkommen ist der Haushalt mit den Auszubildenden weniger stark belastet als der Schüler-Haushalt. Dies liegt hauptsächlich daran, daß er bei

---

[35] Bei der Bewertung dieser Unterschiede muß allerdings berücksichtigt werden, daß sich auch die Aufwendungen für Kinder je nach Alter und Ausbildung unterscheiden.

Umverteilungssalden und Belastungsschwellen bei Vier-Personen-Haushalten mit Kindern in unterschiedlicher Ausbildung

Tabelle 13

| Haushaltstyp | | Basishaushaltseinkommen in DM mtl. | | | | | | | Belastungs-schwellen[1] in DM mtl. |
|---|---|---|---|---|---|---|---|---|---|
| lfd.Nr. | Alter und Ausbildung | 1 5oo | 2 ooo | 3 ooo | 4 ooo | 5 ooo | 7 6oo | 1o ooo | |
| | | Umverteilungssalden in DM mtl. | | | | | | | |
| A-1-1-o1oo | 2 Vorschulkinder | + 128 | - 259 | - 616 | -1 o47 | -1 475 | -2 668 | -3 829 | 1 7oo |
| A-4-1-o2oo | 2 Schüler unter 15 | + 272 | - 168 | - 616 | -1 o47 | -1 475 | -2 668 | -3 829 | 1 8oo |
| A-4-1-o3oo | 2 Schüler über 15 | + 391 | + 134 | - 483 | -1 o37 | -1 464 | -2 655 | -3 817 | 2 3oo |
| A-4-1-o4oo | 2 Auszubildende | + 236 | + 4 | - 484 | - 869 | -1 236 | -2 4oo | -3 53o | 2 1oo |
| A-4-1-o5o1 | 2 Studenten[2] | +1 o18 | + 782 | + 145 | - 375 | - 971 | -2 353 | -3 484 | 3 4oo |
| | | Durchschnittseffekte in vH | | | | | | | |
| A-4-1-o1oo | 2 Vorschulkinder | + 8,5 | -13,o | -2o,5 | -26,3 | -29,6 | -35,4 | -38,5 | |
| A-4-1-o2oo | 2 Schüler unter 15 | +18,1 | - 8,4 | -2o,5 | -26,3 | -29,6 | -35,4 | -38,5 | |
| A-4-1-o3oo | 2 Schüler über 15 | +25,9 | + 6,7 | -16,1 | -26,1 | -29,4 | -35,3 | -38,4 | |
| A-4-1-o4oo | 2 Auszubildende | +15,7 | + o,2 | -16,1 | -21,7 | -24,8 | -31,9 | -35,5 | |
| A-4-1-o5o1 | 2 Studenten[2] | +67,5 | +39,1 | + 4,8 | - 9,4 | -19,4 | -31,3 | -35,o | |

Eigene Berechnungen, Rechtsstand 3o.6.1977

[1]Erste BHE-Stufe mit negativem Umverteilungssaldo.

[2]Studenten sind auswärts untergebracht, d.h. es wird der BAFöG-Höchstsatz angesetzt.

RWI ESSEN

Umverteilungssalden bei Kindern gleicher Altersstufe
und unterschiedlicher Ausbildungsart
- Vier-Personen-Arbeitnehmerhaushalte - Tabelle 14

| BHE in DM mtl. | Umverteilungssalden in DM mtl. | | |
|---|---|---|---|
| | Haushaltstypen | | |
| | 2 Schüler (A4-1-o3oo) | 2 Auszubildende (A4-1-o4oo) | Differenz[1] |
| 1 5oo | + 391 | + 236 | -155 |
| 2 ooo | + 134 | + 4 | -13o |
| 3 ooo | - 483 | - 484 | - 1 |
| 4 ooo | -1 o37 | - 869 | +168 |
| 5 ooo | -1 464 | -1 236 | +228 |
| 7 6oo | -2 657 | -2 4oo | +257 |
| 1o ooo | -3 817 | -3 53o | +287 |

| BHE in DM mtl. | Aufteilung der Differenz[1] nach Einzelmaßnahmen in DM mtl. | | | | | |
|---|---|---|---|---|---|---|
| | | davon: | | | | |
| | insges. | EST | GKV-Beitrag | Ausbild. Förd. | Spar-Förd. | Sonstige |
| 1 5oo | -155 | +132 | - 9 | -33o | +25 | +27 |
| 2 ooo | -13o | +141 | - 11 | -294 | +3o | - 4 |
| 3 ooo | - 1 | +169 | - 64 | -138 | +41 | - 9 |
| 4 ooo | +168 | +254 | -113 | - | +45 | -18 |
| 5 ooo | +228 | +287 | -113 | - | +73 | -1o |
| 7 6oo | +257 | +349 | -113 | - | +42 | -21 |
| 1o ooo | +287 | +367 | -113 | - | +4o | - 7 |

Eigene Berechnungen; Rechtsstand 3o.o6.1977.- [1]Umverteilungssalden-Differenz A-4-1-o4oo abzüglich A-4-1-o3oo.

gleich hohem BHE wegen des geringeren Elterneinkommens und der weitgehenden Steuerfreiheit der Ausbildungsvergütungen weniger Einkommensteuer zu entrichten hat und durch die Sparförderungsmaßnahmen stärker begünstigt wird. Diese beiden Effekte haben ein stärkeres Gewicht als die zusätzliche Belastung des Haushalts durch die eigenen GKV-Beiträge der Auszubildenden.

### c) Der Einfluß der Unterbringungsart

Sind Kinder zur Ausbildung auswärts untergebracht, wird dies bei BAFöG, bei der BAB, beim Ausbildungsfreibetrag und beim Wohngeld berücksichtigt. In Tabelle 15 sind für Haushalte mit Studenten, Schülern und betrieblich Auszubildenden die Umverteilungssalden bei auswärtiger Unterbringung und deren Zu-

Umverteilungseffekte durch auswärtige Unterbringung der Kinder (in DM monatlich)

Tabelle 15

| Haushaltstyp | | Basishaushaltseinkommen in DM monatlich | | | | | | |
|---|---|---|---|---|---|---|---|---|
| | | 1 5oo | 2 ooo | 3 ooo | 4 ooo | 5 ooo | 7 6oo | 1o ooo |
| A-4-1-o3o1 2 Schüler | Umverteilungssaldo | + 715 | + 482 | - 198 | - 8o7 | -1 336 | -2 53o | -3 683 |
| | Differenz[1] | + 324 | + 348 | + 285 | + 23o | + 128 | + 127 | + 134 |
| A-4-1-o5o1 2 Studenten | Umverteilungssaldo | +1 o18 | + 782 | + 145 | - 375 | - 971 | -2 353 | -3 484 |
| | Differenz[1] | + 171 | + 161 | + 131 | + 2o8 | + 291 | + 125 | + 139 |
| A-4-1-o4o1 2 Auszubildende | Umverteilungssaldo | + 55o | + 368 | + 13 | - 356 | - 776 | -2 4oo | -3 53o |
| | Differenz[1] | + 314 | + 364 | + 497 | + 513 | + 46o | - | - |

Eigene Berechnungen; Rechtsstand 3o.o6.1977.- [1]Differenz zum jeweiligen Grundtyp mit zu Hause wohnenden Kindern.

RWI ESSEN

nahme gegenüber Haushalten mit zu Hause wohnenden Kindern ausgewiesen. Danach wird auswärtige Unterbringung durchweg vom Staat begünstigt.

Bis 4 000 DM BHE weist der Haushalt mit zwei auswärtig wohnenden Schülern erheblich höhere positive Differenzen im Umverteilungssaldo auf als derjenige mit Studenten, da BAFöG den Bedarfssatz bei auswärtiger Unterbringung für jeden Schüler um 205 DM, für jeden Studenten allerdings nur um 100 DM erhöht. Andererseits fällt beim Schülerhaushalt 50 DM Wohngeld weg, während dies beim Haushalt mit Studenten lediglich 15 DM sind.

In höheren BHE-Bereichen - nach Wegfall von BAFöG - ist die Differenz im Umverteilungssaldo auf den Ausbildungsfreibetrag zurückzuführen. Für Schüler unter 18 Jahren wird überhaupt nur ein Freibetrag von maximal 150 DM monatlich gewährt, wenn sie nicht zu Hause wohnen. Für Studenten wird der Ausbildungsfreibetrag von maximal 200 DM im Monat, bei auswärtiger Unterbringung auf 350 DM aufgestockt. Da in beiden aufgeführten Fällen die Freibetragsdifferenz 150 DM beträgt, sind auch die Veränderungen der Umverteilungssalden auf Grund auswärtiger Unterbringung in den Einkommensbereichen, in denen kein BAFöG mehr gewährt wird, für Schüler und Studenten annähernd gleich (vgl. Tabelle 15).

Bei beruflich Auszubildenden wird die auswärtige Unterbringung bei der BAB-Berechnung durch einen Freibetrag vom Einkommen der Eltern und durch einen höheren Bedarfssatz berücksichtigt. Dies führt dazu, daß bei Haushalten mit Auszubildenden die auswärtige Unterbringung stärker begünstigt wird als bei BAFöG-Haushalten (vgl. Tabelle 15 bis 5 000 DM BHE)[36]. Die Besserstellung durch die auswärtige Unterbringung entfällt bei Haushalten mit Auszubildenden nach dem Auslaufen der BAB-Förderung, weil das eigene Einkommen des Auszubildenden auf den Ausbildungsfreibetrag angerechnet wird und diesen vollständig kompensiert. Im Gegensatz dazu sind in den höheren Einkommensbereichen auswärts untergebrachte Studenten und Schüler wegen des höheren Ausbildungsfreibetrages stärker begünstigt als bei Unterbringung zu Hause.

Obwohl der Ausbildungsfreibetrag bei Haushalten mit Auszubildenden nicht in Betracht kommt, sind sie in den oberen Einkommensbereichen auch bei auswärtiger Unterbringung insgesamt besser gestellt als die entsprechenden BAFöG-Haushalte, wenn auch weniger als bei Unterbringung zu Hause (vgl. Tabelle 14).

### 3. Der Einfluß der Geltendmachung einkommensteuerlicher Begünstigungen

Für die Analyse der Umverteilungseffekte einkommensteuerlicher Begünstigungen bei zunehmender Haushaltsgröße und mit steigendem Einkommen werden in Tabelle 16 Haushalte, die die in dieser Untersuchung explizit behandel-

36 Bei 1 500 bzw. 2 000 DM BHE kann sich der höhere Freibetrag allerdings wegen der Begrenzung durch den Vollförderungsbetrag noch nicht bzw. nicht voll auswirken.

Umverteilungseffekte einkommensteuerlicher Begünstigungen bei ausgewählten Haushalten

Tabelle 16

| Haushaltstyp: lfd. Nr. | Haushaltstyp: typische Merkmale | Umverteilungssaldo DM/Monat | Veränderung des Umverteilungssaldos durch ESt-Begünstigungen[1]: Insgesamt | direkte Effekte | indirekte Effekte: bei ESt-Begünstigungen | indirekte Effekte: sonstige | Durchschnittseffekte in vH | Veränderung der Durchschnittseffekte in vH-Punkten |
|---|---|---|---|---|---|---|---|---|
| | | | | bei 2ooo DM BHE monatlich | | | | |
| A-1-1-1o2 | Alleinstehender | - 563 | + 116 | + 158 | - | - 42 | - 28,2 | + 5,8 |
| A-2-1-1o5 | Kinderloses Ehepaar | - 349 | + 9o | + 164 | - | - 74 | - 17,5 | + 4,5 |
| A-4-1-1o5 | 2 Vorschulkinder | - 19o | + 69 | + 161 | - | - 92 | - 9,5 | + 3,5 |
| A-4-1-4o6 | 2 Auszubildende | + 9 | + 5 | + 89 | - | - 84 | + o,5 | + o,3 |
| A-4-1-3o5 | 2 ältere Schüler | + 233 | + 99 | + 161 | - | - 92 | + 11,7 | + 5,o |
| A-4-1-556 | 2 Studenten (auswärts) | + 921 | + 139 | + 151 | - | - 12 | + 46,1 | + 7,o |
| A-6-1-1o5 | 2 Vorschulkinder, 2 jüng. Schüler | + 88 | - 158 | + 161 | - | - 319 | + 4,4 | - 7,9 |
| A-6-1-3o5 | 2 jüng. Schüler, 2 Auszubildende | + 287 | - 97 | + 89 | - | - 186 | + 14,4 | - 4,8 |
| A-6-1-2o3 | 2 jüng. Schüler, 2 ältere Schüler | + 51o | - 4 | + 161 | - | - 165 | + 25,5 | - o,2 |
| A-6-1-952 | 4 Studenten (auswärts) | + 2 288 | + 143 | + 164 | + 38 | - 59 | + 114,2 | + 6,9 |
| | | | | bei 4ooo DM BHE monatlich | | | | |
| A-1-1-1o2 | Alleinstehender | - 1 512 | + 198 | + 232 | - | - 36 | - 37,8 | + 4,9 |
| A-2-1-1o5 | Kinderloses Ehepaar | - 994 | + 219 | + 252 | - | - 33 | - 24,9 | + 5,4 |
| A-4-1-1o5 | 2 Vorschulkinder | - 829 | + 218 | + 252 | - 35 | - 9 | - 2o,7 | + 5,5 |
| A-4-1-4o6 | 2 Auszubildende | - 722 | + 147 | + 169 | - | - 22 | - 18,1 | + 3,6 |
| A-4-1-3o5 | 2 ältere Schüler | - 821 | + 216 | + 252 | - 35 | - 1 | - 2o,5 | + 5,6 |
| A-4-1-556 | 2 Studenten (auswärts) | - 52 | + 323 | + 223 | - 75 | + 175 | - 1,3 | + 8,1 |
| A-6-1-1o5 | 2 Vorschulkinder, 2 jüng. Schüler | - 551 | + 213 | + 247 | - 69 | + 35 | - 13,8 | + 5,4 |
| A-6-1-3o5 | 2 jüng. Schüler, 2 Auszubildende | - 445 | + 141 | + 161 | - | - 2o | - 11,1 | + 3,6 |
| A-6-1-2o3 | 2 jüng. Schüler, 2 ältere Schüler | - 273 | + 32o | + 247 | - | + 73 | - 6,8 | + 8,o |
| A-6-1-952 | 4 Studenten (auswärts) | + 1 377 | + 295 | + 247 | - 42 | + 9o | + 34,4 | + 7,3 |
| | | | | bei 5ooo DM BHE monatlich | | | | |
| A-1-1-1o2 | Alleinstehender | - 1 998 | + 2oo | + 241 | - | - 41 | - 4o,o | + 4,o |
| A-2-1-1o5 | Kinderloses Ehepaar | - 1 37o | + 3o1 | + 288 | - | - 13 | - 27,4 | + 6,o |
| A-4-1-1o5 | 2 Vorschulkinder | - 1 199 | + 276 | + 286 | - 34 | + 26 | - 24,o | + 5,6 |
| A-4-1-4o6 | 2 Auszubildende | - 1 o11 | + 225 | + 258 | - 34 | + 1 | - 2o,2 | + 4,6 |
| A-4-1-3o5 | 2 ältere Schüler | - 1 189 | + 275 | + 285 | - 1 | - 9 | - 23,8 | + 5,6 |
| A-4-1-556 | 2 Studenten (auswärts) | - 592 | + 379 | + 275 | - 46 | + 15o | - 11,8 | + 7,6 |
| A-6-1-1o5 | 2 Vorschulkinder, 2 jüng. Schüler | - 9o1 | + 244 | + 283 | - 4 | - 35 | - 18,6 | + 5,o |
| A-6-1-3o5 | 2 jüng. Schüler, 2 Auszubildende | - 739 | + 216 | + 254 | - 4 | - 34 | - 14,8 | + 4,5 |
| A-6-1-2o3 | 2 jüng. Schüler, 2 ältere Schüler | - 83o | + 3o5 | + 283 | - 4 | + 26 | - 16,6 | + 6,8 |
| A-6-1-952 | 4 Studenten (auswärts) | + 877 | + 312 | + 283 | - 46 | + 75 | + 17,5 | + 6,2 |
| | | | | bei 1oooo DM BHE monatlich | | | | |
| A-1-1-1o2 | Alleinstehender | - 4 647 | + 235 | + 273 | - | - 38 | - 46,5 | + 2,3 |
| A-2-1-1o5 | Kinderloses Ehepaar | - 3 7o5 | + 336 | + 363 | - | - 27 | - 37,1 | + 3,3 |
| A-4-1-1o5 | 2 Vorschulkinder | - 3 494 | + 335 | + 364 | - 2 | - 27 | - 35,1 | + 3,4 |
| A-4-1-4o6 | 2 Auszubildende | - 3 2o2 | + 328 | + 353 | + 1 | - 26 | - 32,2 | + 3,3 |
| A-4-1-3o5 | 2 ältere Schüler | - 3 482 | + 335 | + 364 | - 2 | - 27 | - 35,o | + 3,4 |
| A-4-1-556 | 2 Studenten (auswärts) | - 3 155 | + 329 | + 36o | - 5 | - 26 | - 31,7 | + 3,3 |
| A-6-1-1o5 | 2 Vorschulkinder, 2 jüng. Schüler | - 3 193 | + 336 | + 361 | + 1 | - 26 | - 32,6 | + 3,3 |
| A-6-1-3o5 | 2 jüng. Schüler, 2 Auszubildende | - 2 9oo | + 331 | + 357 | - | - 26 | - 29,7 | + 3,3 |
| A-6-1-2o3 | 2 jüng. Schüler, 2 ältere Schüler | - 3 182 | + 335 | + 361 | + 1 | - 27 | - 32,4 | + 3,4 |
| A-6-1-952 | 4 Studenten (auswärts) | - 1 796 | + 371 | + 358 | - 38 | + 51 | - 18,1 | + 3,7 |

Eigene Berechnungen; Rechtsstand 3o.o8.1977.- [1]Abnahme der Belastung und Zunahme der Begünstigung: +; Zunahme der Belastung und Abnahme der Begünstigung: -.

RWI ESSEN

ten Sonderbegünstigungen maximal in Anspruch nehmen, den entsprechenden Grundtypen gegenübergestellt. Unter maximalen einkommensteuerlichen Begünstigungen wird dabei die Geltendmachung der Sonderabschreibungen nach § 7b EStG[37] sowie der Sonderausgaben für Weiterbildungsaufwendungen mit dem jeweiligen Höchstbetrag[38] verstanden.

Die übrigen einkommensteuerlichen Begünstigungen, d. h. der Ausbildungsfreibetrag und der Sonderausgabenabzug von Bausparbeiträgen nach § 10 EStG werden nicht systematisch variiert, da sie entweder - wie bei den Bausparbeiträgen - aus den Modellannahmen hinsichtlich der Ausnutzung der Sparförderung resultieren oder - wie bei den Ausbildungsfreibeträgen - auch bei den Haushaltsgrundtypen automatisch berücksichtigt werden, sofern die Voraussetzungen erfüllt sind.

Bei dem Einfluß einkommensteuerlicher Begünstigungen auf den Umverteilungssaldo und die Durchschnittseffekte zeigen sich die folgenden grundsätzlichen Tendenzen:

Zunächst hängt die Veränderung des Umverteilungssaldos in starkem Maße von dem Alter und der Ausbildung der Kinder ab. Dabei läßt sich eine gewisse Rangordnung feststellen, die insbesondere in Einkommensbereichen wirksam ist, in denen noch Ausbildungsförderung gewährt wird (vgl. Tabelle 16 und Schaubild 21). Haushalte mit Auszubildenden werden netto am wenigsten begünstigt. Dagegen ist die Veränderung des Umverteilungssaldos durch einkommensteuerliche Begünstigungen bei Haushalten, deren Kinder studieren, am größten. Die Wirkungen für Haushalte mit Vorschulkindern und Schülern sowie für Alleinstehende und kinderlose Ehepaare liegen i. d. R. dazwischen. Erst in den oberen Einkommensbereichen werden die dargestellten Unterschiede absolut geringer. Die Veränderungen der Durchschnittseffekte nähern sich dagegen bereits in unteren BHE-Bereichen an.

Eine zweite Tendenz läßt sich ebenfalls aus Tabelle 16 ablesen: Mit zunehmendem Einkommen wird der Einfluß einkommensteuerlicher Begünstigungen - absolut gesehen - zwar immer stärker, verliert aber in den oberen Einkommensbereichen - gemessen am jeweiligen BHE - an Gewicht, d. h. die Durchschnittseffekte verändern sich hier durch die Geltendmachung der einkommensteuerlichen Begünstigungen generell nur noch um 3 bis 4 vH-Punkte. Dagegen stei-

---

37 Dabei wird hier generell der Einfamilienhausfall betrachtet, da sich unter den in dieser Untersuchung getroffenen Standardannahmen beim Zweifamilienhaus nur unwesentlich geringere Begünstigungseffekte ergeben. Für Zweifamilienhäuser ist zwar der Effekt des § 7b EStG geringer, es entstehen hier aber - im Gegensatz zum Einfamilienhaus - auch ohne Sonderabschreibungen negative Einkünfte aus Vermietung und Verpachtung. Nur wenn diese Einkünfte durch einen niedrigeren Darlehensanteil und damit geringere Schuldzinsen weniger negativ oder gar positiv werden, ergeben sich größere Unterschiede in den Umverteilungseffekten der Geltendmachung des § 7b EStG.

38 Die maximal absetzbaren Weiterbildungsaufwendungen im nicht ausgeübten Beruf betragen 900 bzw. 1 800 DM jährlich für Ledige bzw. Verheiratete. Für die Sonderabschreibungen nach § 7b EStG werden - mit Ausnahme des Alleinstehenden - Anschaffungs- und Herstellungskosten von mindestens 150 000 DM unterstellt. Für den Alleinstehenden wurde eine Eigentumswohnung mit Anschaffungs- und Herstellungskosten von 105 000 DM angenommen.

Schaubild 21

## EINFLUSS EINKOMMENSTEUERLICHER BEGÜNSTIGUNG AUF UMVERTEILUNGSSALDEN UND DURCHSCHNITTSEFFEKTE

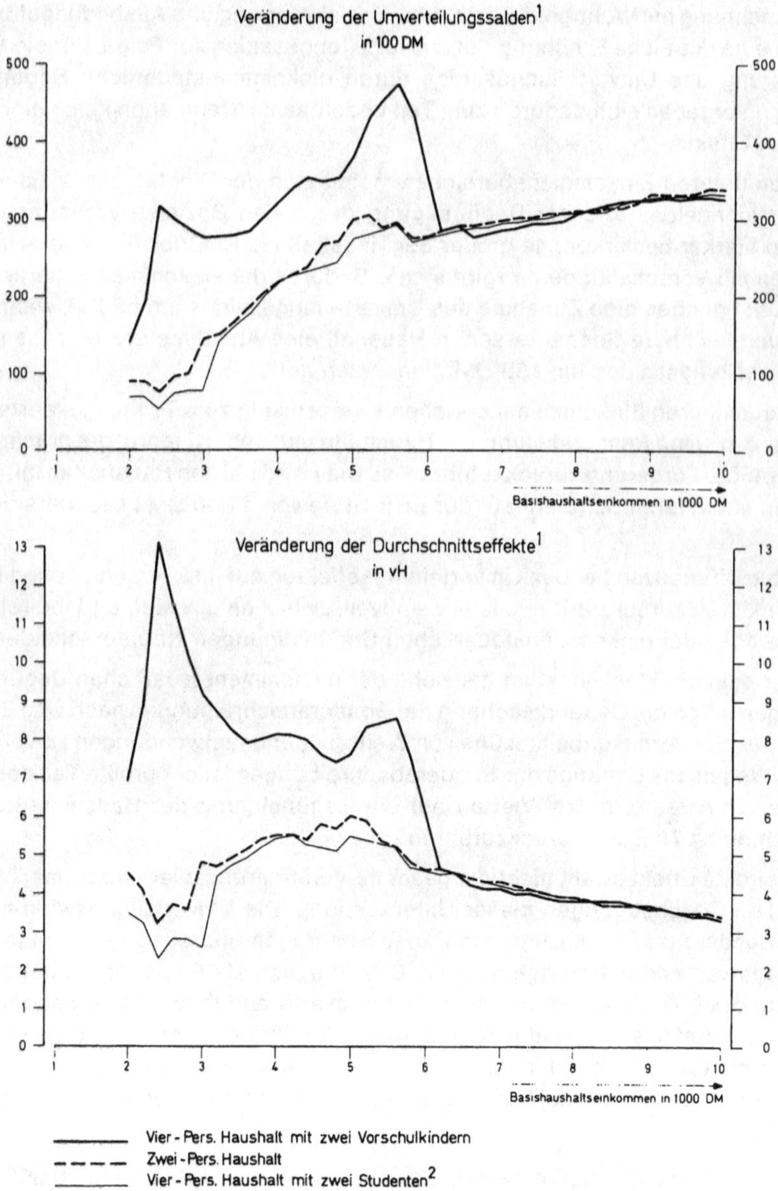


Eigene Berechnungen. - 1) Differenz gegenüber vergleichbarer Haushalte ohne einkommensteuerliche Begünstigungen. - 2) Studenten auswärts untergebracht.

RWI ESSEN

gen diese Differenzen i. d. R. in den mittleren Einkommensbereichen zunächst an (bis zu 8 bis 9 vH-Punkten).

Die Haushaltsvergrößerung hat, wie man an einem Vergleich der Vier-Personen-Haushalte mit den Sechs-Personen-Haushalten feststellen kann, im Zusammenhang mit Wohngeld, Sozialhilfe, Sozialwohnung und Ausbildungsförderung eine deutliche Erhöhung der Umverteilungssalden zur Folge. Für die Veränderung des Umverteilungssaldos durch einkommensteuerliche Begünstigungen ergeben sich dadurch zum Teil bedeutsame, wenn auch keine einheitlichen Effekte.

In den unteren Einkommensbereichen macht sich der Wegfall der Sozialhilfe, des Wohngeldes und der Begünstigung durch den Sozialen Wohnungsbau umso stärker bemerkbar, je größer der Haushalt ist. Bei Vier-Personen-Haushalten mit Vorschulkindern ergibt sich z. B. durch die einkommensteuerlichen Begünstigungen eine Zunahme des Umverteilungssaldos um 69 DM, während der vergleichbare Sechs-Personen-Haushalt eine Abnahme seines gesamten Umverteilungssaldos um 158 DM hinnehmen muß.

In den mittleren Einkommensbereichen ergeben sich zum Teil umgekehrte Effekte, d. h. eine Besserstellung der Haushalte mit mehr Kindern, die primär auf die BAFöG-Förderung zurückzuführen ist. Dies wird bei den Haushalten mit jüngeren und älteren Schülern auf der BHE-Stufe von 4 000 DM besonders deutlich.

Um die Differenzen bei den Umverteilungseffekten auf ihre verschiedenen Einflußfaktoren zurückzuführen, ist es sinnvoll, zwischen direkten und indirekten Wirkungen der einkommensteuerlichen Begünstigungen zu unterscheiden.

Unter dem direkten Effekt ist die Höhe der einkommensteuerlichen Begünstigungen durch die Geltendmachung der Sonderabschreibungen nach § 7b EStG und des Sonderausgabenabzugs von Weiterbildungsaufwendungen zu verstehen. Wegen des Umfangs der Sonderabschreibungen ist der größte Teil des direkten Effektes (gut drei Viertel) auf die Begünstigung der Hauseigentümer durch den § 7b EStG zurückzuführen.

Der direkte Effekt erfaßt nicht die gesamte Veränderung aller einkommensteuerlichen Begünstigungen dieser Untersuchung. Die Umverteilungswirkungen des Sonderausgabenabzugs von Bausparbeiträgen und des Ausbildungsfreibetrags verändern sich ggf. indirekt, d. h. lediglich als Folge der Geltendmachung des § 7b EStG und der Weiterbildungsaufwendungen. Die sonstigen indirekten Effekte erfassen die Veränderung aller übrigen Steuern und Transfers durch die Geltendmachung der maximalen einkommensteuerlichen Begünstigungen, insbesondere bei Sozialhilfe, Wohngeld und Sozialwohnung sowie bei BAFöG.

Der direkte Effekt steigt in dem Einkommensbereich von 2 000 bis 10 000 DM BHE aufgrund der zunehmenden Grenzsteuersätze von etwa 160 DM auf 360 DM an, während seine relative Bedeutung, gemessen am Durchschnittseffekt, von 8 vH auf 3,6 vH des BHE abnimmt. In der Regel haben weder die Haushaltsgröße bzw. die Kinderzahl noch die Ausbildungsart auf die Höhe des direkten Effektes einen wesentlichen Einfluß. Nur bei Alleinstehenden und Haushalten mit Auszubildenden ist festzustellen, daß die Entlastungen durch einkommensteuerliche Begünstigungen etwas niedriger liegen als bei den übrigen Haushalten. Bei den Alleinstehenden liegt dies an den – annahmegemäß – niedrigeren Sonderabschreibungen[39] und den geringeren absetzbaren Weiterbildungsaufwendungen. Bei Haushalten mit Auszubildenden wird wegen des eigenen Einkommens der Kinder bei gleich hohem BHE das Elterneinkommen mit einem niedrigeren Grenzsteuersatz versteuert. In höheren BHE-Bereichen gleichen sich die direkten Effekte – mit Ausnahme des Alleinstehenden – immer mehr an.

Angesichts der geringen Unterschiede der direkten Effekte sind die Veränderungen der Umverteilungseffekte durch einkommensteuerliche Begünstigungen im wesentlichen auf die sonstigen indirekten Effekte zurückzuführen. Bei Haushalten, die Sonderabschreibungen für ein neu gebautes Haus geltend machen, kommen annahmegemäß Sozialhilfe, Wohngeld und Sozialwohnung nicht in Betracht. Durch den Wegfall dieser Transfers entsteht in den unteren Einkommensbereichen für den steuerbegünstigten Haushalt ein negativer indirekter Effekt. Er ist aber in der Regel nicht so hoch, daß er die einkommensteuerlichen Begünstigungen vollständig kompensiert. Nur bei Haushalten, bei denen diese Transfers ein großes Gewicht haben, können die gegenläufigen Effekte so stark sein, daß sie insgesamt gesehen zu einer Benachteiligung der Haushalte mit einkommensteuerlichen Begünstigungen führen. So gewinnt der Sechs-Personen-Haushalt mit den beiden Vorschulkindern und den beiden jüngeren Schülern bei einem BHE von 2 000 DM durch die einkommensteuerlichen Begünstigungen zwar 161 DM Umverteilungseinkommen, muß aber zugleich fast auf den doppelten Betrag (319 DM) an Begünstigungen durch Sozialhilfe, Wohngeld und Sozialwohnung verzichten, so daß er schlechter dasteht als der Mieterhaushalt, der diese Sozialtransfers in Anspruch nehmen kann. Da mit zunehmenden Einkommen diese Sozialtransfers ohnehin entfallen, spielen ihre negativen Effekte in den mittleren und oberen Einkommensbereichen keine Rolle mehr.

Positive sonstige indirekte Effekte sind in erster Linie auf Veränderungen bei BAFöG und der Sparförderung zurückzuführen. Die größte Bedeutung hat die Zunahme der BAFöG-Förderung bei Haushalten mit Schülern und Studenten allerdings nur im Bereich der Teilförderung, d. h. in mittleren BHE-Bereichen. Lediglich bei den Sechs-Personen-Haushalten mit auswärts wohnenden Studenten reichen die positiven BAFöG-Effekte bis in die höchste Einkommensstufe[40].

---

39 Da das Einkommen des Alleinstehenden wegen des fehlenden Splittingeffektes früher in die Progressionszone hineinwächst als das der Verheirateten, ergibt sich für ihn allerdings in mittleren Einkommensbereichen (um 3 000 DM BHE ) trotz der niedrigeren Sonderabschreibungen ein höherer direkter Effekt als bei den übrigen Haushalten.

40 Vgl. in Tabelle 16 für Vier-Personen-Haushalte bei 4 000 und 5 000 DM, bei Sechs-Personen-Haushalten sogar bis 10 000 DM BHE. Für Haushalte mit Kindern unter 15 Jahren (Vorschulkinder und jüngere Schüler) sowie für Haushalte mit Auszubildenden ergeben sich keine oder nur sehr geringe positive Effekte.

Die auf die Sonderabschreibungen zurückzuführende Verringerung des Gesamtbetrages der Einkünfte wird nicht durch die Verringerung der Steuerschuld kompensiert und hat daher eine Verminderung des anzurechnenden Einkommens zur Folge. Die damit verbundene Erhöhung der BAFöG-Förderung ist allerdings bei Vier-Personen-Haushalten stärker ausgeprägt als bei Sechs-Personen-Haushalten. Mit zunehmender Kinderzahl wird BAFöG immer langsamer abgebaut, so daß die Veränderungen des anzurechnenden Einkommens um so größere Folgen für die BAFöG-Zahlungen haben, je geringer die Kinderzahl ist. Dieser indirekte Effekt einkommensteuerlicher Begünstigungen kann bei Haushalten mit BAFöG-Förderung u. U. eine Größenordnung annehmen, die kaum hinter dem direkten Effekt zurückbleibt (vgl. z. B. in Tabelle 16: Vier-Personen-Haushalt mit zwei Studenten bei 4 000 DM BHE). Er wird allerdings teilweise kompensiert durch - zum BAFöG-Zuschuß gegenläufige - indirekte Veränderungen des Ausbildungsfreibetrages (s. u.).

Entsprechende positive indirekte Effekte für Haushalte mit Auszubildenden gibt es nicht, weil für die Einkommensberechnung bei der BAB nicht auf den - durch Sonderabschreibungen reduzierbaren - Gesamtbetrag der Einkünfte zurückgegriffen wird. Hier ergeben sich vielmehr ggf. geringfügige negative Wirkungen dadurch, daß die einkommensteuerlichen Begünstigungen die Steuerschuld mindern und damit das bei der BAB anzurechnende Einkommen erhöhen.

Auch bei Haushalten mit Schülern bzw. Studenten werden die sonstigen indirekten Effekte negativ, sobald die BAFöG-Förderung ausgelaufen ist. Allerdings sind sie so gering, daß sie in den hohen Einkommensbereichen kaum ins Gewicht fallen.

Der positive indirekte Effekt im Bereich der Sparförderung beruht darauf, daß die einkommensteuerlichen Begünstigungen das zu versteuernde Einkommen vermindern, so daß der Haushalt Anspruch auf Sparförderung in Einkommensbereichen hat, in denen ohne diese Begünstigung die Einkommensgrenze überschritten wäre. Dieser Effekt wird allerdings nur wirksam, sofern der Haushalt bei Überschreiten dieser Grenze keine Bausparbeiträge als Sonderausgaben geltend machen kann.

Die indirekten einkommensteuerlichen Effekte betreffen die Sonderausgaben für Bausparbeiträge sowie den Ausbildungsfreibetrag. Sie sind - wie Tabelle 16 zeigt - in der Regel negativ, bewegen sich meistens zwischen 30 und 70 DM und treten vor allem in den mittleren Einkommensbereichen (bei 4 000 und 5 000 DM BHE) auf. Zu einer Abnahme der Begünstigung durch den Ausbildungsfreibetrag kommt es nur bei Haushalten mit Kindern über 18 Jahren bzw. bei auswärtig untergebrachten Kindern. Sie wird dadurch hervorgerufen, daß die im Falle einkommensteuerlicher Begünstigungen erhöhte BAFöG-Förderung zu einer entsprechenden Minderung des Ausbildungsfreibetrages führt.

Die negativen indirekten Effekte einkommensteuerlicher Begünstigungen bei Haushalten mit Vorschulkindern, Auszubildenden und jüngeren Schülern sind ausschließlich auf die Veränderungen der Begünstigung durch den Sonderausgabenabzug von Bausparbeiträgen zurückzuführen. Diese Veränderungen müssen allerdings im Zusammenhang mit den indirekten Effekten bei den übrigen Sparförderungsmaßnahmen gesehen werden. I. d. R. wird der negative Effekt des Verzichts auf den Sonderausgabenabzug der Bausparbeiträge kompensiert durch einen positiven Effekt der alternativen Geltendmachung von Spar- oder Wohnungsbauprämien.

## 4. Der Einfluß der Erwerbstätigkeit beider Ehegatten

Einen weiteren, in Teilbereichen quantitativ nicht unbedeutenden Einflußfaktor auf die Höhe der Umverteilungseffekte stellt die Erwerbstätigkeit beider Ehegatten dar, d. h. die Umverteilungswirkungen staatlicher Maßnahmen unterscheiden sich zwischen sog. Allein- und sog. Doppelverdienerhaushalten. Dieser Doppelverdienereffekt wird im folgenden untersucht, und zwar soll gezeigt werden, wie und wodurch sich die staatlichen Belastungen bzw. Begünstigungen bei gleich hohem Haushaltseinkommen (BHE) gegenüber dem sog. Alleinverdienerhaushalt verändern und ob das Aufteilungsverhältnis des gemeinsamen Einkommens auf die Ehegatten einen nennenswerten Einfluß auf diese Veränderungen hat[41].

Tabelle 17 zeigt in den unteren BHE-Bereichen (bis 3 000 DM) durchweg positive, oberhalb von 4 000 DM BHE dagegen negative Doppelverdienereffekte. Dabei sind die Unterschiede der Durchschnittseffekte zwischen Allein- und Doppelverdienerhaushalten mit gleichem Haushaltseinkommen in den unteren BHE-Bereichen erheblich größer als bei hohem Haushaltseinkommen, weil die absoluten Differenzen der Umverteilungssalden – gemessen am jeweiligen BHE – bei niedrigeren Einkommen ein erheblich größeres Gewicht besitzen. So sind die Durchschnittsbelastungen der Doppelverdienerhaushalte oberhalb von 5 000 DM BHE allenfalls etwa 3 vH-Punkte höher als bei Alleinverdienerhaushalten, obwohl die absoluten Belastungsdifferenzen hier wesentlich größer sind als in unteren BHE-Bereichen.

Aus Tabelle 18 ist ersichtlich, auf welche Maßnahmen die dargestellten Belastungs- bzw. Begünstigungsunterschiede vor allem zurückzuführen sind.

Generell begünstigt werden sog. Doppelverdienerhaushalte durch eine etwas geringere ESt-Schuld aufgrund des zusätzlichen Arbeitnehmer- und Weihnachtsfreibetrags bzw. eventuell höherer Vorsorgeaufwendungen. Ferner besteht für die Ehefrau ein zusätzlicher Anspruch auf Arbeitnehmersparzulage

---

41 Davon zu unterscheiden ist die Fragestellung, wie sich die Belastung bzw. Begünstigung durch das zusätzliche Einkommen der Ehefrau bei gleichbleibendem Einkommen des Ehemanns verändert. Hierbei handelt es sich wiederum um eine Marginalbetrachtung bei zunehmendem Haushaltseinkommen. Wie die Behandlung der Grenzbelastungen gezeigt hat, ist das Ausmaß der zusätzlichen Belastung zum einen sehr stark davon abhängig, um welchen Haushaltstyp es sich handelt und wie hoch das Haushaltseinkommen vor Erhöhung (hier das Einkommen des Ehemannes) ist. Zum anderen ist die Höhe des zusätzlichen Einkommens der Ehefrau für die Belastungszunahme entscheidend.

Doppelverdienereffekte[1] bei ausgewählten Haushalten

Tabelle 17

| Haushaltstyp | | Basishaushaltseinkommen in DM/Monat | | | | | | |
|---|---|---|---|---|---|---|---|---|
| lfd.Nr. | typische Merkmale | 1ooo | 2ooo | 3ooo | 4ooo | 5ooo | 76oo | 1oooo |
| | | Durchschnittsbelastungen bzw. -begünstigungen[1] in vH des BHE | | | | | | |
| A2-2-16o | Zwei-Personen-Arbeitnehmerhaushalt ohne Kinder | +1o,9 | +1,8 | +o,2 | -2,o | -3,1 | -3,3 | -3,o |
| A4-2-15o | Vier-Personen-Arbeitnehmerhaushalt, 2 Vorschulkinder | +11,o | +2,6 | +o,5 | -1,3 | -2,7 | -3,1 | -2,8 |
| A4-2-4oo | Vier-Personen Arbeitnehmerhaushalt, 2 Auszubildende | - | +1,9 | +1,5 | -o,2 | -1,o | -2,6 | -2,6 |
| A4-2-1254 | Vier-Personen-Arbeitnehmerhaushalt, 1 älterer Schüler, 1 Student (auswärts untergebracht) | +11,o | +4,4 | +3,7 | -o,1 | -2,2 | -3,o | -2,8 |
| A6-2-95o | Sechs-Personen-Arbeitnehmerhaushalt, 4 Studenten (auswärts untergebracht) | +13,8 | +6,9 | +3,3 | -o,2 | -o,7 | -2,5 | -2,3 |
| | | Umverteilungssaldo[1] in DM/Monat | | | | | | |
| A2-2-16o | Zwei-Personen-Arbeitnehmerhaushalt ohne Kinder | +1o9 | + 35 | + 5 | - 8o | -156 | -253 | -294 |
| A4-2-15o | Vier-Personen-Arbeitnehmerhaushalt, 2 Vorschulkinder | +11o | + 51 | + 16 | - 58 | -138 | -258 | -3o5 |
| A4-2-4oo | Vier-Personen Arbeitnehmerhaushalt, 2 Auszubildende | - | + 38 | + 46 | - 8 | - 56 | -223 | -282 |
| A4-2-1254 | Vier-Personen-Arbeitnehmerhaushalt, 1 älterer Schüler, 1 Student (auswärts untergebracht) | +11o | + 88 | +112 | - 1 | -114 | -26o | -3o5 |
| A6-2-95o | Sechs-Personen-Arbeitnehmerhaushalt, 4 Studenten (auswärts untergebracht) | +138 | +138 | + 98 | - 5 | - 36 | -239 | -271 |

Eigene Berechnungen; Rechtsstand 3o.o6.1977.- [1]Belastung (-) bzw. Begünstigung (+) des Doppelverdienerhaushalts abzüglich Belastung bzw. Begünstigung des vergleichbaren Alleinverdienerhaushalts.

RWI ESSEN

und ggf. auf zusätzliche Prämien aus der vermögenswirksamen Anlage sowie – in unteren Einkommensbereichen – ein höherer Sozialhilfeanspruch[42].

Für Haushalte mit Kindern, die nach BAFöG förderungsfähig sind, kann sich außerdem in mittleren BHE-Bereichen der BAFöG-Anspruch erhöhen. Zum einen erhalten sie einen zusätzlichen Freibetrag von monatlich 180 DM, zum anderen vermindert sich durch den doppelten Arbeitnehmer- und Weihnachtsfreibetrag der Gesamtbetrag der Einkünfte und damit das auf die Bedarfssätze anzurechnende Einkommen – allerdings abgeschwächt durch die leicht reduzierte ESt-Schuld und Sozialversicherungspauschale. Da die BAFöG-Förderung für jeden Haushalt durch den jeweiligen Hochstförderungsbetrag nach oben begrenzt ist, kann dieser Doppelverdienereffekt allerdings nur oberhalb des Vollförderungsbereichs und lediglich in dem Ausmaß wirksam werden, wie die Teilförderung den Höchstbetrag unterschreitet. Infolgedessen beschränkt sich diese BAFöG-Anhebung auf mittlere Einkommensbereiche. Sie wird allerdings ggf. teilweise kompensiert durch einen – aufgrund der höheren BAFöG-Förderung – geringeren Ausbildungsfreibetrag.

Den genannten Begünstigungen der Doppelverdienerhaushalte steht aber eine teilweise erhebliche Schlechterstellung durch zusätzliche GKV-Beiträge gegenüber[43]. Wie Tabelle 18 zeigt, werden dadurch in mittleren und höheren BHE-Bereichen (ab 4 000 DM) die positiven Doppelverdienereffekte überkompensiert. Unter der hier getroffenen Annahme, daß die Einkommen beider Ehegatten mit dem BHE zunehmen, ist die GKV-Beitragsbelastung der Doppelverdienerhaushalte bis zum Erreichen des Höchstbeitrages für den Alleinverdiener nur geringfügig höher. Oberhalb dieses BHE-Bereiches nehmen aber die Beiträge des Doppelverdienerhaushalts zunächst in gleichem Tempo weiter zu. Mit dem Erreichen des Höchstbeitrages für den höher verdienenden Ehegatten vermindert sich der Zuwachs der GKV-Beiträge auf das Maß der weiter zunehmenden Beiträge des zweiten Ehegatten, bis auch hierfür der Höchstbeitrag erreicht ist[44]. Da sich beide Arbeitnehmer-Ehegatten eigenständig versichern müssen, können die GKV-Beiträge der Doppelverdienerhaushalte bei gleichem Versicherungsschutz fast doppelt so hoch werden wie bei Alleinverdienerhaushalten[45].

---

42 Wie Tabelle 18 zeigt, handelt es sich bei dieser Sozialhilfedifferenz bei Haushalten mit einem BHE von 1 000 DM zwar um den bedeutsamsten Doppelverdienereffekt; es ist aber zu berücksichtigen, daß Haushalte, in denen beide Ehegatten erwerbstätig sind, überwiegend nicht mehr in den für die Sozialhilfe relevanten Einkommensbereich fallen dürften.

43 Sie wird allerdings durch einen um den Krankengeldanspruch der Ehefrau höheren Versicherungsschutz etwas abgeschwächt. Bei nur geringen Beitragsdifferenzen ergibt sich deshalb in unteren BHE-Bereichen noch ein leicht positiver Doppelverdienereffekt bei der GKV (vgl. Tabelle 18).

44 Bei welchem BHE die Höchstbeiträge der beiden Ehegatten erreicht werden, hängt vom Aufteilungsverhältnis des BHE auf die Ehegatten ab. Hier wurde generell von einer Relation 2/3 zu 1/3 ausgegangen. Die Überprüfung der Auswirkungen veränderter Aufteilungsverhältnisse hat ergeben, daß sich die Durchschnittsbelastungen lediglich in mittleren BHE-Bereichen geringfügig verändern.

45 Alleinverdiener können die Ehefrau und weitere Familienmitglieder mitversichern, nach Erreichen der Beitragsbemessungsgrenze für einen geringen Beitragszuschlag (Annahme hier: 20 DM monatlich).

Doppelverdienereffekte[1] bei ausgewählten Haushalten nach Einzelmaßnahmen

Tabelle 18

| Haushaltstyp | | Begünstigungs- bzw. Belastungsunterschiede[1] | | | | | |
|---|---|---|---|---|---|---|---|
| | | Umverteilungssaldo insgesamt | darunter durch: | | | | |
| lfd. Nr. | typische Merkmale | | ESt[2] | GKV[3] | Sozialhilfe[4] | Sparförderung[5] | Ausbildungsförderung[6] |
| | | bei 1ooo DM BHE monatlich | | | | | |
| A2-2-16o | Zwei-Personen-Arbeitnehmerhaushalt ohne Kinder | +1o9 | +12 | +14 | +71 | +14 | - |
| A4-2-15o | Vier-Personen-Arbeitnehmerhaushalt, 2 Vorschulkinder | +11o | +12 | +14 | +72 | +14 | - |
| A4-2-4oo | Vier-Personen Arbeitnehmerhaushalt, 2 Auszubildende | - | - | - | - | - | - |
| A4-2-1254 | Vier-Personen-Arbeitnehmerhaushalt, 1 älterer Schüler, 1 Student (auswärts untergebracht) | +11o | +12 | +14 | +72 | +14 | - |
| A6-2-95o | Sechs-Personen-Arbeitnehmerhaushalt, 4 Studenten (auswärts untergebracht) | +138 | +12 | +14 | +72 | +19 | - |
| | | bei 3ooo DM BHE monatlich | | | | | |
| A2-2-16o | Zwei Personen-Arbeitnehmerhaushalt ohne Kinder | + 5 | +2o | -38 | - | +25 | - |
| A4-2-15o | Vier-Personen-Arbeitnehmerhaushalt, 2 Vorschulkinder | + 16 | +2o | -38 | - | +24 | - |
| A4-2-4oo | Vier-Personen-Arbeitnehmerhaushalt, 2 Auszubildende | + 46 | +12 | +14 | - | +15 | - |
| A4-2-1254 | Vier-Personen-Arbeitnehmerhaushalt, 1 älterer Schüler, 1 Student (auswärts untergebracht) | +112 | +2o | -38 | - | +25 | +1o7 |
| A6-2-95o | Sechs-Personen-Arbeitnehmerhaushalt, 4 Studenten (auswärts untergebracht) | + 98 | +2o | -38 | - | +21 | + 76 |
| | | bei 5ooo DM BHE monatlich | | | | | |
| A2-2-16o | Zwei Personen-Arbeitnehmerhaushalt ohne Kinder | -158 | + 8 | -174 | - | - | - |
| A4-2-15o | Vier-Personen-Arbeitnehmerhaushalt, 2 Vorschulkinder | -138 | +42 | -194 | - | - 5 | - |
| A4-2-4oo | Vier-Personen-Arbeitnehmerhaushalt, 2 Auszubildende | - 56 | +5o | -14o | - | + 7 | - |
| A4-2-1254 | Vier-Personen-Arbeitnehmerhaushalt, 1 älterer Schüler, 1 Student (auswärts untergebracht) | -114 | +42 | -194 | - | + 6 | + 66 |
| A6-2-95o | Sechs-Personen-Arbeitnehmerhaushalt, 4 Studenten (auswärts untergebracht) | - 36 | +65 | -194 | - | + 9 | + 29 |

Eigene Berechnungen, Rechtsstand 3o.o6.1977.- [1]Umverteilungseffekt bei Doppelverdienerhaushalten abzüglich Umverteilungseffekt bei Alleinverdienerhaushalten.- [2]Ohne Sonderbegünstigungen.- [3]Saldo aus Beitrag und durchschnittlicher Versicherungsleistung.- [4]Ggf. einschließlich Wohngeld.- [5]Arbeitnehmersparzulage und ggf. Prämien bzw. Sonderausgabenabzug von Bausparbeiträgen.

RWI ESSEN

Bei einem Vergleich der Doppelverdienereffekte zwischen Haushaltstypen, die sich nach Kinderzahl sowie Alter und Ausbildungsart der Kinder unterscheiden, zeigen sich bei niedrigem und hohem BHE nur geringe Belastungs- bzw. Begünstigungsdifferenzen. In mittleren BHE-Bereichen weisen die Umverteilungseffekte dagegen stärkere Unterschiede auf, die primär bei der Ausbildungsförderung begründet liegen (vgl. Tabelle 18).

Der relative Freibetrag für die Einkommensanrechnung bei BAFöG bewirkt, daß sich die Ausbildungsförderung bei Doppelverdiener- gegenüber Alleinverdienerhaushalten um so stärker erhöht, je geringer die Zahl der Kinder ist, für die ein Freibetrag gewährt wird.

Eine Besonderheit ergibt sich bei Haushalten mit Auszubildenden daraus, daß aufgrund der Ausbildungsvergütung das Einkommen der Eltern hier entsprechend geringer ist als bei Haushalten mit gleich hohem BHE, in denen die Kinder aber kein eigenes Einkommen beziehen. Aus dem vergleichsweise geringen Arbeitnehmereinkommen der Eltern resultiert vor allem eine Verschiebung der oben beschriebenen Doppelverdienereffekte bei der GKV in höhere BHE-Bereiche.

## 5. Der Einfluß des Vermögens

Die Annahme eines hohen Vermögens hat lediglich in unteren Einkommensbereichen und ggf. bei Haushalten mit BAFöG-Anspruch nennenswerte Veränderungen der Umverteilungseffekte gegenüber Haushalten mit geringem Vermögen zur Folge. In den unteren Einkommensklassen ergeben sich erhebliche Auswirkungen dadurch, daß der vermögende Haushalt keine Sozialhilfe in Anspruch nehmen kann (vgl. Tabelle 19). Ansonsten ist in diesen Bereichen die Durchschnittsbegünstigung des vermögenden Haushalts sogar etwas höher als beim vergleichbaren Haushalt mit geringem Vermögen; dies ergibt sich aber lediglich aus der unterschiedlichen Zusammensetzung des BHE[46]. Umgekehrt liegt der Fall bei den höheren Einkommensklassen, in denen die Vermögensteuerpflicht zu einer etwas höheren Durchschnittsbelastung des vermögenden Haushalts führt. Unter den hier getroffenen Annahmen hat die Vermögensteuer eine Erhöhung der Durchschnittsbelastung um 1 bis 2 Prozentpunkte zur Folge.

Wesentlich stärkere Effekte können sich ergeben, wenn die Vermögensteuerpflicht dazu führt, daß eventuell in Ausbildung befindlichen Kindern kein BAFöG mehr gezahlt wird. Die an dem Beispiel in Tabelle 19 ab 3 000 DM BHE zu erkennende drastische Schlechterstellung des vermögenden Haushalts ist im wesentlichen auf den Wegfall von BAFöG beim Eintreten der Vermögensteuerpflicht zurückzuführen. Da bei dem vergleichbaren Haushalt mit geringem Vermögen die BAFöG-Förderung mit zunehmendem Einkommen abnimmt, wird dieser negative Effekt für den vermögenden Haushalt geringer und entfällt in Ein-

[46] Sie hat in diesen Einkommensbereichen geringere GKV-Beiträge und eine bessere Ausnutzung des Sparerfreibetrages zur Folge.

Die Auswirkungen unterschiedlicher Vermögensannahmen bei ausgewählten Haushalten[1]

Tabelle 19

| Haushaltstyp | | Basishaushaltseinkommen in DM/Monat | | | | | | |
|---|---|---|---|---|---|---|---|---|
| lfd.Nr. | typische Merkmale | 1ooo | 2ooo | 3ooo | 4ooo | 5ooo | 76oo | 1oooo |
| | | Umverteilungssaldo in DM/Monat | | | | | | |
| A-4-1-5o1 | geringes Vermögen | 143o | 782 | 145 | -375 | -971 | -2353 | -3484 |
| A-4-1-552 | hohes Vermögen | 1266 | 831 | -532 | -852 | -1251 | -2483 | -3698 |
| | | Veränderung der Umverteilungssalden in DM/Monat[2] | | | | | | |
| | | -164 | +49 | -677 | -477 | -28o | -85 | -214 |
| | | Durchschnittseffekte in vH | | | | | | |
| A-4-1-5o1 | geringes Vermögen | +143,o | +39,1 | + 4,8 | - 9,4 | -19,4 | -31,3 | -35,o |
| A-4-1-552 | hohes Vermögen | +126,3 | +41,6 | -17,7 | -21,4 | -25,1 | -33,o | -37,1 |
| | | Veränderung der Durchschnittseffekte in vH-Punkten[2] | | | | | | |
| | | - 16,7 | + 2,5 | -22,5 | -12,o | - 5,7 | - 1,7 | - 2,1 |

Eigene Berechnungen; Rechtsstand 31.o6.1977.- [1]Vier-Personen-Arbeitnehmer-Haushalte mit zwei auswärts wohnenden Studenten.- [2]A-4-1-552 abzüglich A-4-1-5o1.

RWI ESSEN

kommensbereichen völlig, in denen auch der Vergleichshaushalt kein BAFöG mehr erhält. Abgeschwächt wird dieser Effekt eventuell durch einen auf Grund des geringeren BAFöG-Zuschusses höheren Ausbildungsfreibetrag.

Sowohl für die Lage der Schwelle, an der BAFöG wegfällt, als auch für die Höhe des Effektes lassen sich keine eindeutigen Größenordnungen angeben. Bei welcher BHE-Stufe die Vermögensteuerpflicht entsteht und wie hoch die damit verbundenen negativen Umverteilungseffekte sind, hängt von der speziellen Vermögensannahme und der Höhe der jeweils wegfallenden Ausbildungsförderung ab.

## 6. Der Einfluß des Anlageverhaltens

In den Modellrechnungen wurde hinsichtlich der Wahl der Sparform generell davon ausgegangen, daß ein Haushalt die Sparform wählt, durch die er die größte Begünstigung erzielen kann. Außerdem wurde unterstellt, daß die Haushalte bis zu 10 vH ihres BHE in einer durch die Sparförderung begünstigten Form anlegen. Diese Annahme ist insofern problematisch, als es einerseits den Haushalten mit geringem BHE schwerfallen wird, diesen Betrag zu sparen, und andererseits Haushalte mit einem hohen BHE einen größeren Betrag bereitstellen können. Es stellt sich also die Frage, welchen Einfluß die Höhe der Anlagemittel auf den Umverteilungssaldo hat. Dazu wurden für ausgewählte Haushalte die Umverteilungssalden zusätzlich mit folgenden alternativen Sparfunktionen ermittelt:

- Der Haushalt nutzt die Sparförderung voll aus (maximale Anlage),
- der Anteil der begünstigt angelegten Mittel ist variabel, und zwar in unteren Einkommensbereichen geringer als bei höheren Haushaltseinkommen (variable Anlage)[47].

Als Ergebnis kann festgestellt werden, daß Unterschiede zwischen den Umverteilungssalden bei maximaler Anlage, 10 vH-Anlage und variabler Anlage nur in den unteren BHE-Bereichen auftreten. Sie sind allerdings auch dort von relativ geringer Bedeutung.

## 7. Die Umverteilungseffekte der Förderung von Fortbildung und Umschulung

Nimmt ein Haushaltsangehöriger an einer Fortbildungs- oder Umschulungsmaßnahme teil, erhält er bei ganztägiger Weiterbildung nach dem AFG ein Unterhaltsgeld, das ihm sein bisheriges Arbeitseinkommen z. T. ersetzt[48]. Die Höhe

---

[47] Dabei wurde von einem einkommensunabhängigen Sockelbetrag von 50 DM je Haushalt ausgegangen; dies entspricht etwa den vermögenswirksamen Leistungen eines Arbeitnehmers (vgl. auch Anhang XII.3.).

[48] Außerdem wurden ihm bestimmte mit der Weiterbildung verbundene Kosten erstattet (s. Anhang VIII.2.).

des Unterhaltsgeldes hängt im wesentlichen von dem vorher erzielten Einkommen ab. Es soll deshalb untersucht werden, welche Umverteilungseffekte sich im Zusammenhang mit dem Unterhaltsgeld bei unterschiedlicher Höhe des ursprünglichen Arbeitseinkommens ergeben. Das zunehmende Gesamt-BHE enthält aber nicht nur dieses vorherige Arbeitseinkommen (als fiktiven Bestandteil), sondern auch effektive Einkommensbestandteile, z. B. Einkommen aus Kapitalvermögen und gegebenenfalls Einkommen aus Vermietung sowie effektives Einkommen aus unselbständiger Arbeit der Ehefrau. Das Einkommen nach Umverteilung erhält man, wenn zu dem effektiven Einkommen der Umverteilungssaldo addiert wird; die fiktiven Einkommensbestandteile werden dagegen nicht berücksichtigt, da sie dem Haushalt nicht zur Verfügung stehen[49].

Vergleicht man einen Arbeitnehmerhaushalt mit einem Haushalt, der die Förderung nach dem AFG in Anspruch nimmt und vor Beginn der Weiterbildungsmaßnahme einen gleich hohen Verdienst hatte, ergibt sich bei letzterem ein sehr viel höheres staatliches Zusatzeinkommen (vgl. Tabelle 20). Bei der Interpretation dieses Ergebnisses muß allerdings berücksichtigt werden, daß der Haushalt in Weiterbildung auf seine bisherige Einkommensquelle verzichtet. Da die staatliche Ersatzleistung diesen Einkommensverzicht nicht voll ausgleicht, liegt sein Einkommen nach Umverteilung durchweg unter dem des vergleichbaren Erwerbstätigenhaushalts. Das Unterhaltsgeld nach dem AFG hat insofern einen anderen Charakter als alle übrigen Maßnahmen dieser Untersuchung.

Wie Tabelle 20 zeigt, steigt die Förderung nach dem AFG mit zunehmendem BHE bis auf einen Höchstbetrag von 1 415 DM an. Die maximale Förderung wird an der im AFG vorgesehenen Leistungsbemessungsgrenze erreicht. Bei einem BHE von 1 000 DM erhält der Haushalt wegen seines geringen effektiven BHE zum Unterhaltsgeld noch Sozialhilfe von über 200 DM. Der Anspruch auf Wohngeld und auf eine Sozialwohnung bleibt ihm bis zur höchsten BHE-Stufe erhalten, da das dafür relevante Einkommen zu gering ist. Außerdem ist der Haushalt nicht mit Einkommensteuer und GKV-Beiträgen belastet. Dies führt dazu, daß die Differenzen im Umverteilungssaldo zwischen dem Erwerbstätigenhaushalt und dem Haushalt in Fortbildung bzw. Umschulung mit steigendem Einkommen beträchtlich zunehmen.

Beim Vergleich der Einkommen nach Umverteilung wird allerdings deutlich, daß der Haushalt durch seine Weiterbildungsaktivität trotz erheblicher staatlicher Förderung auf Einkommen verzichten muß. Diese Diskrepanzen werden insbesondere in den Einkommensbereichen beachtlich, in denen das Unterhaltsgeld bereits seinen Höchstbetrag erreicht hat.

In Tabelle 21 sind Haushalte, in denen der Ehemann an Fortbildungs- bzw. Umschulungsmaßnahmen teilnimmt, gegenübergestellt. Sie unterscheiden sich in Bezug auf Merkmale wie Vermögen, Hauseigentum, Erwerbstätigkeit der Ehefrau, Unterbringungsart usw.

---

49 Durchschnittseffekte und Grenzeffekte werden nicht ausgewiesen, da sie mit denen anderer Haushaltstypen nicht vergleichbar sind.

Umverteilungseffekte bei beruflicher Fortbildung bzw. Umschulung
- Zwei-Personen-Haushalte mit einem Verdiener[1] -
(in DM monatlich)

Tabelle 2o

| Haushaltstyp lfd.Nr. | Haushaltstyp typ. Merkmale | Umverteilungssalco Niveau | Umverteilungssalco Differenz[2] | Einkommen nach Umverteilung Niveau | Einkommen nach Umverteilung Differenz[2] | Unterhaltsgeld nach dem AFG[3] |
|---|---|---|---|---|---|---|
| | | bei 1ooo DM Basishaushaltseinkommen monatlich | | | | |
| A-2-1-o1oo | erwerbstätig | + 12o | | +1 12o | | |
| A-2-1-o4oo | in Weiterbildung | + 956 | + 836 | + 973 | - 147 | + 546 |
| | | bei 2ooo DM Basishaushaltseinkommen monatlich | | | | |
| A-2-1-o1oo | erwerbstätig | - 439 | | +1 561 | | |
| A-2-1-o4oo | in Weiterbildung | + 899 | +1 338 | + 92o | - 641 | + 934 |
| | | bei 3ooo DM Basishaushaltseinkommen monatlich | | | | |
| A-2-1-o1oo | erwerbstätig | - 848 | | +2 152 | | |
| A-2-1-o4oo | in Weiterbildung | +1 162 | +2 o1o | +1 187 | - 965 | +1 325 |
| | | bei 5ooo DM Basishaushaltseinkommen monatlich | | | | |
| A-2-1-o1oo | erwerbstätig | -1 671 | | +3 329 | | |
| A-2-1-o4oo | in Weiterbildung | +1 o99 | +2 77o | +1 132 | -2 197 | +1 415 |
| | | bei 1oooo DM Basishaushaltseinkommen monatlich | | | | |
| A-2-1-o1oo | erwerbstätig | -4 o41 | | +5 959 | | |
| A-2-1-o4oo | in Weiterbildung | + 948 | +4 989 | +1 oo1 | -4 958 | +1 415 |

Eigene Berechnungen, Rechtsstand 3o.o6.1977.- [1]Bei Förderung durch AFG bedeutet dies, daß der ursprüngliche Alleinverdiener sich in Fortbildung bzw. Umschulung befindet.- [2]Werte für Haushalt A-2-1-o4oo abzüglich der Werte für Haushalt A-2-1-o1oo.- [3]Förderung inklusive Kostenerstattungen.

RWI ESSEN

Umverteilungseffekte bei verschiedenen Haushalten in beruflicher Fortbildung bzw. Umschulung (in DM monatlich)

Tabelle 21

| Haushaltstyp lfd.Nr. | typ. Merkmale | Umverteilungssaldo Niveau | Umverteilungssaldo Differenz[1] | Einkommen nach Umverteilung Niveau | Einkommen nach Umverteilung Differenz[1] | Unterhaltsgeld nach dem AFG[2] |
|---|---|---|---|---|---|---|
| | | bei 2ooo DM Basishaushaltseinkommen monatlich | | | | |
| A-2-1-o4oo | Alleinverdiener[3] | + 899 | | + 92o | | + 934 |
| A-2-1-o4o2 | hohes Vermögen | + 749 | - 15o | +1 136 | + 216 | + 793 |
| A-2-1-o4o3 | Einfam.-Haus | + 8o8 | - 91 | + 789 | - 134 | + 95o |
| A-2-2-o4oo | Doppelverdiener[3] | + 589 | - 31o | +1 263 | + 343 | + 682 |
| A-3-1-o6oo | ein Kind | +1 125 | + 226 | +1 146 | + 226 | + 934 |
| | | bei 3ooo DM Basishaushaltseinkommen monatlich | | | | |
| A-2-1-o4oo | Alleinverdiener[3] | +1 162 | | +1 187 | | +1 325 |
| A-2-1-o4o2 | hohes Vermögen | + 921 | - 241 | +1 468 | + 281 | +1 114 |
| A-2-1-o4o3 | Einfam.-Haus | +1 1o3 | - 59 | +1 o88 | - 99 | +1 341 |
| A-2-2-o4oo | Doppelverdiener[3] | + 653 | - 5o9 | +1 66o | + 473 | + 934 |
| A-3-1-o6oo | ein Kind | +1 245 | + 83 | +1 27o | + 83 | +1 325 |
| | | bei 4ooo DM Basishaushaltseinkommen monatlich | | | | |
| A-2-1-o4oo | Alleinverdiener[3] | +1 17o | | +1 199 | | +1 415 |
| A-2-1-o4o2 | hohes Vermögen | +1 1o4 | - 66 | +1 811 | + 612 | +1 415 |
| A-2-1-o4o3 | Einfam.-Haus | +1 1o7 | - 63 | +1 o96 | - 1o3 | +1 415 |
| A-2-2-o4oo | Doppelverdiener[3] | + 74o | - 43o | +2 o8o | + 881 | +1 199 |
| A-3-1-o6oo | ein Kind | +1 227 | + 57 | +1 256 | + 57 | +1 415 |
| | | bei 5ooo DM Basishaushaltseinkommen monatlich | | | | |
| A-2-1-o4oo | Alleinverdiener[3] | +1 o99 | | +1 132 | | +1 415 |
| A-2-1-o4o2 | hohes Vermögen | +1 o11 | - 88 | +1 878 | + 746 | +1 415 |
| A-2-1-o4o3 | Einfam.-Haus | +1 o59 | - 4o | +1 o52 | - 8o | +1 415 |
| A-2-2-o4oo | Doppelverdiener[3] | + 756 | - 343 | +2 428 | +1 296 | +1 415 |
| A-3-1-o6oo | ein Kind | +1 177 | + 78 | +1 21o | + 78 | +1 415 |
| | | bei 1oooo DM Basishaushaltseinkommen monatlich | | | | |
| A-2-1-o4oo | Alleinverdiener[3] | + 948 | | +1 oo1 | | +1 415 |
| A-2-1-o4o2 | hohes Vermögen | + 577 | - 371 | +2 244 | +1 243 | +1 415 |
| A-2-1-o4o3 | Einfam.-Haus | + 89o | - 58 | + 9o2 | - 99 | +1 415 |
| A-2-2-o4oo | Doppelverdiener[3] | + 139 | - 8o9 | +3 475 | +2 474 | +1 415 |
| A-3-1-o6oo | ein Kind | +1 o86 | + 138 | +1 139 | + 138 | +1 415 |

Eigene Berechnungen, Rechtsstand 3o.o6.1977.- [1]Werte für die Varianten abzüglich der Werte für den Grundtyp (A-2-1-o4oo).- [2]Förderung inklusive Kostenerstattungen.- [3]Alleinverdiener bedeutet hier, daß der vormals einzige Verdiener des Haushalts sich in Fortbildung bzw. Umschulung befindet. Doppelverdiener heißt hier, daß vor Beginn der Fortbildung bzw. Umschulung beide Ehegatten verdient haben und nun ein Haushaltsmitglied an einer Weiterbildungsmaßnahme teilnimmt, während das zweite erwerbstätig ist.

Ist das Haushaltsmitglied, das sich weiterbildet, auswärts untergebracht, erhöht sich der Umverteilungssaldo im Vergleich zum zu Hause wohnenden um monatlich 490 DM, unabhängig von der Einkommenshöhe[50].

Hat ein Haushalt hohes Vermögen, entsteht eine negative Differenz im Umverteilungssaldo. Der Haushalt erhält erstens bei gleich hohem BHE ein niedrigeres Unterhaltsgeld aufgrund seines – um das höhere Vermögenseinkommen – geringeren vorherigen Bruttolohns. Zweitens ist sein Anspruch auf Wohngeld und Sozialwohnung geringer, und er wird einkommensteuerpflichtig, da er ein höheres Effektiveinkommen als der Haushalt mit nur geringem Vermögen hat. Außerdem kommt bei hohem BHE die Belastung mit Vermögensteuer hinzu.

Bei einem Haushalt, der ein Einfamilienhaus besitzt, unterscheiden sich die Umverteilungseffekte nur unwesentlich von denen für den vergleichbaren Haushalt mit einer Mietwohnung. Die auftretenden Differenzen sind in erster Linie dadurch bedingt, daß der Hausbesitzer kein Wohngeld erhält und keinen Anspruch auf eine Sozialwohnung hat.

Die Umverteilungseffekte bei sog. Doppelverdienerhaushalten weisen dagegen erhebliche Unterschiede zu denen von Alleinverdienern auf[51]. Das Unterhaltsgeld ist erheblich geringer, als im vergleichbaren Alleinverdienerfall, da der Förderung allein der Bruttolohn des Ehemanns zugrundeliegt, der in diesem Fall nur einen Teil des BHE ausmacht. Der Haushalt erreicht den Höchstförderungsbetrag daher entsprechend später. Die weiteren, in oberen Einkommensbereichen auftretenden Differenzen beruhen hauptsächlich darauf, daß die verdienende Ehefrau GKV-Beiträge und Einkommensteuer zu zahlen hat. Die zusätzlichen Veränderungen der Umverteilungseffekte durch die Arbeitnehmersparzulage der Ehefrau einerseits und das – wegen des höheren effektiven Einkommens – geringere Wohngeld andererseits kompensieren sich z. T. und haben somit nur geringes Gewicht.

Zusätzliche Kinder haben hier ähnliche Wirkungen wie bei vergleichbaren Arbeitnehmerhaushalten. Bei niedrigem Einkommen ergeben sich erhebliche positive Differenzen zum Zwei-Personen-Haushalt, weil für Kinder Sozialhilfe geleistet wird. Außerdem erhält der Haushalt Kindergeld und bis in die oberen Einkommensbereiche ein höheres Wohngeld. Diese positiven Effekte sind stärker als die negativen durch höhere indirekte Steuern. Beim Unterhaltsgeld selbst macht sich bei den gewählten Einkommensstufen kein Unterschied bemerkbar.

---

50 Es handelt sich hierbei um Kostenerstattungen wegen auswärtiger Unterbringung und anfallender Lehrgangskosten. Dieser Haushalt ist nicht in Tabelle 21 ausgewiesen, da sich die positive Umverteilungssaldodifferenz nicht mit steigendem Einkommen verändert.

51 Doppelverdiener heißt hier, daß beide Ehegatten verdient haben, bevor der Ehemann die Fortbildungs- bzw. Umschulungsmaßnahme begann und damit als Verdiener ausfiel. Alleinverdiener bedeutet entsprechend, daß der sich weiterbildende Ehemann vorher allein verdient hat.

## 8. Die Umverteilungseffekte bei Rentnerhaushalten

### a) Begünstigungen und Belastungen bei Rentnern

Rentnerhaushalte sind in der Regel dadurch gekennzeichnet, daß sie primär wegen des geringen zu versteuernden Ertragsanteils der Renten keine oder nur vernachlässigbar geringe Steuern und keine Beiträge zur gesetzlichen Krankenversicherung zahlen. Außerdem entfallen bei Rentnern i. d. R. alle kinderbezogenen Transfers (z. B. Kindergeld, Ausbildungsförderung u. ä.). Demnach verbleiben als gewichtige Begünstigungs- und Belastungsmaßnahmen nur noch der Krankenversicherungsschutz, die Sozialtransfers (Sozialhilfe, Wohngeld und Sozialwohnung) und die indirekten Steuern[52].

Der durchschnittliche Krankenversicherungsschutz ist vom Einkommen unabhängig und wird hier bei alleinstehenden Rentnern mit 150 DM monatlich und bei Rentnerehepaaren mit 300 DM monatlich angesetzt. Da die Rentner keine Beiträge zur Krankenversicherung leisten, stellt der durchschnittliche Versicherungsschutz für sie in voller Höhe eine Begünstigung dar. Die Belastung mit indirekten Steuern nimmt mit steigendem Basishaushaltseinkommen absolut zu; ihr Anteil am BHE - die Durchschnittsbelastung - sinkt jedoch von 14 bis 16 vH bei 1 000 DM auf 8 bis 10 vH bei 4 000 DM BHE ab.

In den unteren Einkommensbereichen sind neben dem Krankenversicherungsschutz und den indirekten Steuern die Sozialhilfe und das Wohngeld von großer Bedeutung. Wie Tabelle 22 zeigt, sind beide Sozialtransfers hier so hoch, daß bei einem BHE von 500 DM das Einkommen der Rentnerehepaare mehr als verdoppelt wird. Auch die Funktion der Sozialhilfe als Garantie für das Existenzminimum ist deutlich erkennbar. In dem Bereich von 500 bis etwa 1 100 DM BHE wird jeder Einkommenszuwachs von einer entsprechenden Verminderung der Sozialhilfe begleitet; dabei wird das Einkommen nach Umverteilung bei Alleinstehenden auf einem fast unveränderten Niveau von etwa 1 000 DM und bei Ehepaaren auf einem Niveau von fast 1 300 DM gehalten[53].

Abgesehen von dem Bereich, in dem die erwähnten Sozialtransfers wirken, sind die gesamten Umverteilungseffekte - im Begünstigungs- und Belastungsbereich - bei Rentnern i. d. R. relativ niedrig. Ab einer BHE-Stufe von 1 100 DM liegt ihre Durchschnittsbegünstigung durchweg unter 20 vH. Sie sinkt mit zunehmendem Einkommen ab bis auf eine Durchschnittsbelastung von maximal 3 vH bei Ehepaaren und 6 vH bei alleinstehenden Rentnern (bei 4 000 DM BHE).

---

52 Wegen der empirischen Bedeutung von Rentnerhaushalten mit geringem Einkommen ist es sinnvoll, die Wirkung dieser staatlichen Umverteilungsmaßnahmen bereits ab einer BHE-Stufe von 500 DM monatlich zu betrachten und nicht über ein Einkommen von 4 000 DM monatlich hinauszugehen.

53 In diesem Bereich treten daher auch die einzigen bemerkenswerten Grenzbelastungen (nahe 100 vH) auf. Nach dem Auslaufen der Sozialhilfe und des Wohngeldes sinken die Grenzeffekte bei Rentnern auf 5 bis 11 vH ab. In weiten Bereichen sind diese Effekte ausschließlich auf die Zunahme der indirekten Steuern zurückzuführen, unterbrochen durch den Wegfall der Sozialwohnungsbegünstigung (beim Alleinstehenden bei 1 500 DM BHE und bei Ehepaaren bei 2 300 DM BHE).

Sozialhilfe und Wohngeld bei Rentnerhaushalten
in unteren Einkommensbereichen
(in DM/Monat)

Tabelle 22

| Haushaltstyp | | Einkommen nach Umverteilung | | | Sozialhilfe und Wohngeld | | | Wegfall von Sozialhilfe/ Wohngeld bei einem BHE von ... DM/Monat |
|---|---|---|---|---|---|---|---|---|
| lfd.Nr. | typische Merkmale | BHE in DM/Monat | | | BHE in DM/Monat | | | |
| | | 5oo | 75o | 1ooo | 5oo | 75o | 1ooo | |
| R-1-1-o1oo | Alleinstehender | 984 | 1 324 | 1 223 | 25o | 42 | 2o | 7oo/1 2oo |
| R-2-1-o1oo | Ehepaar | 1 265 | 1 27o | 1 311 | 582 | 334 | 125 | 1 1oo/1 5oo |
| R-2-2-o1oo | Ehepaar(Doppelverdiener)[1] | 1 262 | 1 266 | 1 311 | 578 | 329 | 125 | 1 1oo/1 5oo |

Eigene Berechnungen; Rechtsstand 3o.o6.1977.- [1]Beide Ehegatten beziehen Rente aus früheren Arbeitsverhältnissen.

### b) Vergleich von Rentner- und Arbeitnehmerhaushalten

Wie Tabelle 23 zeigt, bestehen zwischen den Umverteilungseffekten bei Rentner- und vergleichbaren Arbeitnehmerhaushalten erhebliche Unterschiede. Schon bei einem BHE von monatlich 1 000 DM beträgt die Differenz der Durchschnittseffekte - mit Ausnahme der Doppelverdienerhaushalte[54] - fast 20 vH-Punkte und nimmt mit steigendem Einkommen so stark zu, daß sie bei 4 000 DM BHE bei Alleinstehenden etwa 36 vH-Punkte (1 446 DM) und bei Ehepaaren 27 vH-Punkte (1 094 DM) ausmacht.

Aus Tabelle 24 ist ersichtlich, auf welche Maßnahmen diese Unterschiede zurückzuführen sind. Der größte Teil der Besserstellung von Rentnern gegenüber Arbeitnehmern ergibt sich aus der weitgehend fehlenden Belastung der Renteneinkommen mit Einkommensteuer und Beiträgen zur gesetzlichen Krankenversicherung. Da bei Renteneinkommen nur die i. d. R. sehr niedrigen Ertragsanteile[55] besteuert werden und zusätzliche altersbedingte Freibeträge (Altersfreibetrag und ggf. Haushaltsfreibetrag für Alleinstehende ab 50 Jahren) geltend gemacht werden können, zahlt der Rentnerhaushalt praktisch keine Einkommensteuer. Die Steuerpflicht setzt mit sehr geringen Beträgen beim Alleinstehenden erst bei 3 400 DM BHE und bei Rentnerehepaaren erst bei 3 700 DM BHE ein.

Die faktische Entlastung der Renteneinkommen von der Einkommensteuer stellt eine echte Begünstigung der Rentner dar, denn auch die Beiträge, auf denen die Renten beruhen, sind im Erwerbsleben - im Rahmen des Sonderausgabenabzugs von Vorsorgeaufwendungen - weitgehend steuerfrei geblieben. Konsequenterweise müßten die Alterseinkommen unter dieser Voraussetzung in vollem Umfang, d. h. einschließlich ihres Nichtertragsanteils, versteuert werden. Die - allerdings vollständige - Steuerfreiheit der Rentenversicherungsbeiträge im Erwerbsleben einerseits und die volle Besteuerung der Renten andererseits wäre das der Behandlung der Renten und Rentenversicherungsbeiträge in dieser Untersuchung adäquate Verfahren[56]. Denn hier wird davon ausgegangen, daß in Höhe der Rentenversicherungsbeiträge im Erwerbsleben kein Einkommen entsteht, sondern erst bei Bezug der daraus resultierenden Rente im Alter.

Durch die zunehmende Einkommensteuerbelastung von Arbeitnehmern nimmt die steuerliche Begünstigung der Rentner - gegenüber den Arbeitnehmerhaushalten - mit steigendem Einkommen zu. Während diese Differenz bei Rentnerehepaaren in der untersten BHE-Stufe (1 000 DM) mit 46 DM (4,6 vH) noch relativ gering ist, steigt sie bei einem Einkommen von 4 000 DM BHE auf 731 DM

---

54 Doppelverdiener bei Rentnerhaushalten bedeutet, daß beide Ehegatten Rente aus früheren Arbeitsverhältnissen beziehen.

55 In dieser Untersuchung 20 vH der Renten bei Annahme des Rentenbeginns mit 65 Jahren.

56 Grundsätzlich bestünde auch die Möglichkeit, die Beiträge zur Sozialversicherung als Einkommen zu behandeln und sie zu versteuern. Unter diesen Umständen könnten die Renten steuerfrei bleiben.

Vergleich von Rentnern und Arbeitnehmern
bei ausgewählten Haushalten

Tabelle 23

| Haushaltstyp | | Umverteilungssaldo | | Durchschnittseffekt | |
|---|---|---|---|---|---|
| lfd.Nr. | typische Merkmale | in DM/Monat | Differenz[1] in DM/Monat | in vH | Differenz[1] in vH-Punkten |
| | | bei 1ooo DM Basishaushaltseinkommen | | | |
| A-1-1-2oo | Alleinstehender Arbeitnehmer | - 117 | + 19o | - 11,7 | + 19,o |
| R-1-1-1oo | Alleinstehender Rentner | + 73 | | + 7,3 | |
| A-2-1-1oo | Arbeitnehmerehepaar | + 12o | + 191 | + 12,o | + 19,1 |
| R-2-1-1oo | Rentnerehepaar | + 311 | | + 31,1 | |
| A-2-2-16o | Arbeitnehmerehepaar (Doppelverdiener) | + 229 | + 82 | + 22,9 | + 8,2 |
| R-2-2-1oo | Rentnerehepaar (Doppelverdiener)[2] | + 311 | | + 31,1 | |
| | | bei 2ooo DM Basishaushaltseinkommen | | | |
| A-1-1-2oo | Alleinstehender Arbeitnehmer | - 657 | + 565 | - 32,9 | + 28,3 |
| R-1-1-1oo | Alleinstehender Rentner | - 92 | | - 4,6 | |
| A-2-1-1oo | Arbeitnehmerehepaar | - 439 | + 531 | - 22,o | + 26,6 |
| R-2-1-1oo | Rentnerehepaar | + 92 | | + 4,6 | |
| A-2-2-16o | Arbeitnehmerehepaar (Doppelverdiener) | - 4o4 | + 496 | - 2o,2 | + 24,8 |
| R-2-2-1oo | Rentnerehepaar (Doppelverdiener)[2] | + 92 | | + 4,6 | |
| | | bei 3ooo DM Basishaushaltseinkommen | | | |
| A-1-1-2oo | Alleinstehender Arbeitnehmer | - 1 2o4 | + 1 o45 | - 4o,1 | + 34,8 |
| R-1-1-1oo | Alleinstehender Rentner | - 159 | | - 5,3 | |
| A-2-1-1oo | Arbeitnehmerehepaar | - 848 | + 8o2 | - 28,3 | + 26,8 |
| R-2-1-1oo | Rentnerehepaar | - 46 | | - 1,5 | |
| A-2-2-16o | Arbeitnehmerehepaar (Doppelverdiener) | - 843 | + 797 | - 28,1 | + 26,6 |
| R-2-2-1oo | Rentnerehepaar (Doppelverdiener)[2] | - 46 | | - 1,5 | |
| | | bei 4ooo DM Basishaushaltseinkommen | | | |
| A-1-1-2oo | Alleinstehender Arbeitnehmer | - 1 678 | + 1 446 | - 42,o | + 36,2 |
| R-1-1-1oo | Alleinstehender Rentner | - 232 | | - 5,8 | |
| A-2-1-1oo | Arbeitnehmerehepaar | - 1 213 | + 1 o94 | - 3o,3 | + 26,7 |
| R-2-1-1oo | Rentnerehepaar | - 119 | | - 3,o | |
| A-2-2-16o | Arbeitnehmerehepaar (Doppelverdiener) | - 1 293 | + 1 174 | - 32,3 | + 29,3 |
| R-2-2-1oo | Rentnerehepaar (Doppelverdiener)[2] | - 119 | | - 3,o | |

Eigene Berechnungen; Rechtsstand 3o.o6.1977.- [1]Rentnerhaushalt abzüglich entsprechender Arbeitnehmerhaushalt.- [2]Beide Ehegatten beziehen Rente aus früheren Arbeitsverhältnissen.

RWI ESSEN

Differenz der Umverteilungseffekte bei Arbeitnehmer- und Rentnerhaushalten[1] Tabelle 24

| Haushaltstyp | | Insgesamt | davon: | | | | |
|---|---|---|---|---|---|---|---|
| | | | ESt | GKV | | Sozial-hilfe | Sonstige |
| lfd.Nr. | typische Merkmale | | | Beiträge | Vers.-schutz | | |
| | | bei 1ooo DM Basishaushaltseinkommen | | | | | |
| A-1-1-2oo/R-1-1-1oo | Alleinstehender | + 19o | + 92 | + 13o | + 4o | - 38 | - 34 |
| A-2-1-1oo/R-2-1-1oo | Ehepaar | + 191 | + 46 | + 13o | + 1oo | - 114 | + 29 |
| A-2-2-16o/R-2-2-1oo | Ehepaar (Doppelverdiener)[2] | + 82 | + 34 | + 136 | + 8o | - 185 | + 17 |
| | | bei 2ooo DM Basishaushaltseinkommen | | | | | |
| A-1-1-2oo/R-1-1-1oo | Alleinstehender | + 565 | + 335 | + 257 | + 4o | - | - 67 |
| A-2-1-1oo/R-2-1-1oo | Ehepaar | + 531 | + 229 | + 257 | + 1oo | - | - 55 |
| A-2-2-16o/R-2-2-1oo | Ehepaar (Doppelverdiener)[2] | + 496 | + 219 | + 263 | + 8o | - | - 66 |
| | | bei 3ooo DM Basishaushaltseinkommen | | | | | |
| A-1-1-2oo/R-1-1-1oo | Alleinstehender | +1 o45 | + 694 | + 311 | + 4o | - | o |
| A-2-1-1oo/R-2-1-1oo | Ehepaar | + 8o2 | + 446 | + 331 | + 1oo | - | - 75 |
| A-2-2-16o/R-2-2-1oo | Ehepaar (Doppelverdiener)[2] | + 797 | + 426 | + 389 | + 8o | - | - 98 |
| | | bei 4ooo DM Basishaushaltseinkommen | | | | | |
| A-1-1-2oo/R-1-1-1oo | Alleinstehender | +1 446 | +1 o98 | + 311 | + 4o | - | - 3 |
| A-2-1-1oo/R-2-1-1co | Ehepaar | +1 o94 | + 731 | + 331 | + 1oo | - | - 68 |
| A-2-2-16o/R-2-2-1oo | Ehepaar (Doppelverdiener)[2] | +1 174 | + 71o | + 483 | + 8o | - | - 99 |

Eigene Berechnungen, Rechtsstand 3o.o6.1977.- [1]Rentnerhaushalt abzüglich entsprechender Arbeitnehmerhaushalt.- [2]Bei Rentnern beziehen beide Ehegatten Rente aus früheren Arbeitsverhältnissen.

RWI ESSEN

(rund 18 vH) an. Da ein alleinstehender Arbeitnehmer wegen des fehlenden Splitting-Effektes sehr viel mehr Steuern zahlen muß als Ehepaare, profitiert der alleinstehende Rentner am meisten von der geringeren Einkommensbesteuerung. Ein Ehepaar mit zwei Renten, das dem sog. Doppelverdienerfall im Erwerbsleben entspricht, muß sich dagegen im Verhältnis zu den übrigen Haushalten mit einer niedrigeren, aber dennoch sehr hohen Begünstigung zufrieden geben, da der vergleichbare Arbeitnehmerhaushalt wegen der zusätzlichen Abzüge von Freibeträgen und Vorsorgeaufwendungen geringer besteuert wird als Ehepaare mit alleinverdienendem Haushaltsvorstand.

Die Begünstigung von Rentnerhaushalten gegenüber Arbeitnehmerhaushalten im Zusammenhang mit der GKV besteht einerseits darin, daß sie keine Beiträge zahlen, und andererseits in dem höheren Versicherungsschutz. Die Entlastung von Beiträgen zur GKV steigt nur in den unteren bis mittleren Einkommensbereichen an und erreicht ihr Maximum (311 DM bei Alleinstehenden und 331 DM bei Rentnerehepaaren), wenn für die entsprechenden Arbeitnehmerhaushalte die Höchstbeiträge zur GKV erreicht sind[57].

Die Besserstellung von Rentner- gegenüber Arbeitnehmerhaushalten geht über die hier dargestellten Effekte noch hinaus. Selbst wenn Rentner einer Nebenerwerbstätigkeit nachgehen, zahlen sie keine Beiträge zur GKV, solange ihre Einkünfte aus unselbständiger Arbeit unter einer Grenze von etwa 400 DM monatlich liegen. Außerdem wird wegen des Altersentlastungsbetrages bis zu einer Grenze von 250 DM monatlich nur 40 vH des zusätzlichen Nebenverdienstes versteuert.

Dagegen erhalten Rentner wegen der geringeren Abgaben (Einkommensteuer und GKV) weniger Sozialhilfe als Arbeitnehmer[58], d. h. die oben dargestellte Besserstellung hinsichtlich ESt-Belastung und GKV-Beiträgen wird bei der Sozialhilfe voll kompensiert. In den höheren Einkommenstufen (ab 2 000 DM BHE) entfällt die Sozialhilfe sowohl für Arbeitnehmer als auch für Rentner.

Die drei dargestellten Einflußfaktoren: Einkommensteuer, GKV und Sozialhilfe erklären den wesentlichen Teil der Differenzen in den Umverteilungssalden zwischen Rentner- und Arbeitnehmerhaushalten mit gleichem Basishaushaltseinkommen. Insgesamt ist zu erkennen, daß Rentnerhaushalte durch die staatlichen Umverteilungsmaßnahmen wesentlich stärker begünstigt werden als vergleichbare Arbeitnehmerhaushalte.

---

57 Bei Arbeitnehmerpaaren, in denen beide Ehegatten erwerbstätig sind, werden diese Höchstbeiträge erst in höheren BHE-Bereichen erreicht, so daß ihre GKV-Beitragsbelastung noch in Bereichen zunimmt, in denen Alleinverdiener bereits einen konstanten Beitrag aufweisen. Infolgedessen nimmt auch die Besserstellung des vergleichbaren Rentnerehepaares mit zwei Renten in den oberen BHE-Bereichen noch zu.

58 Die großen Unterschiede bei den Doppelverdienerhaushalten entstehen dadurch, daß der entsprechende Arbeitnehmerhaushalt 70 DM mehr Sozialhilfe erhält, weil auch die Ehefrau arbeitet, während beim Rentnerhaushalt dieser Zuschlag entfällt.

## 9. Zusammenfassung

Die Untersuchung der Umverteilungssalden und Durchschnittseffekte bei den wichtigsten Haushaltstypen hat ergeben, daß die Umverteilungseffekte in erster Linie durch die Höhe des Basishaushaltseinkommens bestimmt werden. Da – wie gezeigt – die Grenzeffekte insgesamt durchweg negativ sind, nehmen mit steigendem Einkommen per Saldo die staatlichen Begünstigungen ab und die Belastungen zu. Allerdings unterscheiden sich die Umverteilungseffekte im Niveau und in ihrer Entwicklung z. T. erheblich je nach Familienstand und Kinderzahl. Tendenziell kann man davon ausgehen, daß die Haushalte mit zunehmender Kinderzahl stärker gefördert bzw. weniger belastet werden. Dabei können die unterschiedlichen Altersstufen und Ausbildungsarten der Kinder (Kinder unter 15 Jahren, Auszubildende, Schüler über 15 Jahren, Studenten) und ihre Unterbringung (auswärts oder bei den Eltern) zu erheblichen Unterschieden in den Belastungen und Begünstigungen führen.

Eine Sonderstellung hinsichtlich des Einflusses auf die Umverteilungswirkungen bei verschiedenen Haushalten nehmen die einkommensteuerlichen Begünstigungen ein, weil sie im Gegensatz zu den sonstigen staatlichen Begünstigungen mit steigendem Einkommen nicht ab-, sondern zunehmen, und weil sie beträchtliche indirekte Effekte auf andere Maßnahmen (besonders auf BAföG) zur Folge haben. Letzteres ergibt sich daraus, daß die einkommensteuerlichen Größen (Gesamtbetrag der Einkünfte, zu versteuerndes Einkommen und Steuerschuld) häufig in die Bemessungsgrundlagen bei anderen Maßnahmen eingehen. Von geringerem, aber dennoch nicht zu vernachlässigendem Einfluß ist daneben die Erwerbstätigkeit beider Ehegatten (sog. Doppelverdiener). Sehr unterschiedliche Umverteilungseffekte ergeben sich bei gleich hohem Basishaushaltseinkommen auch, je nachdem, ob es sich um Arbeitnehmer- oder Rentnerhaushalte handelt.

Die Tabellen 25 und 26 zeigen die Umverteilungseffekte (Umverteilungssaldo und Durchschnittseffekte) für eine Reihe von ausgewählten Haushalten; damit wird die Wirkungsweise der wichtigsten Einflußfaktoren noch einmal in zusammengefaßter Form aufgezeigt.

Ebenso wie die Umverteilungssalden und Durchschnittseffekte wird der Einkommensbereich, in dem die Nettobegünstigung der Haushalte in eine Nettobelastung übergeht (Belastungsschwelle), ganz wesentlich durch Familienstand und Kinderzahl sowie durch die Art der Ausbildung der Kinder bestimmt. Mit zunehmender Haushaltsgröße wird (bei vergleichbaren Haushalten) die Belastungsschwelle in immer höhere Einkommensbereiche verschoben. Während z. B. ein alleinstehender Arbeitnehmer schon bei einem Einkommen von unter 1 000 DM einen negativen Umverteilungssaldo hinnehmen muß, wird der vergleichbare Sechs-Personen-Haushalt mit Kindern ohne Ausbildungsförderung erst ab einem Einkommen von 2 300 DM insgesamt durch die staatlichen Maß-

Umverteilungssalden und Belastungsschwellen für ausgewählte Haushalte in Abhängigkeit vom Haushaltseinkommen (BHE)

Tabelle 25

| Haushaltstyp | | Umverteilungssalden[1] bei einem BHE von ... DM monatlich | | | | | | Belastungs-schwelle[2] |
|---|---|---|---|---|---|---|---|---|
| Lfd.Nr. | Typische Merkmale | 1 ooo | 2 ooo | 3 ooo | 4 ooo | 5 ooo | 1o ooo | |
| | | Ein-Personen-Haushalte | | | | | | |
| A-1-1-1oo | Arbeitnehmer | - 131 | - 678 | -1 23o | -1 7o8 | -2 198 | -4 882 | .[a] |
| R-1-1-1oo | Rentner | + 223 | + 58 | - 9 | - 82 | .[b] | .[b] | 2 9oo |
| | | Zwei-Personen-Haushalte | | | | | | |
| A-2-1-1oo | Arbeitnehmerehepaar | + 12o | - 439 | - 848 | -1 213 | -1 671 | -4 o41 | 1 2oo |
| R-2-1-1oo | Rentnerehepaar | + 311 | + 92 | - 46 | - 119 | .[b] | .[b] | 2 6oo |
| A-2-1-11o | Arbeitnehmerehepaar mit Einfamilienhaus | .[b] | - 449 | - 796 | -1 o87 | -1 47o | -3 787 | .[a] |
| A-2-2-16o | Arbeitnehmerehepaar, Doppelverdiener | + 229 | - 4o4 | - 843 | -1 293 | -1 827 | -4 335 | 1 3oo |
| | | Vier-Personen-Arbeitnehmerhaushalte | | | | | | |
| A-4-1-1oo | 2 Vorschulkinder | + 6oo | - 259 | - 616 | -1 o47 | -1 475 | -3 629 | 1 7oo |
| A-4-1-4oo | 2 Auszubildende | .[b] | + 4 | - 484 | - 869 | -1 236 | -3 53o | 2 1oo |
| A-4-1-5o1 | 2 Studenten (auswärts) | +1 43o | + 782 | + 145 | - 375 | - 971 | -3 484 | 3 4oo |
| A-4-1-553 | 2 Studenten (auswärts) mit Einfamilienhaus | .[b] | + 836 | + 359 | - 119 | - 57o | -3 239 | 3 8oo |
| | | Sechs-Personen-Arbeitnehmerhaushalte | | | | | | |
| A-6-1-1oo | 2 Vorschulkinder, 2 jüngere Schüler | +1 157 | + 246 | - 313 | - 746 | -1 145 | -3 529 | 2 3oo |
| A-6-1-3oo | 2 jüngere Schüler, 2 Auszubildende | .[b] | + 384 | - 6o | - 586 | - 955 | -3 231 | 2 9oo |
| A-6-1-2oo | 2 jüngere Schüler, 2 ältere Schüler | +1 346 | + 514 | + 19 | - 593 | -1 135 | -3 517 | 3 1oo |
| A-6-1-451 | 2 ältere Schüler, 2 Studenten (auswärts) | +2 o46 | +1 482 | + 983 | + 399 | - 159 | -3 o48 | 4 8oo |
| A-6-1-453 | 2 ältere Schüler, 2 Studenten mit Einfam.-haus | .[b] | +1 522 | +1 o72 | + 623 | + 74 | -2 7o1 | 5 1oo |

Eigene Berechnungen; Rechtstand 3o.6.1977.- [1]Vorzeichen: Begünstigung (+); Belastung (-).- [2]Erste BHE-Stufe mit negativem Umverteilungssaldo.- [a]Bei diesen Haushaltstypen liegt die Belastungsschwelle unterhalb 1 ooo DM BHE.- [b]Rentnerhaushalte werden nur bis zu einem BHE von 4 ooo DM, Haushalte mit 2 Auszubildenden und Haushalte mit Einfamilienhäusern erst ab einem BHE von 1 8oo bzw. 2 ooo DM untersucht.

RWI ESSEN

Durchschnittseffekte für ausgewählte Haushalte in Abhängigkeit vom Haushaltseinkommen (BHE)

Tabelle 26

| Haushaltstyp: lfd.Nr. | Haushaltstyp: typische Merkmale | Durchschnittseffekt (in vH des BHE)[1] bei einem monatlichen BHE von ... DM: 1 000 | 2 000 | 3 000 | 4 000 | 5 000 | 1o 000 |
|---|---|---|---|---|---|---|---|
| | | Ein-Personen-Haushalte | | | | | |
| A-1-1-1oo | Arbeitnehmer | - 13,1 | - 33,9 | - 41,o | - 42,7 | - 44,o | - 48,8 |
| R-1-1-1oo | Rentner | + 22,3 | + 2,9 | - 1,1 | - 3,o | -[a] | -[a] |
| | | Zwei-Personen-Haushalte | | | | | |
| A-2-1-1oo | Arbeitnehmerehepaar | + 12,o | - 22,o | - 28,3 | - 3o,3 | - 33,4 | - 4o,4 |
| R-2-1-1oo | Rentnerehepaar | + 31,1 | + 4,6 | - 1,5 | - 3,o | -[a] | -[a] |
| A-2-1-11o | Arbeitnehmerehepaar mit Einfamilienhaus | -[a] | - 22,5 | - 26,5 | - 27,2 | - 29,4 | - 37,9 |
| A-2-2-16o | Arbeitnehmerehepaar, Doppelverdiener | + 22,9 | - 2o,2 | - 28,1 | - 32,3 | - 36,5 | - 43,4 |
| | | Vier-Personen-Arbeitnehmerhaushalte | | | | | |
| A-4-1-1oo | 2 Vorschulkinder | + 6o,o | - 13,o | - 2o,5 | - 26,3 | - 29,6 | - 38,5 |
| A-4-1-4oo | 2 Auszubildende | -[a] | + o,2 | - 16,1 | - 21,7 | - 24,8 | - 35,5 |
| A-4-1-5o1 | 2 Studenten (auswärts) | + 143,o | + 39,1 | + 4,8 | - 9,4 | - 19,4 | - 35,o |
| A-4-1-553 | 2 Studenten (auswärts) mit Einfamilienhaus | -[a] | + 41,8 | + 12,o | - 3,o | - 13,4 | - 32,6 |
| | | Sechs-Personen-Arbeitnehmerhaushalte | | | | | |
| A-6-1-1oo | 2 Vorschulkinder, 2 jüngere Schüler | + 115,7 | + 12,3 | - 1o,4 | - 19,2 | - 23,6 | - 35,9 |
| A-6-1-3oo | 2 jüngere Schüler, 2 Auszubildende | -[a] | + 19,2 | - 2,o | - 14,7 | - 19,3 | - 33,o |
| A-6-1-2oo | 2 jüngere Schüler, 2 ältere Schüler | + 134,6 | + 25,7 | + o,6 | - 14,8 | - 23,4 | - 35,8 |
| A-6-1-451 | 2 ältere Schüler, 2 Studenten (auswärts) | + 2o4,5 | + 74,1 | + 32,8 | + 1o,o | - 3,2 | - 3o,7 |
| A-6-1-453 | 2 ältere Schüler, 2 Studenten mit Einfam.-haus | -[a] | + 76,1 | + 35,7 | + 15,6 | + 1,5 | - 27,2 |

Eigene Berechnungen; Rechtsstand 3o.o6.1977.- [1]Vorzeichen: Begünstigung (+), Belastung (-).- [a]Rentnerhaushalte werden nur bis zu einem BHE von 4 ooo DM, Haushalte mit 2 Auszubildenden und Haushalte mit Einfamilienhäusern erst ab einem BHE von 1 8oo bzw. 2 ooo DM untersucht.

RWI ESSEN

nahmen belastet[59]. Die Verschiebung der Belastungsschwelle ist ein Reflex der Tatsache, daß der Umverteilungssaldo und damit das Einkommen nach Umverteilung auf allen Einkommensstufen um so höher ist, je mehr Personen dem Haushalt angehören.

Die Umverteilungseffekte für Verheiratete sind – primär aufgrund des ESt-Splittingeffektes – deutlich höher als für Alleinstehende. Diese Differenz erhöht sich wegen des steigenden Grenzsteuersatzes mit zunehmendem Einkommen. Vergleichbare einkommensteuerliche Effekte durch die Kinder gibt es nicht. Die Besserstellung von Haushalten mit zunehmender Kinderzahl ist vielmehr – abgesehen von den Ausbildungsförderungsmaßnahmen – überwiegend auf das einkommensunabhängige Kindergeld zurückzuführen.

Die Auswirkungen zunehmender Kinderzahl unterscheiden sich erheblich je nach Alter, Ausbildungs- und Unterbringungsart der Kinder. Dabei ist eine deutliche Rangordnung zu erkennen: Es liegt zunächst in der Natur der Sache, daß Haushalte mit Kindern in nicht förderungsfähiger Ausbildung (Vorschulkinder und Schüler unter 15 Jahren) weniger begünstigt werden und daher stets einen geringeren Umverteilungssaldo haben als Haushalte mit Kindern in förderungsfähiger Ausbildung (Auszubildende, Schüler über 15 Jahre und Studenten). Hinsichtlich der Ausbildungsförderung sind Schüler in der Regel besser gestellt als Auszubildende, aber schlechter als Studenten, insbesondere wenn die Studenten auswärts untergebracht sind. In höheren Einkommensbereichen kann sich das Verhältnis zwischen Schülern und Auszubildenden aber auch umkehren, weil nach dem Auslaufen der Ausbildungsförderung die einkommensteuerliche Besserstellung der Haushalte mit Auszubildenden dominiert. Dies ist darauf zurückzuführen, daß die Ausbildungsvergütung, die Bestandteil des BHE ist, praktisch steuerfrei bleibt.

Darüberhinaus führt die Geltendmachung einkommensteuerlicher Begünstigungen zu einer deutlichen Besserstellung insbesondere der Haushalte, in denen BAFöG-geförderte Kinder vorhanden sind. Dies liegt daran, daß neben dem – für alle Haushaltstypen ähnlichen – direkten Effekt der einkommensteuerlichen Begünstigung die Ausbildungsförderung indirekt erhöht wird, weil das anzurechnende Einkommen bei Geltendmachung von Sonderabschreibungen nach § 7b EStG durch die Verringerung des Gesamtbetrages der Einkünfte – trotz einer gegenläufig wirkenden Verminderung der Steuerschuld – sinkt. In den mittleren Einkommensbereichen (3 000 und 4 000 DM BHE) kann die Besserstellung durch die einkommensteuerliche Begünstigung so stark sein, daß nicht nur die absoluten Differenzen in den Umverteilungssalden für Hauseigentümer- und Mieterhaushalte, sondern auch die Differenzen in den Durchschnittseffekten ansteigen.

---

59 Dabei muß berücksichtigt werden, daß die Höhe der Umverteilungseffekte und die Lage der Belastungsschwellen von der hier getroffenen Auswahl der Maßnahmen abhängen, die durch ein Übergewicht der Belastungen gekennzeichnet ist. Insofern ist die Belastungsschwelle nur im Vergleich der Haushalte untereinander aussagefähig.

Bei Haushalten mit Auszubildenden treten vergleichbare indirekte Effekte einkommensteuerlicher Begünstigungen nicht auf, da für die Einkommensanrechnung bei der Berufsausbildungsbeihilfe nicht der Gesamtbetrag der Einkünfte, sondern der Bruttolohn herangezogen wird.

Für die Haushalte mit zwei erwerbstätigen Ehegatten (Doppelverdiener) sind die Unterschiede in den Umverteilungseffekten gegenüber den vergleichbaren Alleinverdienerhaushalten nicht über alle Einkommensstufen einheitlich. In den unteren Einkommensbereichen sind die Doppelverdiener wegen der günstigeren einkommensteuerlichen Behandlung ihrer Einkünfte aus unselbständiger Arbeit (höhere Freibeträge und höhere Vorsorgeaufwendungen) etwas bessergestellt als die Alleinverdiener. In den mittleren und oberen Einkommensbereichen (oberhalb 3 000 bis 4 000 DM BHE) kehrt sich das Verhältnis jedoch um, d. h. die Doppelverdienerhaushalte sind vor allem deshalb stärker belastet, weil ihre Beiträge zur GKV im Verhältnis zu denen der Alleinverdiener bis fast auf das Doppelte anwachsen.

Die Tabellen 25 und 26 enthalten neben den Umverteilungseffekten für Arbeitnehmer- auch diejenigen für Rentnerhaushalte; die Unterschiede sind beträchtlich. Die Besserstellung der Rentner beruht im wesentlichen darauf, daß sie wegen des niedrigen Ertragsanteils ihrer Altersbezüge praktisch keine Steuern zahlen und außerdem keine Beiträge zur GKV zu leisten haben. Insbesondere die steuerliche Entlastung der Alterseinkünfte gewinnt mit zunehmendem Einkommen ein solches Gewicht, daß die Besserstellung der Rentner gegenüber den Arbeitnehmern mit steigendem Einkommen nicht nur absolut, sondern auch relativ zum BHE zunimmt.

# Anhang

# Darstellung der einzelnen Maßnahmen

Im folgenden sollen anhand einer ausführlichen Darstellung der einzelnen Maßnahmen die Prämissen für die Modellberechnungen aufgezeigt werden.

Dazu gehören die wesentlichen Bestandteile der maßnahmenspezifischen Berechnungsschemata, wie sie gemäß den jeweiligen rechtlichen Regelungen den Berechnungen zugrundeliegen, die Informationen aus den Berechnungen der Effekte anderer Maßnahmen, die im Modell als endogene Variablen berücksichtigt werden, sowie die Merkmale und Aktivitäten des Haushalts, die im Modell als exogene Variablen festgelegt werden müssen und die teilweise nicht voneinander unabhängig sind.

Im Interesse einer Beschränkung auf das Wesentliche – im Sinne empirischer Relevanz – werden für einige Merkmale und Aktivitäten von vornherein Annahmen getroffen, die die möglichen Merkmalsausprägungen in sinnvoller Weise einschränken. Auch diese einschränkenden Annahmen werden im folgenden bei den einzelnen Maßnahmen dargestellt, da auch sie zu den Prämissen gehören, die bei der Interpretation der Berechnungsergebnisse zu beachten sind.

## I. Die Einkommensteuerbelastung

Die Einkommensteuerbelastung eines Modellhaushalts im Untersuchungsjahr[1] ist die Summe der Steuerschuldbeträge aller einkommensteuerpflichtigen Mitglieder des Haushalts im Jahre 1977 vor Geltendmachung der einkommensteuerlichen Sonderbegünstigungen, deren Umverteilungswirkungen in dieser Untersuchung explizit ausgewiesen werden.

### 1. Das Berechnungsschema für die Einkommensteuerschuld

Die Einkommensteuer ist die steuerliche Belastung der Einkommen der natürlichen Personen in einem Kalenderjahr. Der Einkommensteuer unterliegen sie-

---

[1] Wie die Einkommensteuerbelastung werden alle Umverteilungseffekte ebenso wie das Einkommen des Haushalts vor und nach Umverteilung bei der Ergebnispräsentation auf Monatsbasis (ein Zwölftel des Jahreswertes) ausgewiesen.

ben Einkunftsarten, für die z. T. unterschiedliche Regelungen der Besteuerung gelten:

- Einkünfte aus Land- und Forstwirtschaft;
- Einkünfte aus Gewerbebetrieb;
- Einkünfte aus selbständiger Arbeit;
- Einkünfte aus nichtselbständiger Arbeit;
- Einkünfte aus Kapitalvermögen;
- Einkünfte aus Vermietung und Verpachtung;
- sonstige Einkünfte im Sinne des § 22 EStG (dar. Renten).

Einkünfte sind

- bei Land- und Forstwirtschaft, Gewerbebetrieb und selbständiger Arbeit der Gewinn;
- bei den anderen Einkunftsarten der Überschuß der Einnahmen über die Werbungskosten (vgl. § 2 Abs. 2 EStG).

Zur Ermittlung der einkommensteuerlichen Belastung müssen zunächst die steuerlichen Einkünfte aus dem BHE abgeleitet werden. Die Summe der Einkünfte abzüglich eines eventuellen Altersentlastungsbetrags ist der Gesamtbetrag der Einkünfte, der, vermindert um die Sonderausgaben und die außergewöhnlichen Belastungen, das Einkommen ergibt. Das Einkommen vermindert um die Sonderfreibeträge im Sinne des § 32 Abs. 2 und 3 (z. B. Haushaltsfreibetrag, Altersfreibetrag) und um die sonstigen vom Einkommen abzuziehenden Beträge, ist das zu versteuernde Einkommen; dieses bildet die Bemessungsgrundlage für die tarifliche Einkommensteuer (Anwendung des gesetzlich fixierten Steuertarifs gem. Grund- bzw. Splittingtabelle). Die tarifliche Einkommensteuer, ggf. um eine Steuerermäßigung reduziert, ist die festzusetzende Einkommensteuer (vgl. § 2 Abs. 3 bis 6 EStG).

## 2. Der Zusammenhang zwischen dem BHE und den steuerlichen Einkünften

Steuerpflichtiger nach dem EStG ist grundsätzlich die einzelne natürliche Person. Lediglich bei Ehepaaren werden im Fall der Zusammenveranlagung die Gesamtbeträge der Einkünfte beider Ehegatten zusammengerechnet und die Ehegatten sodann gemeinsam als ein Steuerpflichtiger behandelt. Im folgenden wird generell von der Zusammenveranlagung ausgegangen. Dennoch müssen die Einkünfte für beide Ehegatten zunächst getrennt ermittelt werden, so daß Annahmen über die Aufteilung des gemeinsamen Einkommens auf beide Ehegatten zu treffen sind.

Da Mehrpersonenhaushalte darüber hinaus noch weitere Einkommensteuerpflichtige (z. B. Kinder mit eigenem Einkommen) umfassen können, ist es erforderlich, Annahmen über die Anzahl der Einkommensbezieher im Haushalt und die Aufteilung des BHE auf diese Steuerpflichtigen zu treffen. Dabei soll eigenes Einkommen von Kindern, die sich in Ausbildung befinden, i. d. R. nur bei beruflich Auszubildenden (Lehrlingen) unterstellt werden.

Da sich die Berechnung der einkommensteuerlichen Belastung je nach Einkommensart unterscheidet, müssen außerdem Annahmen über die Aufteilung des Basiseinkommens jedes Einkommensbeziehers im Haushalt auf die einkommensteuerlich relevanten Arten getroffen werden. Dabei kommen bestimmte Einkommensarten (Renten, Pensionen) für Kinder im Haushalt nicht in Betracht. Auch Einkommen aus Kapitalvermögen und aus Vermietung und Verpachtung werden i. d. R. den Eltern im Haushalt zugerechnet. Bei den beiden letztgenannten Einkommensarten sind außerdem Abhängigkeiten von Vermögensannahmen zu berücksichtigen; deshalb werden diese Einkommensbestandteile im Modell endogen bestimmt. Da die meisten Haushalte Einkommen aus mehr als einer Quelle beziehen, sollen die Haushaltstypen nach der überwiegenden Einkommensart klassifiziert werden. Dabei liegt der Schwerpunkt der Untersuchung bei Arbeitnehmerhaushalten.

Für die nach Arten und Einkommensbeziehern unterschiedenen BHE-Bestandteile werden nun unter Berücksichtigung artenspezifischer Abzugs- und Zuzugsposten die steuerlichen Einkünfte ermittelt. Da das BHE die ökonomisch notwendigen Werbungskosten bzw. Betriebsausgaben nicht enthält, sind gegebenenfalls nur noch solche mit Sonderbegünstigungscharakter vom Basiseinkommen abzusetzen (s. u. z. B. Sonderabschreibungen nach § 7b EStG).

Zur Ermittlung der Einkünfte aus nichtselbständiger Arbeit sind ausgehend vom Basiseinkommen aus dieser Quelle zunächst die erforderlichen Korrekturen im Hinblick auf die spezielle Behandlung der Sozialversicherungsbeiträge in dieser Untersuchung vorzunehmen[2]; außerdem sind die Arbeitnehmerfreibeträge (480 DM) und der Weihnachtsfreibetrag (100 DM bzw. nach neuem noch nicht berücksichtigten Rechtsstand 400 DM) abzusetzen.

Bei Empfängern von Versorgungsbezügen (Pensionäre) ist der Versorgungsfreibetrag in Höhe von 40 vH — maximal 4 800 DM jährlich —, bei Rentnern der Nicht-Ertrags-Anteil der Renten vom Basiseinkommen abzusetzen. Der Ertragsanteil der Renten hängt vom Alter des Rentners zu Beginn des Rentenbezugs ab; als Regelfall wird hier das 65. Lebensjahr und damit ein Ertragsanteil von 20 vH unterstellt, d. h. 80 vH der Rente sind keine Einkünfte im Sinne des EStG.

Bei Einkommen aus Kapitalvermögen ist der Sparerfreibetrag (300 DM) und bei Einkommen aus Vermietung und Verpachtung gegebenenfalls die Differenz zwischen Sonderabschreibungen und Normalabschreibungen, die als Werbungskosten nicht zum Basiseinkommen gehören, abzusetzen.

---

2 Addition der gesamten Alterssicherungsaufwendungen (Arbeitgeber- und Arbeitnehmeranteil zur Rentenversicherung) und Subtraktion aller Arbeitgeberanteile zur Sozialversicherung (GKV, ALV, RV).

Auch bei den Gewinn-Einkunftsarten gibt es besondere Abzugsposten (z. B. Freibetrag für Einkünfte aus freier Berufstätigkeit). Der Versuch, das einem Arbeitnehmer- oder Renteneinkommen vergleichbare Basiseinkommen aus selbständiger Arbeit oder Gewerbebetrieb und die Einkommensteuerbelastung dieser Einkommen zu ermitteln, wirft im Hinblick auf die Trennung ökonomisch notwendiger Betriebsausgaben und solcher mit Sonderbegünstigungscharakter erhebliche Probleme auf. Außerdem wird der Steuerbelastungsvergleich zwischen den Beziehern von Gewinneinkünften und sonstigen Einkommensbeziehern dadurch verzerrt, daß Personengesellschafter und Einzelunternehmer den Unternehmensgewinn — auch den nicht entnommenen, d. h. nicht für die Bedürfnisbefriedigung im Untersuchungsjahr relevanten Gewinn — als persönliches Einkommen zu versteuern haben[3]. Aus diesen Gründen soll im Rahmen der Modellrechnungen auf einen derartigen Vergleich, z. B. zwischen Arbeitnehmer- und Unternehmerhaushalten verzichtet werden.

Eine besondere steuerliche Behandlung erfährt das fiktive Einkommen aus Vermietung und Verpachtung des Eigennutzers eines Einfamilienhauses. Nicht das dem Eigennutzer unterstellte fiktive Basiseinkommen, das dem Mieteinkommen eines Vermieters eines vergleichbaren Hauses entspricht, wird der Einkommensbesteuerung zugrundegelegt, sondern der steuerliche Nutzungswert. Der sog. Grundbetrag des Nutzungswertes beträgt 1 vH des maßgeblichen Einheitswertes (Einheitswert 1964 mit einem Zuschlag von 40 vH). Dieses Verfahren führt im Vergleich zum Vermieter i. d. R. zu einem erheblich niedrigeren Ansatz der steuerlichen Einkünfte des Eigennutzers. Damit werden allerdings auch Werbungskosten (Abschreibungen, Erhaltungsaufwand, Schuldzinsen) als weitgehend abgegolten unterstellt, so daß lediglich eventuelle Schuldzinsen bis zur Höhe des Grundbetrages des Nutzungswertes sowie ggf. Sonderabschreibungen geltend gemacht werden können. Dagegen unterliegen bei einem Vermieter die effektiven Mieteinnahmen der Besteuerung. Dafür sind aber die Werbungskosten in voller Höhe absetzbar, so daß sich auch ohne Sonderabschreibungen negative Einkünfte ergeben können[4].

Von der Summe der verschiedenartigen Einkünfte eines Steuerpflichtigen ist zur Berechnung des Gesamtbetrages der Einkünfte ggf. ein Altersentlastungsbetrag abzusetzen. Ein Altersentlastungsbetrag wird gewährt, sofern der Einkommensbezieher im Untersuchungsjahr 65 Jahre oder älter wird. Dieser steuerfreie Abzugsbetrag beträgt 40 vH des Arbeitslohns bzw. der positiven Summe der sonstigen Einkünfte außer aus Renten und Pensionen, maximal 3 000 DM jährlich.

---

[3] Außerdem ist nicht auszuschließen, daß Bezieher von Gewinneinkommen in gewissem Rahmen die Möglichkeit haben, Aufwendungen der persönlichen Lebensführung als Betriebsausgaben geltend zu machen. Die Einkommenseffekte derartiger im Gestaltungsprivileg der veranlagten Selbständigen und Gewerbetreibenden begründeten Absetzungsmöglichkeiten dürften allerdings ohnehin nur schwer quantifizierbar sein.

[4] Entsprechendes gilt für die Eigennutzung einer Wohnung im Zweifamilienhaus bei Ansatz der vergleichbaren Marktmiete.

Für die Steuerpflichtigen, die nicht älter als 64 Jahre sind, ist also die Summe der Einkünfte gleich dem Gesamtbetrag der Einkünfte.

Eine Besonderheit stellt bei Arbeitnehmern die Steuerfreiheit von Nebeneinkünften bis zur Höhe von 800 DM gem. § 46 Abs. 2 Nr. 1 EStG dar. Sofern der Steuerpflichtige die Veranlagungspflichtgrenzen (gemäß § 46 Abs. 1 EStG) nicht überschreitet, bleiben Einkünfte, die nicht aus nichtselbständiger Arbeit stammen, bis zu 800 DM unbesteuert; für Nebeneinkünfte zwischen 800 und 1600 DM gibt es gem. § 70 EStDV einen Härteausgleich. Diese Begünstigung nichtveranlagter Arbeitnehmer wird in den vorliegenden Modellrechnungen berücksichtigt.

### 3. Der Zusammenhang zwischen dem Gesamtbetrag der Einkünfte und dem zu versteuernden Einkommen

Aus dem Gesamtbetrag der Einkünfte wird das zu versteuernde Einkommen, auf das der Einkommensteuertarif gem. § 32a EStG anzuwenden ist, durch Absetzung verschiedenartiger steuerfreier Abzugsbeträge (Sonderausgaben, außergewöhnliche Belastungen, Sonderfreibeträge) ermittelt.

Von besonderer quantitativer Bedeutung sind dabei die Vorsorgeaufwendungen, die bis zu bestimmten vom Familienstand und der Kinderzahl abhängigen Höchstbeträgen geltend gemacht werden können. Zu den Vorsorgeaufwendungen zählen die Arbeitnehmeranteile zu den Sozialversicherungsbeiträgen (GKV, ALV, GRV) bzw. entsprechende gesetzliche und private Alters-, Kranken- und Arbeitslosenversicherungsbeiträge von Nicht-Arbeitnehmern. Diese Größen werden in den Modellrechnungen als endogene Variablen bestimmt.

Zu den Vorsorgeaufwendungen gehören außerdem Aufwendungen für private und Kfz-Haftpflichtversicherungen, Zusatzversicherungen für Krankheit und Alter u. ä. sowie Bausparbeiträge. Für die Höhe der über die Sozialversicherungsbeiträge hinausgehenden Vorsorgeaufwendungen (außer Bausparbeiträge) wurden bei Arbeitnehmerhaushalten, die auf Grund der Nutzung ihres Fahrzeugs für Fahrten zwischen Wohnung und Arbeitsstätte ihre Kfz-Haftpflichtversicherungsaufwendungen steuerlich geltend machen können, generell 2 vH, bei allen übrigen Haushalten 1 vH des BHE angenommen.

Für die Vorsorgeaufwendungen gelten im Untersuchungszeitraum folgende Höchstbeträge[5]:

- Vorwegabzug: 1500 bzw. 3 000 DM für Ledige bzw. Verheiratete[6] abzüglich der Arbeitgeberanteile zum gesetzlichen Rentenversicherungsbeitrag; ein eventuell verbleibender Restbetrag ist vorweg voll abzugsfähig;
- Grundhöchstbetrag: Über einen eventuellen Vorwegabzugsbetrag hinaus können Vorsorgeaufwendungen (von hier ab einschließlich Bausparbeiträge)

---

[5] Ab 1. 1. 1978 sind die Höchstbeträge von 1 800/3 600 DM auf 2 100/4 200 DM bei entsprechenden Konsequenzen für die Vorsorgepauschale erhöht worden.

[6] Ab 1. 1. 1980 erhöhen sich diese Beträge auf 2 500 bzw. 5 000 DM.

voll abgezogen werden bis zu 1800 bzw. 3 600 DM für Ledige bzw. Verheiratete; für jedes einkommensteuerlich relevante Kind (s. u.) erhöhen sich diese Beträge um 600 DM;

- Allgemeiner Erhöhungsbetrag: Eventuell noch verbleibende Vorsorgeaufwendungen sind zu 50 vH, maximal bis zur Hälfte der obigen Grundhöchstbeträge abzugsfähig.

Alle drei Abzugsbeträge zusammen ergeben den Teil der effektiven Vorsorgeaufwendungen eines Steuerpflichtigen, der steuermindernd geltend gemacht werden kann; zumindest kann ein Pauschbetrag von 300/600 DM für Ledige/Verheiratete abgezogen werden.

An die Stelle der so ermittelten abzugsfähigen Vorsorgeaufwendungen kann seit der ESt-Reform von 1975 eine Vorsorgepauschale, wie sie in den Lohnsteuertabellen eingearbeitet ist, treten. Dies ist nur dann relevant, wenn die Vorsorgepauschale die abzugsfähigen effektiven Vorsorgeaufwendungen übersteigt. In den Jahren 1975 bis 1977 betrug die Vorsorgepauschale 16 vH des Bruttoarbeitslohns – bei Begrenzung durch die Beitragsbemessungsgrenzen der Sozialversicherung und die Vorsorgeaufwendungshöchstbeträge –, also i. d. R. weniger als die Summe der Beitragssätze eines Arbeitnehmers zur GKV, ALV und RV. Deshalb konnte in der Untersuchungsperiode auf die Berücksichtigung der Vorsorgepauschale verzichtet werden[7].

Für die Anzahl der einkommensteuerlich relevanten Kinder, von der die Höhe der Vorsorgeaufwendungshöchstbeträge abhängt, ist bestimmend, wie alt sie sind und ob sie sich in Ausbildung befinden. Gem. § 32 Abs. 4–7 EStG zählen alle Kinder unter 18 Jahren sowie von 18 bis unter 27 Jahren, sofern sie sich in Ausbildung befinden. Sofern sie 27 Jahre oder älter sind, werden sie einkommensteuerlich nur unter Voraussetzungen berücksichtigt, die sich der Einflußnahme durch den Haushalt entziehen (z. B. Behinderung, Ausbildungsverzögerung wegen numerus clausus) und deshalb in dieser Untersuchung nicht berücksichtigt werden.

Neben den Vorsorgeaufwendungen werden als Sonderausgaben generell Kirchensteuerzahlungen und ggf. Aufwendungen für die Berufsausbildung bzw. Weiterbildung im nicht ausgeübten Beruf, deren Umverteilungseffekt explizit als Sonderbegünstigung berechnet wird (s. u.), berücksichtigt. Dabei wird von einem Kirchensteuerhebesatz von 9 vH ausgegangen, Bemessungsgrundlage ist die um das jeweilige Kindergeld verminderte effektive ESt-Schuld des Steuerpflichtigen. Für die Sonderausgaben, die nicht Vorsorgeaufwendungen sind, ist zumindest der Pauschbetrag von 240/480 DM für Ledige/Verheiratete anzusetzen.

---

[7] Lediglich bei Beamten, die die Vorsorgepauschale geltend machen können, obwohl sie keine Renten- und Arbeitslosenversicherungsbeiträge zu leisten haben, übersteigt die Vorsorgepauschale die effektiven Vorsorgeaufwendungen, es sei denn, der zusätzliche Spielraum wird durch sonstige Aufwendungen, z. B. Bausparbeiträge, aufgefüllt.
Durch die mit der Anhebung der Vorsorgeaufwendungshöchstbeträge verbundene Erhöhung der Vorsorgepauschale ab 1. 1. 1978 auf 18 vH wird allerdings für einen größeren Teil der Steuerpflichtigen die Vorsorgepauschale wieder relevant.

Von den außergewöhnlichen Belastungen wird im Hinblick auf die Gestaltbarkeit durch den Haushalt lediglich der Abzug von 1200 DM jährlich je auswärtig in Ausbildung befindlichem Kind (1975 und 1976) bzw. die ab 1. 1. 1977 geltende Nachfolgeregelung, der Ausbildungsfreibetrag, berücksichtigt, und zwar als Sonderbegünstigungsmaßnahme (s. u.).

Über die genannten steuerfreien Abzugsbeträge hinaus werden ggf. noch der Altersfreibetrag und die Haushaltsfreibeträge berücksichtigt[8]. Der Altersfreibetrag gem. § 32 Abs. 2 EStG wird in Höhe von 720 DM jährlich jedem Steuerpflichtigen bzw. bei Zusammenveranlagung jedem Ehegatten gewährt, der 65 Jahre und älter wird. Die Haushaltsfreibeträge gem. § 32 Abs. 3 EStG betragen 840 DM jährlich für Alleinstehende, die 50 Jahre und älter sind, bzw. 3 000 DM für Alleinstehende mit Kindern.

Durch Absetzung der jeweils relevanten steuerfreien Abzugsposten ergibt sich das zu versteuernde Einkommen des einzelnen Steuerpflichtigen und durch Anwendung des Einkommensteuertarifs gem. § 32a EStG[9] (Grundtarif für Ledige, Splittingtarif für Verheiratete) seine ESt-Schuld. Die Addition der Steuerschuldbeträge aller Steuerpflichtigen im Haushalt ergibt schließlich die gesamte ESt-Belastung des Haushalts im jeweiligen Untersuchungsjahr.

Bei der für das Jahr 1977 berechneten Einkommensteuerbelastung handelt es sich um die Belastung vor Geltendmachung der vier explizit zu berücksichtigenden Sonderbegünstigungen. Sofern für andere Maßnahmen Informationen über bestimmte einkommensteuerliche Größen (z. B. Gesamtbetrag der Einkünfte, zu versteuerndes Einkommen, Steuerschuld) aus den Vorjahren (1975, 1976) oder aus dem Untersuchungsjahr (1977) benötigt werden, sind selbstverständlich die endgültigen Werte, die eventuelle Sonderbegünstigungen berücksichtigen, heranzuziehen.

## 4. Endogene Variablen in der Berechnung der ESt-Belastung

Endogene Variablen für die Berechnung der ESt-Belastung sind also lediglich die Sozialversicherungsbeiträge und das Kindergeld sowie zur Berechnung der ESt-Begünstigungen die jeweiligen Abzugsbeträge.

Dagegen schließt § 3 EStG eine Reihe potentieller Abhängigkeiten aus; danach sind die meisten staatlichen Transfers von den empfangenden Haushalten nicht zu versteuern (Förderung nach dem AFG und dem BAFöG, Sozialhilfe, Kinder-

---

8 Ab 1. 1. 1978 gibt es einen zusätzlichen Sonderfreibetrag, den Tariffreibetrag nach § 32 Abs. 8 EStG, der jedem ESt-Pflichtigen gewährt wird.

9 Zum 1. 1. 1978 ist der Grundfreibetrag – das ist die Nullzone des ESt-Tarifs – von 3 000/6 000 auf 3 300/6 600 DM (für Ledige/Verheiratete) erhöht worden. Durch die Tarifreform zum 1. 1. 1979 ist der Tarifsprung von 22 auf 30,8 vH beim Übergang von der Proportional- zur Progressionszone beseitigt worden. Dadurch ergibt sich in den unteren Bereichen der Progressionszone (ab 16 000/32 000 DM zu versteuerndes Einkommen) eine starke Verminderung des Grenzsteuersatzes. Bei 48 000/96 000 DM nähern sich beide Tarifverläufe wieder an und sind oberhalb dieser Grenze identisch. Außerdem ist durch die Tarifreform der Grundfreibetrag erneut auf 3 690/7 780 DM erhöht worden.

geld, Wohngeld). Nach dem Wohnungsbau- bzw. Sparprämiengesetz sowie dem 3. Vermögensbildungsgesetz bleiben außerdem die Prämien und die Arbeitnehmersparzulage ausdrücklich steuerfrei. Auch alle übrigen im ersten Untersuchungsteil einbezogenen Maßnahmen sind ohne direkten Einfluß auf die einkommensteuerliche Belastung.

## II. Die Einkommensteuer-Sonderbegünstigungen

Gegenüber der zunächst berechneten „normalen" Einkommensteuerbelastung kann durch Geltendmachung verschiedener Abzugsbeträge mit Sonderbegünstigungscharakter eine Verringerung der ESt-Schuld eintreten. Als Sonderbegünstigungen werden hier explizit berücksichtigt: Sonderabschreibungen nach § 7b EStG, Ausbildungsfreibetrag, Sonderausgabenabzug von Aufwendungen für Berufsausbildung bzw. Weiterbildung im nicht ausgeübten Beruf sowie für Bausparbeiträge im Rahmen der Vorsorgeaufwendungshöchstbeträge.

Der positive Umverteilungseffekt dieser einkommensteuerlichen Sonderbegünstigungen insgesamt ist die Differenz zwischen der – höheren – ESt-Schuld vor und der – niedrigeren – ESt-Schuld nach Geltendmachung der Sonderbegünstigungen, die auf Grund von Merkmalen und Aktivitäten für einen Haushalt in Frage kommen. Seine Höhe ist abhängig von dem jeweiligen durchschnittlichen Grenzsteuersatz für die Gesamtheit aller Abzugsposten mit Sonderbegünstigungscharakter.

Da der Grenzsteuersatz bei dem geltenden Steuertarif von der Höhe des zu versteuernden Einkommens abhängt, gilt nur innerhalb der Proportionalzonen für den gesamten Abzugsposten ein konstanter Grenzsteuersatz (22 vH in der unteren, 56 vH in der oberen Proportionalzone). In der Progressionszone, in der der Grenzsteuersatz nach einem Sprung von 22 auf 30,8 vH kontinuierlich bis zum Spitzensteuersatz ansteigt, hängt dagegen der für die Sonderbegünstigungen relevante Grenzsteuersatz bei gegebenem zu versteuerndem Einkommen vor Geltendmachung von der Höhe der gesamten zusätzlichen Abzugsposten ab. D. h. mit zunehmender Höhe der Abzugsposten nimmt der für den Umverteilungseffekt der einkommensteuerlichen Sonderbegünstigungen relevante Grenzsteuersatz ab – bei gleicher Ausgangsgröße (zu versteuerndes Einkommen) vor Berücksichtigung dieser Begünstigungen. Bei mehreren nacheinander geltendgemachten Abzugsposten gleicher Höhe wäre also das Zusatzeinkommen zunächst am höchsten und nähme dann kontinuierlich ab, solange der Steuerpflichtige mit seinem zu versteuernden Einkommen in der Progressionszone des Steuertarifs (16 000/32 000 bis 130 000/260 000 DM zu versteuerndes Einkommen jährlich für Ledige/Verheiratete) liegt. Die Umverteilungseffekte der einzelnen Sonderbegünstigungen wären also – unter ceteris-paribus-Bedingungen – unterschiedlich, je nachdem, welche Reihenfolge man für ihre Geltendmachung unterstellt.

Um diese Abhängigkeit von der zufälligen Reihenfolge der Geltendmachung zu vermeiden, wurde der gesamte Umverteilungseffekt (ESt-Schuld-Differenz) aller Sonderbegünstigungen, die der Haushalt in Anspruch nimmt, nach den Anteilen der einzelnen Abzugsposten am gesamten Abzugsposten auf die – maximal vier – Sonderbegünstigungsmaßnahmen aufgeteilt. Dabei wurde die Tatsache, daß Bausparbeiträge im Rahmen der Vorsorgeaufwendungen u. U. nur zu 50 vH abgezogen werden können, durch eine entsprechende Gewichtung berücksichtigt. Mit dieser Ausnahme gilt also bei dieser Vorgehensweise für alle einkommensteuerlichen Sonderbegünstigungen eines Haushalts der gleiche durchschnittliche Grenzsteuersatz.

## 1. Erhöhte Absetzungen nach § 7b EStG

### a) Die 7b-Vergünstigung

Durch die erhöhten Absetzungen nach § 7b EStG werden Eigenheime, Einfamilienhäuser, Zweifamilienhäuser und Eigentumswohnungen, die nach 1964 fertiggestellt worden sind, gefördert. Der Einfachheit halber wird die Betrachtung hier auf Ein- und Zweifamilienhäuser beschränkt. Es wird davon ausgegangen, daß Einfamilienhäuser in der Regel vom Eigentümer bewohnt werden (sog. selbstgenutzte Einfamilienhäuser), während im Zweifamilienhaus der Eigentümer eine Wohnung selbst bewohnt und die andere vermietet.

Die steuerliche Begünstigung ergibt sich durch die zeitlich begrenzte Anwendung von gegenüber der „Normal"-Abschreibung erhöhten Abschreibungssätzen auf die Herstellungskosten des Wohngebäudes.

#### aa) Einfamilienhäuser

Beim selbstgenutzten Einfamilienhaus gilt 8 Jahre lang ein Abschreibungssatz von 5 vH für maximal 150 000 DM Herstellungskosten (Höchstgrenze).

Normale Abschreibungen gibt es in diesem Fall nicht. Dahinter steht die Vorstellung, daß Normalabschreibungen schon durch den niedrigen Nutzungswert des selbstgenutzten Einfamilienhauses (§ 21 a EStG) abgegolten sind[10]. Die gegenüber der Normalabschreibung geltend zu machende Sonderabschreibung beträgt somit beim selbstgenutzten Einfamilienhaus 5 vH der Herstellungskosten, d. h. unter Berücksichtigung der Höchstgrenze von 150 000 DM maximal 7 500 DM jährlich.

#### bb) Zweifamilienhäuser

Bei Zweifamilienhäusern gilt ebenfalls in den ersten 8 Jahren ein Abschreibungssatz von 5 vH für bis zu 200 000 DM Herstellungskosten (Höchstgrenze).

---

[10] Daher dürfen auch von dem die Höchstgrenze überschreitenden Teil der Herstellungskosten und von dem nach 8 Jahren verbleibenden Restwert (60 vH der Herstellungskosten) keine Abschreibungen mehr vorgenommen werden.

Da in diesem Fall jedoch Normalabschreibungen von 2 vH zugelassen sind, beträgt die darüber hinausgehende Sonderabschreibung nur 3 vH der Herstellungskosten, d. h. unter Berücksichtigung der Höchstgrenze von 200 000 DM maximal 6 000 DM jährlich[11]. Nach Ablauf der 8 Jahre können vom Restwert 40 Jahre lang 2,5 vH, d. h. 1,5 vH der begünstigten Herstellungskosten, abgeschrieben werden. Daraus ergibt sich hier — im Gegensatz zum selbstgenutzten Einfamilienhaus, für das keine Normalabschreibungen zulässig sind — vom 9. Jahr ab jährlich ein negativer Effekt des § 7b EStG (lediglich 1,5 vH gegenüber der Normalabschreibung von 2 vH).

Als Normalabschreibung gilt in dieser Untersuchung ein Abschreibungssatz von 2 %, wie ihn das EStG für Gebäude vorsieht, die nach 1924 fertiggestellt worden sind. Da der steuerliche Begünstigungseffekt innerhalb der ersten 8 Jahre nach Fertigstellung des Wohngebäudes untersucht werden soll, für den Zeitraum von 1964 bis 1973 aber spezielle steuerliche Normalabschreibungssätze gelten (3,5 vH; 2 vH; 1 vH; vgl. § 7 Abs. 5 EStG), wird hier als Baujahr stets das Jahr 1975 angenommen. Da 1977 als laufendes Untersuchungsjahr gilt, befindet sich der Haushalt somit im dritten Abschreibungsjahr.

### b) Beziehungen zwischen exogenen Variablen

Für die Ermittlung der Sonderabschreibungen nach § 7b EStG genügt es zu wissen, in welcher Höhe Herstellungskosten für den Bau eines Ein- oder Zweifamilienhauses angefallen sind. Die Annahme von Hauseigentum hat jedoch Auswirkungen auf andere exogene Variablen (Einkommen aus Vermögen und Höhe des Vermögens).

#### aa) Das Basishaushaltseinkommen aus Vermietung

Haushalte, die ein Haus besitzen, beziehen daraus entweder einen Nutzungswert[12], wie im Falle der selbstgenutzten Wohnung im Ein- oder Zweifamilienhaus, oder Einnahmen, wie im Falle der vermieteten Wohnung im Zweifamilienhaus. Bei selbstgenutzten Einfamilienhäusern und Wohnungen im Zweifamilienhaus handelt es sich bei der geldmäßigen Bewertung des Nutzungswertes um fiktives Einkommen, das in Anlehnung an tatsächlich erzielbare Mieten aus fremdvermieteten Wohnungen ermittelt wird.

Da gemäß dem in der vorliegenden Untersuchung verwendeten Einkommenskonzept das Basishaushaltseinkommen keine Werbungskosten enthält, müssen zur Ermittlung des BHE aus Vermietung von der — effektiven oder fiktiven

---

[11] Für den die Höchstgrenze überschreitenden Teil der Herstellungskosten sind die Normalabschreibungen (2 %) zulässig.

[12] Dieser Nutzungswert ist nicht zu verwechseln mit dem einkommensteuerlichen Nutzungswert des selbstgenutzten Einfamilienhauses (s. o. Anhang II.2.).

– Jahresbruttomiete noch die Werbungskosten abgezogen werden. Bei den Werbungskosten sind neben den Normalabschreibungen von 2 vH der Herstellungskosten auch die mit dem Bau des Hauses zusammenhängenden Schuldzinsen aus einem aufgenommenen Darlehen sowie die Kosten für Instandhaltung zu berücksichtigen. Letztere werden hier mit 1 vH der Herstellungskosten angesetzt. Im Zusammenhang mit den Schuldzinsen wird davon ausgegangen, daß der Haushalt sein aufgenommenes Darlehen mit einer konstanten jährlichen Annuität tilgt. Die Höhe der Schuldzinsen hängt von der Höhe des aufgenommenen Darlehens, von dem Zinssatz und der Laufzeit für das Darlehen sowie von der Höhe der bis zum laufenden Untersuchungsjahr getilgten Darlehensbeträge ab.

### bb) Hauseigentum und Vermögen

Die Geltendmachung der Sonderabschreibungen nach § 7b EStG bedeutet gleichzeitig, daß mit dem Haus auch Vermögen vorhanden ist, das bei der Berechnung der Vermögensteuer berücksichtigt werden muß. Für die Ermittlung der Einheitswerte 1964 wurden die für 1977 vorgegebenen Mieten mit Hilfe des Preisindex für nach 1948 erbaute Neubauwohnungen im frei finanzierten Wohnungsbau auf das Jahr 1964 zurückgerechnet. Zur Berechnung des Haus-Vermögens muß neben dem Einheitswert auch die aus der Darlehensaufnahme resultierende Restschuld berücksichtigt werden. Es gelten folgende Beziehungen:

|   | |
|---|---|
|   | Jahresrohmiete (auf Preisbasis 1964) |
| × | Vervielfältiger<br>(10,5 bei Zweifamilienhäusern)<br>(11,8 bei Einfamilienhäusern) |
| = | Einheitswert 64 |
| × | 1,4 |
| = | Einheitswert 77 |
| - | Restschuld |
| = | Haus-Vermögen |

Die Vervielfältiger sind durch das Bewertungsgesetz (Anlage 7 und 8) festgelegt. Für Einfamilienhäuser gilt bei Nachkriegsbauten in Gemeinden mit über 10 000 Einwohnern ein Vervielfältiger von 11,8, für Zweifamilienhäuser bei Gemeinden mit 10 000 bis 500 000 Einwohnern ein Vervielfältiger von 10,5. Da mit diesen Größenklassen der empirisch relevante Teil der zu untersuchenden Fälle abgedeckt sein dürfte, erscheint die Vernachlässigung der geringfügig abweichenden Vervielfältiger für die übrigen Größenklassen vertretbar.

## 2. Ausbildungsfreibetrag

Für Kinder, die sich in Ausbildung befinden, wird den Eltern seit dem 1. 1. 1977 ein Ausbildungsfreibetrag gem. § 52 Abs. 22a gewährt; er ist an Stelle des Abzugs von 1200 DM als außergewöhnliche Belastung für auswärts wohnende Kinder in Ausbildung getreten.

Grundvoraussetzung für die Gewährung eines Ausbildungsfreibetrages ist ein Kindergeldanspruch für das betreffende Kind. Es gelten also grundsätzlich die gleichen Anspruchsvoraussetzungen wie beim Kindergeld (s. u. Anhang VI.).

Die Höhe des Ausbildungsfreibetrages wird nach dem Alter und der Unterbringung der Kinder im Zusammenhang mit der Ausbildung differenziert. Der jährliche Ausbildungsfreibetrag beträgt

- 1800 DM für Kinder unter 18 Jahren, sofern sie auswärtig untergebracht sind;
- 2 400 DM für Kinder, die im Veranlagungszeitraum 18 Jahre oder älter werden und zu Hause wohnen;
- 4 200 DM für Kinder, die 18 Jahre oder älter werden und auswärtig untergebracht sind.

Auf diese Ausbildungsfreibeträge sind allerdings jeweils ein eventueller BAFöG-Zuschuß und/oder eigene Einkünfte und Bezüge des betreffenden Kindes anzurechnen. Während BAFöG-Zuschüsse voll abzuziehen sind, wird eigenes Einkommen des Kindes nur angerechnet, soweit es 2 400 DM im Jahr übersteigt.

Die Anrechnung des BAFöG-Zuschusses hat zur Folge, daß der Ausbildungsfreibetrag nur insoweit abzugsfähig ist, als der BAFöG-Zuschuß den Freibetrag unterschreitet. In der Abbauphase der BAFöG-Förderung auf Grund zunehmenden Einkommens (s. u. Anhang VII.) nimmt der abzugsfähige Ausbildungsfreibetrag entsprechend zu, bis er bei vollständigem Wegfall der Zuschüsse die o. g. Höchstbeträge erreicht.

Zum anrechnungsfähigen eigenen Einkommen des Kindes, das für den Unterhalt bzw. die Ausbildung bestimmt oder geeignet ist, zählen gem. Abschnitt 190 Abs. 3 Ziffer 1 EStR neben den um bestimmte Pauschalbeträge korrigierten eigenen Einkünften des Kindes im Sinne des EStG u. a. auch Förderungsbeträge nach dem AFG und Arbeitnehmersparzulagen. Zuschüsse nach dem AFG — z. B. Berufsausbildungsbeihilfe — wirken also im Gegensatz zu BAFöG-Zuschüssen, die voll angerechnet werden, nur insoweit vermindernd auf den Ausbildungsfreibetrag, als sie zusammen mit anderen Einkünften und Bezügen die Grenze von 2 400 DM jährlich überschreiten.

Durch Abzug aller auf den Ausbildungsfreibetrag für ein bestimmtes Kind anzurechnenden Beträge und Zusammenfassung der verbleibenden Restbeträge für alle Kinder im Haushalt ergibt sich der Abzugsposten, der bei den — zusammenveranlagten — Eltern als Ausbildungsfreibetrag steuermindernd geltend gemacht werden kann.

Abhängigkeiten des Ausbildungsfreibetrags von anderen Maßnahmen, die in den Modellberechnungen als endogene Variablen zu berücksichtigen sind, bestehen also hinsichtlich eventueller Zuschüsse nach BAFöG und AFG sowie des Kindergeldanspruchs und der Arbeitnehmersparzulage.

### 3. Sonderausgabenabzug von Bausparbeiträgen

Steuerliche Abzugsmöglichkeiten von Bausparbeiträgen bestehen im Rahmen der Vorsorgeaufwendungen insoweit, als die Höchstbeträge durch die übrigen Vorsorgeaufwendungen — also in erster Linie Sozialversicherungsbeiträge — noch nicht ausgeschöpft werden. Dabei sind eventuelle Vorwegabzugsbeträge für den Abzug von Bausparverträgen irrelevant.

Hinsichtlich des Spielraums, der für den Sonderausgabenabzug von Bausparbeiträgen verbleibt, ist zu unterscheiden, ob noch im Rahmen der Grundhöchstbeträge ein voller Abzug (Spielraum 1) oder im Rahmen des allgemeinen Erhöhungsbetrages nur ein hälftiger Abzug (Spielraum 2) möglich ist.

Auf die Frage, ob und in welcher Höhe Bausparbeiträge steuerlich geltend gemacht werden, wird unten näher einzugehen sein (s. u. Anhang XII.).

### 4. Sonderausgabenabzug von Aufwendungen für die Berufsausbildung und die Weiterbildung im nicht ausgeübten Beruf

Gem. § 10 Abs. 1 Ziffer 7 EStG kann der Steuerpflichtige diese Aufwendung bis zu 900 bzw. 1200 DM (bei auswärtiger Unterbringung) im Jahr als Sonderausgaben abziehen; das gleiche gilt für den Ehegatten des Steuerpflichtigen, aber entsprechende Aufwendungen können nur einmal je Person geltend gemacht werden.

Aufwendungen nach § 10 Abs. 1 Ziffer 7 EStG sind zu unterscheiden von Aufwendungen für die Weiterbildung im ausgeübten Beruf, die als Werbungskosten nicht Bestandteil des BHE sind.

Zu den hier interessierenden Aufwendungen mit Sonderausgabencharakter gehören u. a. auch solche für hauswirtschaftliche Aus- und Weiterbildung, die für den eigenen Bedarf erfolgt und nicht auf Erwerbstätigkeit ausgerichtet ist. Auch Promotionskosten sind hier zu subsumieren, ebenso wie Aufwendungen für die berufliche Umschulung, die zu einer anderen beruflichen Tätigkeit befähigen soll. Zu den abzugsfähigen Aufwendungen zählen neben den unmittelbaren Aus- und Weiterbildungskosten auch Aufwendungen für Fahrten und Mehraufwendungen auf Grund auswärtiger Unterbringung, nicht dagegen solche für den Lebensunterhalt (Nahrung, Wohnung, Kleidung). Erhält der Steuerpflichtige zweckgebundene steuerfreie Bezüge zur unmittelbaren Förderung seiner Ausbildung oder Weiterbildung, z. B. nach dem AFG bzw. nach dem BAFöG, so können seine Aufwendungen in Höhe dieser Beträge nicht als Sonderausgaben abgezogen werden. Dies gilt allerdings nicht für alle Leistungen nach den genannten Gesetzen, sondern nur für solche mit Zweckbindung. So sind z. B. bei einem Steuerpflichtigen, der Weiterbildungsaufwendungen hat, eventuelle Leistungen nach § 45 AFG (Fahrtkosten, Lehrgangsgebühren u. a.) von den Aufwendungen abzusetzen, nicht dagegen das Unterhaltsgeld nach § 44 AFG. Der Sonderausgabenabzug nach § 10 Abs. 1 Ziffer 7 EStG kommt also grundsätzlich für Aufwendungen für die eigene Berufsausbildung eines Steuerpflichtigen bzw. für seine Weiterbildung im nicht ausgeübten Beruf in Betracht.

Für Haushaltsmitglieder, die sich in Ausbildung befinden, kann ein Sonderausgabenabzug ihrer Aufwendungen für die eigene Berufsausbildung aus folgenden Gründen unberücksichtigt bleiben. Für Schüler und Studenten (potentielle BAFöG-Fälle) wird generell kein eigenes Einkommen — oder allenfalls ein sehr geringfügiges — angenommen, so daß sie selbst nicht einkommensteuerpflichtig werden und damit auch keinen Begünstigungseffekt aus einer einkommensteuerlichen Sonderbegünstigung erzielen können. D. h., es fallen zwar spezielle Aufwendungen für die Ausbildung dieser Kinder an, sie können aber gemäß unseren Annahmen von diesen Kindern nicht steuermindernd geltend gemacht werden.

Für beruflich Auszubildende (potentielle BAB-Fälle) nehmen wir zwar generell eigenes Einkommen aus dem Ausbildungsverhältnis und damit auch grundsätzlich die Möglichkeit einer eigenen ESt-Schuld dieser Kinder an. Damit kommen sie grundsätzlich für den Sonderausgabenabzug in Frage, wenn auch erst von einer Einkommenshöhe ab, die für durchschnittliche Auszubildende schon recht hoch ist (monatl. über 450 DM). Da aber die für den Sonderausgabenabzug in Frage kommenden spezifischen Aufwendungen eines beruflich Auszubildenden für seine Ausbildung (also nicht für Lebensunterhalt) relativ gering sind, dürfte selbst für diesen Kreis von potentiell Begünstigten der Effekt des Sonderausgabenabzugs so gering sein, daß ein Verzicht auf die Berücksichtigung auch bei den beruflich Auszubildenden vertretbar erscheint.

Für Haushaltsmitglieder, die sich in Weiterbildung (Fortbildung bzw. Umschulung) befinden, sind im Hinblick auf die gleichzeitig oder alternative Begünstigung durch das AFG und den Sonderausgabenabzug nach § 10 Abs. 1 Ziffer 7 EStG drei Arten von Weiterbildungsmaßnahmen zu unterscheiden.

- Fortbildung im ausgeübten Beruf:

Diese Maßnahmen sind für eine Förderung nach dem AFG, nicht aber für den Sonderausgabenabzug relevant (einkommensteuerlich handelt es sich um Werbungskosten).

- Fortbildung und Umschulung im nicht ausgeübten Beruf, bei Erfüllung der Förderungskriterien des AFG:

Hierfür kommen beide Begünstigungsmaßnahmen in Betracht. Bei der Ermittlung der abzugsfähigen Sonderausgaben sind von den hierfür in Betracht kommenden Aufwendungen (also unmittelbare Weiterbildungskosten, Fahrtkosten u. a., dagegen nicht Aufwendungen für den Lebensunterhalt) die speziellen Kostenerstattungen nach § 45 AFG abzuziehen. Da bei Erfüllung der Förderungskriterien nach AFG davon ausgegangen werden kann, daß diese Aufwendungen nach § 45 vollständig, zumindest aber weitgehend erstattet werden, dürfte hier im Regelfall ein Sonderausgabenabzug nach § 10 Abs. 1 Ziffer 7 EStG neben der AFG-Förderung entfallen.

- Fortbildung und Umschulung im nicht ausgeübten Beruf, ohne Erfüllung der Förderungskriterien des AFG:

Nach den oben getroffenen Annahmen beschränkt sich die Geltendmachung des Sonderausgabenabzugs nach § 10 Abs. 1 Ziffer 7 EStG im wesentlichen auf die Fälle von Steuerpflichtigen, die Aufwendungen für eine nicht nach AFG förderungsfähige Weiterbildung im nicht ausgeübten Beruf tätigen, also z. B. für arbeitsmarktpolitisch nicht notwendige Maßnahmen wie hauswirtschaftliche Weiterbildung oder Besuch von Volkshochschulkursen ohne Ausrichtung auf Erwerbstätigkeit, Promotion u. ä.

Durch die Beschränkung des Sonderausgabenabzugs nach § 10 Abs. 1 Ziffer 7 EStG auf die Weiterbildungsaufwendungen der dritten Art reduziert sich die Wahrscheinlichkeit der Inanspruchnahme und damit die empirische Bedeutung dieser Begünstigung erheblich. Zumindest wird sie nach den oben getroffenen Annahmen nur für Haushaltsmitglieder in Betracht gezogen, die nicht Kinder im Haushalt sind und nicht nach AFG gefördert werden.

Abhängigkeiten des Sonderausgabenabzugs dieser Aufwendungen bestehen zwar zum AFG und BAFöG. Durch die hier getroffenen Einschränkungen wird allerdings die gleichzeitige Förderung durch die einkommensteuerliche Begünstigung einerseits und nach AFG bzw. BAFöG andererseits ausgeschlossen.

## III. Die gesetzliche Krankenversicherung

### 1. Beiträge

Aus dem Bereich der Sozialversicherung werden als umverteilungswirksame staatliche Maßnahmen nur die Beiträge zur gesetzlichen Krankenversicherung (GKV) sowie der dadurch erworbene durchschnittliche Versicherungsschutz in die Untersuchung einbezogen[13].

---

[13] Die gesetzliche Rentenversicherung (GRV) bleibt aufgrund der bei der Modellrechnung angewandten Umverteilungs- und Einkommensbegriffe außer Betracht. Auf die Einbeziehung der Arbeitslosenversicherung (ALV) wird verzichtet, weil mögliche Umverteilungseffekte hier - bei durchschnittlichen Leistungen - lediglich eine vernachlässigbar geringe quantitative Bedeutung haben können.

Die Renten- und Arbeitslosenversicherungsbeiträge werden aber teilweise zur Ermittlung anderer staatlicher Transfers benötigt.

### a) Versicherungs- und Beitragspflicht

In der GRV ist die gesamte Gruppe der Arbeitnehmer — Arbeiter, Angestellte, Auszubildende — und einige Selbständige pflichtversichert. Freiwillig versichert werden können alle nicht rentenversicherungspflichtigen Personen ab Vollendung des 16. Lebensjahres.

Pflichtmitglieder in der GKV sind alle Arbeitnehmer mit einem Bruttoarbeitsentgelt bis zur Versicherungspflichtgrenze. In der Untersuchung wird angenommen, daß die Arbeitnehmer, die nicht mehr versicherungspflichtig sind, als freiwillige Mitglieder in der GKV verbleiben.

Bezieher von Renten aus der GRV sind ebenfalls in der GKV pflichtversichert[14]. Wenn ein gleichartiger privater Krankenversicherungsschutz besteht, können sich die Rentenbezieher von der Versicherungspflicht befreien lassen. In der Untersuchung wird angenommen, daß Bezieher von Renteneinkommen generell pflichtversichert sind.

Neben der oben bereits ausgeklammerten Gruppe einiger Selbständiger mit einem Einkommen unterhalb der Versicherungspflichtgrenze sind Studenten selbst in der GKV versicherungspflichtig, wenn sie nicht im Rahmen der Familienhilfe mitversichert sind.

Die Familienhilfe umfaßt unterhaltsberechtigte Familienangehörige (Ehegatten, Kinder), wenn diese keinen eigenen Anspruch auf Versicherungsschutz haben. Für Kinder greift die Familienhilfe bis zur Vollendung des 18. Lebensjahres bzw., wenn sie sich in Schul- oder Berufsausbildung befinden (oder ein freiwilliges soziales Jahr ableisten), bis zur Vollendung des 25. Lebensjahres[15].

Teilnehmer an Fortbildungs- und Umschulungsmaßnahmen, die Unterhaltsgeld nach dem Arbeitsförderungsgesetz beziehen, sind durch die Bundesanstalt für Arbeit in der GKV versichert.

In der ALV sind nur Arbeitnehmer versichert. Von der Versicherungspflicht ausgenommen werden Arbeitnehmer, die das 63. Lebensjahr vollendet haben.

---

[14] Durch das Gesetz zur Dämpfung der Ausgabenentwicklung und zur Strukturverbesserung in der gesetzlichen Krankenversicherung, das ab 1. 7. 1977 in Kraft ist, hat die Pflichtversicherung von Rentnern folgende Einschränkungen erfahren. Rentner sind nur noch pflichtversichert, wenn sie die Hälfte der Zeit zwischen erstmaliger Erwerbstätigkeit und Rentenantragstellung (frühestens ab 1. 1. 1950) Mitglied der GKV waren. Diejenigen, die diese Bedingung nicht erfüllen, können der Krankenversicherung der Rentner (KVdR) freiwillig als zahlendes Mitglied beitreten.

[15] Durch das o. a. Krankenversicherungskostendämpfungsgesetz (KVKG) vom 27. 6. 1977 wurde der § 205 RVO folgendermaßen eingeschränkt: Familienangehörige mit einem regelmäßigen Gesamteinkommen von mehr als 370 DM monatlich (= 1/5 der Bezugsgröße nach § 18, SGB IV) können nicht im Rahmen der Familienhilfe mitversichert werden. Ebenso fallen Kinder aus der Familienhilfe heraus, wenn der Ehegatte des Versicherten nicht Mitglied der GRV ist, sein Gesamteinkommen über der Versicherungspflichtgrenze liegt und regelmäßig höher als das Gesamteinkommen der Versicherten ist. Da diese Regelung zum 1. 7. 1977 in Kraft trat, blieb sie in dieser Untersuchung unberücksichtigt.

Für alle Sozialversicherungszweige gilt, daß „geringfügige Beschäftigungen" (Nebenbeschäftigungen) nicht der Versicherungspflicht unterliegen. Nebenbeschäftigungen wurden bei den Modellrechnungen allerdings nicht berücksichtigt.

Auszubildende in betrieblicher Berufsausbildung sind unabhängig von der Höhe ihrer Ausbildungsvergütung sozialversicherungspflichtig. Bei einem Bruttolohn bis zu 340 DM monatlich (1/10 der Beitragsbemessungsgrenze in der GRV) hat der Arbeitgeber den Gesamtbetrag zu übernehmen.

### b) Maßnahmenspezifischer Einkommensbegriff

Das für die Sozialversicherungspflicht maßgebliche Arbeitsentgelt ist der in der Untersuchungsperiode erzielte Bruttolohn bis zur jeweiligen Beitragsbemessungsgrenze.

Ausgehend vom BHE aus unselbständiger Arbeit werden Werbungskosten und die Beiträge zur Rentenversicherung hinzuaddiert und die Arbeitgeberbeiträge zur Sozialversicherung abgezogen, um den Bruttolohn zu ermitteln.

Bezüglich der Werbungskosten wird folgende Annahme gemacht: Jeder Arbeitnehmer hat unabhängig von seinem Einkommen Werbungskosten in Höhe der Werbungskostenpauschale des EStG von 564 DM jährlich. Hinzu kommt ein vH-Satz von 2,5 des BHE aus unselbständiger Arbeit als einkommensabhängiger Werbungskostenbestandteil.

### c) Berechnung der Beiträge

Für das Jahr 1977 und die beiden Vorjahre, für die eine Einkommensrückrechnung erfolgt, gelten folgende Beitragssätze (Arbeitgeber- und Arbeitnehmeranteil) bzw. Beitragsbemessungsgrenzen[16]:

| | GRV | ALV | GKV |
|---|---|---|---|
| 1977 | 18 vH / 3 400 | 3 vH / 3 400 | 12,2 vH / 2 550 |
| 1976 | 18 vH / 3 100 | 3 vH / 3 100 | 11,6 vH / 2 325 |
| 1975 | 18 vH / 2 800 | 2 vH / 2 800 | 10,6 vH / 2 100 |

Zu den Beiträgen zur GKV kommen bei freiwillig Versicherten[17], wenn mindestens ein Familienmitglied mitversichert ist, ein Familienzuschlag von 20 DM hinzu.

[16] Die Beitragsbemessungsgrenze für die GRV und ALV wurde für das Jahr 1978 auf 3 700 DM und für das Jahr 1979 auf 4 000 DM bzw. für die GKV auf 2 775 und 3 000 DM angehoben.

[17] Arbeiter sind generell – ohne Berücksichtigung der Höhe des Arbeitsentgelts – pflichtversichert,

Selbstversicherte Studenten zahlen einen monatlichen Beitrag von z. Z. 29 DM[18].
Bezieher von Renten aus der gesetzlichen Rentenversicherung waren bis zum 1. 7. 1977 alle beitragslos versichert[19].

### d) Annahmen zur Modellrechnung

Alle Arbeitnehmer sind in der GKV versichert. Haushaltsmitglieder ohne eigenen Versicherungsschutz sind soweit möglich im Rahmen der Familienhilfe mitversichert.

Renteneinkommensbezieher sind als Pflichtmitglieder in der GKV versichert.

Bezüglich der Bemessung der Sozialversicherungsbeiträge wird von 12 Monatsgehältern ausgegangen (Jahres-BHE geteilt durch 12 ist gleich Monats-BHE). Der Effekt, der durch die Zahlung von z. B. 13 Monatsgehältern in bestimmten Gehaltsstufen auf die Höhe der Beiträge zur Sozialversicherung entsteht, wird somit vernachlässigt.

Bezüglich der Werbungskosten wird von der o. a. Annahme von 564 DM p. a. zuzüglich 2,5 vH vom BHE aus unselbständiger Arbeit ausgegangen.

## 2. Durchschnittlicher Versicherungsschutz

Die Höhe des durchschnittlichen Versicherungsschutzes, den ein krankenversicherter Haushalt genießt, hängt von bestimmten Risikofaktoren wie z. B. Alter und Geschlecht des Versicherten sowie Anzahl der mitversicherten Familienangehörigen ab. Zur Quantifizierung des Versicherungsschutzes aus der gesetzlichen Krankenversicherung wurden die durchschnittlichen Leistungsausgaben für vier sich bezüglich ihres Risikos stark unterscheidende Personengruppen herangezogen.

### a) Unterschiedene Risikogruppen

Das Alter hat wesentlichen Einfluß auf die Höhe des Krankheitsrisikos[20]. Für die GKV liegen allerdings keine Angaben darüber vor, wie sich die Leistungsausgaben auf verschiedene Altersgruppen verteilen. Aus der in der GKV-Statistik vor-

---

während Angestellte mit einem Einkommen über der Versicherungspflichtgrenze freiwillige Mitglieder sind. Da in dieser Untersuchung nicht zwischen Arbeitern und Angestellten unterschieden wird, ist nur die Lohnhöhe für die Pflichtversicherung entscheidend.

[18] § 381a RVO: 5 vH vom Grundlohn, der in diesem Fall der jeweilige BAFöG-Höchstsatz ist. BAFöG-Bezieher erhalten einen Zuschuß von 12 DM.

[19] Durch Inkrafttreten des Krankenversicherungskostendämpfungsgesetzes besteht die „kostenlose“ Krankenversicherung nur für die durch das Gesetz eingeschränkte Gruppe der Pflichtversicherten. Diejenigen, die diese Bedingung nicht erfüllen, können der KVdR freiwillig als zahlende Mitglieder beitreten. Sie erhalten ebenso wie die privatversicherten Rentenbezieher einen Zuschuß in Höhe von 11 vH ihrer Rente.

handenen Aufgliederung der Leistungsausgaben auf Mitglieder ohne Rentner, auf deren mitversicherte Familienangehörige (i. d. R. Ehefrauen und Kinder) und auf Rentner mit Familienangehörigen können lediglich Anhaltspunkte für eine grobe Unterscheidung von 3 Altersstufen – Erwachsene mittleren Alters, Kinder und ältere Personen – gewonnen werden[21]. In der Modellrechnung werden demnach für Mitglieder von Ein- und Zwei-Personen-Arbeitnehmerhaushalten sowie für die Eltern innerhalb der Drei- und Mehr-Personen-Arbeitnehmerhaushalte, für Kinder und für Mitglieder von Rentnerhaushalten die jeweiligen durchschnittlichen Leistungsausgaben für diese drei Kategorien von Versicherten angesetzt.

Die Abhängigkeit des Risikos vom Geschlecht spielt für die Modellrechnung keine Rolle, da bei Ein-Personen-Haushalten und bei Kindern keine Unterscheidung nach diesem Merkmal getroffen wird und bei Ehepaaren eine Trennung der jeweiligen Anteile am Versicherungsschutz nicht vorgenommen wird.

Bei der Ermittlung von durchschnittlichen Leistungsausgaben wird allerdings berücksichtigt, daß bestimmte Geldleistungen wie Krankengeld, Mutterschaftsgeld und Sterbegeld nur von selbst versicherten Mitgliedern der GKV in Anspruch genommen werden können. Innerhalb der Gruppe der Erwachsenen, die nicht Rentner sind, wird deshalb zwischen (abhängig) erwerbstätigen und nichterwerbstätigen Haushaltsangehörigen unterschieden[22].

### b) Durchschnittliche Leistungsausgaben

Für über 70 vH der Leistungsausgaben der GKV liegt eine Aufteilung nach den o. a. drei Gruppen – Mitglieder (ohne Rentner), mitversicherte Familienangehörige der Mitglieder und Rentner (inklusive Familienangehörige) – vor. Die Geldleistungen sind im wesentlichen den erwerbstätigen Mitgliedern und teilweise den Rentnern zuzurechnen. Die restlichen Leistungsausgaben wurden nach dem Verhältnis der Ausgaben für ambulante ärtliche Behandlung aufgeteilt.

Für das Untersuchungsjahr 1977 wurden folgende Pro-Kopf-Leistungsausgaben berechnet:

| | |
|---|---|
| Mitglieder (ohne Rentner) | circa 110 DM monatlich |
| Mitversicherte Ehegatten | circa 90 DM monatlich |
| mitversicherte Kinder | circa 30 DM monatlich |
| Rentner und deren mitversicherte Angehörige | circa 150 DM monatlich. |

20 Vgl. dazu die für verschiedene Altersgruppen berechneten Durchschnittsprofile der Rechnungsbeträge für einzelne Leistungsarten, wie sie die private Versicherungswirtschaft erstellt. Rechenschaftsbericht 1977 des Verbandes der privaten Krankenversicherung e. V. Köln 1978, S. 103–110.

21 Zur Ermittlung von durchschnittlichen Pro-Kopf-Leistungsausgaben sind neben der Anzahl der Mitglieder der GKV Angaben über die Anzahl der mitversicherten Familienangehörigen und den Kinderanteil darunter erforderlich. Dabei wurde auf Schätzungen der gesetzlichen Krankenkassen zurückgegriffen.

22 Der Krankengeldanspruch von Kindern in beruflicher Ausbildung bleibt wegen des geringen quantitativen Gewichts unberücksichtigt.

Die in der GKV versicherten Rentner erhalten einen vollen Krankenversicherungsschutz, ohne daß sie Beiträge zu entrichten haben[23]. Dieser Schutz wird in der Untersuchung in voller Höhe als Umverteilung (Begünstigung) behandelt.

## IV. Die Vermögensteuer

### 1. Bemessungsgrundlage und Steuersatz

Die Untersuchung beschränkt sich auf natürliche Personen. Die Erfassung der Besteuerung des Betriebsvermögens entfällt demnach von vornherein im Falle der Unternehmen mit eigener Rechtspersönlichkeit (Kapitalgesellschaften). Dadurch wird auch die steuerliche Benachteiligung (Doppelbelastung) von Personen, die an Kapitalgesellschaften beteiligt sind, aus der Betrachtung herausgenommen. Betriebsvermögen ist aber zu berücksichtigen, wenn es sich um Unternehmen ohne eigene Rechtspersönlichkeit (Selbständigenhaushalte) handelt und somit der Unternehmer, sofern er Eigentümer des Kapitals ist, selbst die Vermögensteuer zu zahlen hat.

Nach § 18 BewG wird folgendes Gesamtvermögen der Vermögensteuer unterworfen:

(1) Land- und forstwirtschaftliches Vermögen,

(2) Grundvermögen,

(3) Betriebsvermögen,

(4) sonstiges Vermögen.

Bei der Ermittlung des steuerpflichtigen Gesamtvermögens gelten die folgenden Freibeträge:

70 000 DM für einen Steuerpflichtigen
70 000 DM für den Ehegatten
70 000 DM für jedes Kind

und, im Zusammenhang mit bestimmten Vermögenshöchstgrenzen,

10 000 DM zusätzlich bei über 60jährigen bzw.
50 000 DM zusätzlich bei über 65jährigen.

Der Steuersatz beträgt 0,7 vH des steuerpflichtigen Vermögens[24].

---

[23] Die entstehenden Kosten werden zum größten Teil von der GRV getragen. Die verbleibenden Kosten übernimmt die GKV.

[24] Die Anwendung des ermäßigten Steuersatzes von 0,55 vH, die nur für einen Teil des Vermögens und nur bis zum 31. 12. 1978 gilt, unterbleibt hier. Am 1. 1. 1978 wurde der allgemeine Satz von 0,7 vH auf 0,5 vH ermäßigt.

## 2. Veranlagung (§ 14 VermStG)

Ehegatten werden immer zusammenveranlagt. Bei Ehegatten mit Kindern hängt die Zusammenveranlagung von dem Alter, der Unterbringung, dem Familienstand und der Berufsausbildung der Kinder ab.

### a) Zusammenveranlagung der Ehegatten mit Kindern

Die Voraussetzungen für die Zusammenveranlagung der Ehegatten mit ihren Kindern sind, daß die Kinder

- das 18. Lebensjahr noch nicht vollendet haben und
- zu Hause wohnen[25]

oder

- das 18. Lebensjahr vollendet, aber das 27. Lebensjahr noch nicht vollendet haben,
- unverheiratet sind,
- in der Berufsausbildung stehen und
- zu Hause wohnen[25].

### b) Einzelveranlagung der Kinder

Jedes Kind, für das die folgenden Voraussetzungen zutreffen, wird einzeln veranlagt. Kinder, für die die unter 2.1. genannten Voraussetzungen zutreffen, werden mit ihren Eltern zusammen veranlagt.

Die Voraussetzungen für die Einzelveranlagung sind, daß die Kinder

- das 18. Lebensjahr noch nicht vollendet haben, aber
- nicht zu Hause wohnen

oder eine der folgenden Bedingungen erfüllen:

- verheiratet,
- wohnt nicht zu Hause,
- steht nicht in der Berufsausbildung,
- hat das 27. Lebensjahr vollendet.

## 3. Beziehungen zwischen exogenen Variablen

Zur Berechnung der Vermögensteuer muß die Höhe des Vermögens des jeweiligen Haushalts exogen vorgegeben werden. Sofern man – wie im folgenden

---

25 Ein auswärtig wohnender Student kann demnach nicht mit seinen Eltern zusammen veranlagt werden.

Abschnitt dargestellt wird – zwischen der Höhe des Vermögens und dem Basishaushaltseinkommen des Haushalts eine Beziehung herstellt, werden die ursprünglich exogenen Größen Vermögen und Basishaushaltseinkommen endogenisiert. Da man davon ausgehen kann, daß das Vermögen in der Regel auch Erträge abwirft, die von der Höhe des Vermögens abhängig sind, wird auf diese Weise auch eine Beziehung zwischen den Vermögenserträgen (Basishaushaltseinkommen aus (Kapital-)Vermögen) und dem gesamten Basishaushaltseinkommen hergestellt.

### a) Die Höhe des Vermögens

Annahmen über die Höhe des Vermögens müssen mit den übrigen Annahmen über die Merkmale, Aktivitäten und Zusammensetzung des Basishaushaltseinkommens abgestimmt werden. Die Unterstellung eines bestimmten Vermögens bei den einzelnen Haushalten ist mit großer Willkür verbunden, da es hinsichtlich der Art und des Umfangs des Vermögens eine Vielzahl von Erscheinungsformen gibt. Allerdings hat die Einkommens- und Verbrauchsstichprobe 1973 ergeben, daß zwischen der Höhe der verfügbaren Einkommen und der Höhe der Vermögensbestände, insbesondere der Sparguthaben, ein deutlicher Zusammenhang besteht.

Man kann diese empirischen Durchschnittsinformationen zwar nicht ohne weiteres auf einen einzelnen Haushalt anwenden. Dennoch wird in der vorliegenden Untersuchung davon ausgegangen, daß das Vermögen in Abhängigkeit vom Basishaushaltseinkommen zunimmt. Um die bei den einzelnen Haushalten unterschiedlichen Verhältnisse zu berücksichtigen, wird dabei von zwei Modellvarianten (geringes und hohes Vermögen) ausgegangen.

– Geringes Vermögen:

Jeder Haushalt wird in der Regel einen gewissen Vermögensbestand (laufende Konten und Sparguthaben) besitzen. Es wird daher unterstellt, daß jeder Haushalt, unabhängig von seinem Einkommen und seiner sonstigen Situation ein Mindestvermögen von 4 000 DM hat. Weiterhin wird angenommen, daß dieses Mindestvermögen mit steigendem Einkommen (BHE) leicht ansteigt, so daß das gesamte Mindestvermögen die folgende Höhe hat:

$$\text{Geringes Vermögen} = 4\,000 + 0{,}1 \text{ BHE (jährlich).}$$

– Hohes Vermögen:

$$\text{Hohes Vermögen} = 20\,000 + 4 \times \text{BHE (jährlich).}$$

Bei der oberen Vermögensvariante hat ein Haushalt mit einem monatlichen Basishaushaltseinkommen von 10 000 DM monatlich (120 000 DM jährlich) ein Vermögen von 500 000 DM.

Es wird angenommen, daß die aus den Vermögensfunktionen resultierenden Vermögenswerte den Werten entsprechen, die nach den Vorschriften des Vermögensteuer- und des Bewertungsgesetzes der Vermögenbesteuerung unterliegen. Einzelne Vermögensarten werden innerhalb dieser Varianten nicht unterschieden, mit Ausnahme des Hausvermögens.

b) Basishaushaltseinkommen aus Vermögen

Vermögen wirft in der Regel Erträge ab, die jedoch sehr unterschiedlich sein können, je nachdem, um welche Vermögensarten – laufende Konten, Sparguthaben, Wertpapiere oder Haus- und Grundbesitz – es sich handelt. Da es nicht die Aufgabe der vorliegenden Untersuchung sein kann, die Auswirkungen der unterschiedlichen Vermögenszusammensetzung auf die Verzinsung des Vermögens zu überprüfen, und da andererseits für die Unterstellung bestimmter Vermögenskomponenten bei den einzelnen Haushalten und auf den einzelnen Einkommensstufen eine Reihe willkürlicher und empirisch wenig abgesicherter Annahmen zu treffen wäre, soll in dieser Untersuchung davon ausgegangen werden, daß sich das Gesamtvermögen des Haushalts – mit Ausnahme des Haus-Vermögens – zu 4 vH jährlich verzinst. Das Basishaushaltseinkommen aus (Kapital-)Vermögen beträgt demnach jährlich 4 vH des dem Haushalt unterstellten Vermögens.

## V. Die Kraftfahrzeugsteuer

Bemessungsgrundlage der Kraftfahrzeugsteuer für Personenkraftwagen ist der Hubraum des jeweiligen PKW. Pro 100 ccm Hubraum sind 14,40 DM Kraftfahrzeugsteuer zu zahlen. In der Regel wird man davon ausgehen können, daß die Haltung eines Kraftfahrzeuges nicht unabhängig ist von den Einkommensverhältnissen des jeweiligen Haushalts. In dieser Untersuchung wird daher angenommen, daß mit zunehmendem Basishaushaltseinkommen der Hubraum des PKW (und damit auch die zu zahlende Kraftfahrzeugsteuer) stetig zunimmt, und zwar beginnend mit einem Hubraum von 800 ccm bei einem Basishaushaltseinkommen von unter 1 000 DM und endend mit einem Hubraum von 3 600 ccm bei einem Basishaushaltseinkommen von mehr als 12 000 DM monatlich.

Um zu vermeiden, daß der vorgegebene Tarif zu einer stufenweisen Anhebung der Kraftfahrzeugsteuer beim Überschreiten der jeweils nächsten 100-ccm-Grenze führt, wurde hier angenommen, daß der Tarif für die Kraftfahrzeugsteuer 0,144 DM pro ccm Hubraum beträgt.

## VI. Das Kindergeld

Nach dem Bundeskindergeldgesetz besteht ein Anspruch auf Kindergeld unabhängig von der Einkommenssituation der Eltern, und zwar monatlich für das

| | |
|---|---|
| 1. Kind | 50 DM |
| 2. Kind | 70 DM[26] |
| 3. und alle weiteren Kinder | 120 DM[26]. |

Als Kinder im Sinne dieses Gesetzes zählen generell Kinder unter 18 Jahren und von 18 bis unter 27 Jahren, sofern sie sich in Ausbildung u. ä. befinden. Weitere Voraussetzungen bleiben hier unberücksichtigt, weil sie nicht vom Haushalt gestaltbar sind (z. B. Behinderung).

Die Kriterien für die maßnahmenspezifische Berücksichtigung von Kindern ähneln stark denjenigen im Einkommensteuergesetz (z. B. im Hinblick auf die Vorsorgeaufwendungshöchstbeträge). Allerdings werden Kinder in Schul- oder Berufsausbildung – auf Grund der Neuregelung des Haushaltsstrukturgesetzes vom 20. 12. 1975 – beim Kindergeld nicht berücksichtigt, wenn ihnen aus dem Ausbildungsverhältnis Bruttobezüge in Höhe von wenigstens 750 DM monatlich zustehen.

## VII. Die Leistungen nach dem Bundesausbildungsförderungsgesetz (BAFöG)

### 1. Zielsetzung des BAFöG

Ziel des BAFöG ist es, die finanziellen Voraussetzungen für gleiche Bildungschancen aller Bürger zu schaffen. Gefördert werden Schüler an weiterführenden allgemeinbildenden Schulen, Fachoberschulen, Berufsfachschulen sowie an Abendhaupt-, -realschulen und Berufsaufbauschulen, Studierende an Abendgymnasien, Fachschulen und Kollegs und Studenten an Akademien, Fachhochschulen und Hochschulen.

Die Ausbildungsförderung besteht in einer monatlichen Transferzahlung, die nach einem gesetzlich pauschalierten, nach Ausbildungsstätten und Unterbringungsart differenzierten Bedarfssatz für Lebensunterhalt und Ausbildung bemessen wird. Auf den Bedarf wird das Einkommen des Auszubildenden, seines Ehegatten[27] und seiner Eltern nach Berücksichtigung bestimmter absoluter und rela-

---

[26] Diese Beträge sind inzwischen zweimal erhöht worden und zwar für das zweite Kind über 80 (zum 1. 1. 1978) auf 100 DM (zum 1. 7. 1979) sowie für das dritte und jedes weitere Kind über 150 (zum 1. 1. 1978) auf 200 DM (zum 1. 1. 1979).

[27] Da nur 20 vH der Studenten verheiratet sind, vgl. G. Kath u. a., Das soziale Bild der Studentenschaft in der Bundesrepublik Deutschland. Ergebnisse der 8. Sozialerhebung des Deutschen Studentenwerkes im Sommersemester 1976, (Schriftenreihe Hochschule, hrsg. vom Bundesminister für Bildung und

tiver Freibeträge angerechnet. Liegt das Einkommen unter den Freibeträgen, wird der BAFöG-Höchstbetrag gewährt (Vollförderung). Erst nach Überschreiten der Freibeträge mindert das anzurechnende Einkommen den Förderungsbetrag (Teilförderung), bis er ganz entfällt.

## 2. BAFöG-Berechnung

### a) Förderungsfähigkeit

Neben dem Kriterium der förderungsfähigen Ausbildung ist bei Schülern eine Förderung i. d. R. erst ab Beginn der 11. Klasse möglich, dies entspricht im Regelfall einem Mindestalter von 15 Jahren[28].

Der Bezug von Leistungen nach BAFöG entfällt außerdem von vornherein dann, wenn die Eltern des Auszubildenden für das vorletzte Kalenderjahr vor Beginn des Bewilligungszeitraums Vermögensteuer zu entrichten hatten. Da sich Vermögensbestände bzw. damit verbundene Vermögensteuerzahlungen i. d. R. innerhalb von 2 Jahren nicht erheblich ändern, wird zur Vermeidung der Rückrechnung des Vermögensbestandes und der damit verbundenen Konsequenzen bei Prüfung des BAFöG-Anspruchs auf eine eventuelle Vermögensteuerzahlung im Untersuchungsjahr abgestellt.

### b) Bedarfssätze

Im BAFöG sind folgende Bedarfssätze für den Lebensunterhalt und die Ausbildung vorgesehen (in DM)[29]:

| Unterbringung / Ausbildung | wohnt bei Eltern | bei auswärtiger Unterbringung |
|---|---|---|
| Schüler ohne abgeschl. Berufsausbildung | 235 | 44o |
| Schüler mit abgeschl. Berufsausbildung | 44o | 53o |
| Student; Fachschule, Abendgymnasium, Kolleg | 45o | 55o |
| Student; Höhere Fachschule, Akademie, Hochschule | 48o | 58o |
| Darlehensanteil bei Studenten | 13o | 15o |

Wissenschaft, Bd. 27) Bonn 1978, S. 20, wird der Fall eines Studentenehepaares nicht in die Untersuchung einbezogen.

28 In den Berechnungen wird bei Schülern, die das 15. Lebensjahr vollendet haben, generell Förderungsfähigkeit unterstellt.

29 Die angegebenen Bedarfssätze werden mit dem 5. BAFöG-Änderungsgesetz zum Herbst 79 angehoben. Ebenso wurden die Einkommensgrenzen (s. u.) geändert.

Bei Studenten an Hochschulen u. ä. kommt bei selbständiger Versicherung in der GKV oder bei einer Privatversicherung ein Zuschuß zur Krankenversicherung von 12 DM hinzu. Über die Bedarfssätze hinausgehende Sonderleistungen nach § 14a BAFöG bzw. Härte-VO (z. B. Fahrtkosten) werden in der vorliegenden Untersuchung nicht berücksichtigt.

### c) Einkommensbegriff

Auf den Bedarfssatz wird das Einkommen der Eltern des Auszubildenden, das im vorletzten Kalenderjahr vor Beginn des Bewilligungszeitraums erzielt wurde, und das voraussichtliche Einkommen des Auszubildenden im Bewilligungszeitraum angerechnet. Aus Vereinfachungsgründen wird der Bewilligungszeitraum (bei Schülern von August bis Juli, bei Studenten von Oktober bis September) mit dem Untersuchungszeitraum (Kalenderjahr) gleichgesetzt, so daß für die BAFöG-Berechnung im ganzen Jahr die gleiche Referenzperiode und die gleichen Bedarfssätze gelten.

Folgender Einkommensbegriff wird bei der Einkommensanrechnung zugrunde gelegt:

| | |
|---|---|
| Gesamtbetrag der Einkünfte<br>+ Nichtertragsanteil der Renten<br>./. Einkommensteuer<br>./. Kirchensteuer<br>./. Sozialversicherungspauschalen | der jeweiligen Referenzperiode<br>(bei Eltern das Vorvorjahr,<br>bei Auszubildenden das Untersuchungsjahr) |
| in vH des Gesamtbetrags der Einkünfte, Zuordnung nach überwiegender Einkunftsart:<br>19 vH/max. 7400 p. a. für BHE aus unselbständiger Arbeit<br>33 vH/max. 12 700 p. a. für BHE aus selbständiger Arbeit und Gewerbebetrieb<br>13 vH/max. 4 600 p. a. für BHE aus Kapitalvermögen, aus Vermietung und Verpachtung, Renten, Pensionen[30] | |
| + Kindergeld<br>+ Unterhaltsgeld nach AFG<br>+ Sozialhilfeleistung | des Untersuchungs-<br>jahres |

---

: 12 = monatliches Einkommen vor Abzug der Freibeträge

---

30 Gilt auch für Beamte.

### d) Einkommensfreibeträge

Absolute Freibeträge vom Einkommen der Eltern:

- für die Eltern ........................................................ 1 130 DM monatlich
- Zusatzfreibetrag für Doppelverdiener ............................. 180 DM monatlich
- für jedes Kind in förderungsfähiger Ausbildung .................... 70 DM monatlich
- für jedes weitere Kind
  - unter 15 ......................................................... 280 DM monatlich
  - über 15, ......................................................... 370 DM monatlich

  aber abzüglich eigener Einkommen dieser Kinder bis zur Höhe der Freibeträge.

Relativer Freibetrag vom Einkommen der Eltern:
Von dem Einkommen, das nach Abzug der absoluten Freibeträge verbleibt, sind 25 vH zuzüglich 10 vH für jedes Kind, für das ein Freibetrag gewährt wurde, anrechnungsfrei. Durch die Ausgestaltung des relativen Freibetrages erfolgt also eine erneute Staffelung nach der Kinderzahl, wodurch kinderreiche Familien stark begünstigt werden. Während bei einem Drei-Personen-Haushalt mit einem Kind 65 vH des zusätzlichen Einkommens angerechnet werden, sind dies bei einem Sechs-Personen-Haushalt mit 4 Kindern lediglich 35 vH.

Bei mehreren Auszubildenden innerhalb eines Haushalts wird das Einkommen der Eltern zu gleichen Teilen auf die Bedarfssätze angerechnet. Liegen bei mehreren Auszubildenden unterschiedliche Bedarfssätze vor und übersteigt ein anzurechnender Einkommensteil den jeweils niedrigsten Bedarfssatz, so wird das überschüssige anzurechnende Einkommen bei den weiteren Bedarfssätzen angerechnet.

Freibeträge vom Einkommen des Auszubildenden:

Für den Auszubildenden selbst bleibt anrechnungsfrei:

- Schüler ohne abgeschlossene Berufsausbildung ................... 120 DM monatlich
- Schüler mit abgeschlossener Berufsausbildung ..................... 180 DM monatlich
- Student ................................................................ 240 DM monatlich

Vergütungen aus dem Ausbildungsverhältnis des Auszubildenden werden voll (ohne Abzug von Freibeträgen) angerechnet, soweit es sich nicht um einen zu Hause wohnenden Schüler ohne abgeschlossene Berufsausbildung handelt.

## 3. Abhängigkeiten

Direkte Abhängigkeiten von Zwischen- und Endergebnissen anderer Maßnahmen bestehen bei den Leistungen nach BAFöG von der Einkommensteuer (hinsichtlich des Gesamtbetrages der Einkünfte, des Nichtertragsanteils der Renten und der Einkommensteuerschuld als endogene Variablen der BAFöG-Berechnung), vom Kindergeld und vom Unterhaltsgeld nach dem AFG.

Die Interdependenz zwischen BAFöG und Sozialhilfe – die Hilfe zum Lebensunterhalt nach dem BSHG wird bei der BAFöG-Berechnung als Einkommen berücksichtigt, und BAFöG-Bezieher gelten bei der Sozialhilfeberechnung als „versorgt" – wird in dieser Untersuchung in der Weise gelöst, daß vorrangig die BAFöG-Berechnung ohne Berücksichtigung der Sozialhilfe erfolgt und dieses Ergebnis bei der nachrangig berechneten Sozialhilfe berücksichtigt wird.

BAFöG und Förderung der Berufsausbildung nach dem AFG schließen sich auf eine Person bezogen aus. Auf einen Haushalt bezogen besteht zwischen diesen beiden Maßnahmen insofern eine indirekte Interdependenz, als bei der BAFöG-Berechnung für Kinder „in förderungsfähiger Ausbildung" (nach BAFöG oder AFG) nur relativ geringe Freibeträge vom Einkommen der Eltern gewährt werden.

## 4. Annahmen zur Modellrechnung

Neben den bereits erwähnten Annahmen – Studenten sind ledig, Auszubildende haben kein eigenes Vermögen, und es liegt kein Fall für Sonderleistungen nach BAFöG vor – werden weitere Annahmen getroffen, um die Variationsmöglichkeiten der BAFöG-Berechnung einzuschränken.

- Zunächst soll die BAFöG-Berechnung nur für Schüler ohne abgeschlossene Berufsausbildung und für Studenten an Hochschulen durchgeführt werden. Die Beschränkung auf die beiden Schul- bzw. Hochschularten erscheint dadurch gerechtfertigt, daß Schüler mit abgeschlossener Berufsausbildung und Studenten, die ein Kolleg, ein Abendgymnasium oder eine Fachschule besuchen, empirisch wenig relevant sind.
- Das Alter der Auszubildenden soll auf höchstens 26 Jahre begrenzt werden, da anderenfalls Sonderregelungen Platz greifen müßten.
- Schüler und Studenten beziehen kein Einkommen aus einem Ausbildungsverhältnis.
- Die Eltern des Auszubildenden sollen annahmegemäß unter 65 Jahre alt sein. Damit entfällt gleichzeitig die Berücksichtigung von Renteneinkommen, da als Regelfall der Beginn des Rentenbezugs mit dem 65. Lebensjahr angenommen werden soll.

## 5. BAFöG-Darlehen

Die Begünstigung durch BAFöG besteht bei Studenten zunächst in einem zinslosen Darlehensbetrag (bis 130 bzw. 150 DM monatlich) und erst darüberhinaus in einem Zuschuß. Der Darlehensanteil ist lediglich ein temporärer monetärer Transfer, der später zurückgezahlt werden muß. Unter Berücksichtigung der Rückzahlungsverpflichtung resultieren die eigentlichen Begünstigungen des BAFöG-Darlehens aus den günstigen Zins- und Tilgungskonditionen. Außerdem gewinnt ein Student u. U. auch daraus einen Vorteil, daß er ein Darlehen erhält, das ihm ansonsten – mangels Bonität – nicht gewährt würde. Davon kann das Studium und damit die spätere Verdienstmöglichkeit abhängen. Abgesehen davon, daß derartige Effekte kaum quantifizierbar sind, bedürfte es zu ihrer Berücksichtigung einer Lebenseinkommensbetrachtung.

Gegenstand dieser Untersuchung sind aber die Umverteilungseffekte staatlicher Tätigkeit, die das Leistungseinkommen eines Haushalts im Untersuchungsjahr verändern und damit die Bedürfnisbefriedigungsmöglichkeiten der Haushaltsmitglieder in diesem Jahr mitbestimmen.

In der Periode der Darlehensgewährung führt diese Art staatlicher Begünstigung voll zu zusätzlichem, zur Bedürfnisbefriedigung verfügbarem Einkommen, in der Phase der Darlehensrückzahlung dagegen zu einem Einkommensentzug. Insofern ähnelt das BAFöG-Darlehen der Begünstigung nach § 7b EStG, wo den Jahren mit hohen Abschreibungssätzen (Untersuchungsjahr) spätere Perioden ohne bzw. mit geringeren Abschreibungsmöglichkeiten folgen. Dies bedeutet eine Schlechterstellung gegenüber der Normalabschreibung in späteren Jahren. Die ursprüngliche Begünstigungsmaßnahme wird insofern später zu einer Belastungsmaßnahme.

In den Modellrechnungen ist das BAFöG-Darlehen – ebenso wie die Begünstigung nach § 7b EStG – im Untersuchungsjahr voll als Begünstigung und damit als Bestandteil des Umverteilungssaldos und des Einkommens nach Umverteilung zu behandeln, da es in voller Höhe die Möglichkeit des Zugriffs auf das laufende Sozialprodukt schafft.

## VIII. Die Förderung der beruflichen Bildung nach dem Arbeitsförderungsgesetz (AFG)

Aus dem Bereich der Förderung der beruflichen Bildung werden die monetären Transfers der Individualförderung – Berufsbildungsbeihilfe, Unterhaltsgeld und damit verbundene Kostenerstattungen – in die Umverteilungsanalyse einbezogen. Die institutionelle Förderung nach dem AFG – Darlehen und Zuschüsse für Aufbau, Erweiterung und Ausstattung von Einrichtungen der beruflichen Bildung – bleibt, da sie den privaten Haushalten nicht direkt zufließt, unberücksichtigt[31].

### 1. Berufsausbildungsbeihilfe (BAB)

Nach § 40 AFG erhalten Jugendliche, die sich in einer Berufsausbildung in Betrieben oder in überbetrieblichen Einrichtungen befinden, an Grundausbildungs- oder Förderungslehrgängen oder an anderen berufsvorbereitenden Maßnahmen teilnehmen, eine Berufsausbildungsbeihilfe (BAB). Die Leistungen der BAB bestehen aus dem Bedarf für den Lebensunterhalt, dem Bedarf für die Ausbil-

---

[31] Außerdem macht die institutionelle Förderung mit einem Volumen von 43 Mill. DM im Jahr 1976 lediglich 2 vH der Gesamtaufwendungen der Bundesanstalt für Arbeit für die berufliche Bildung aus.

dung bzw. für die Teilnahme an berufsvorbereitenden Maßnahmen und aus der Erstattung von Lehrgangsgebühren[32]. Auf den Bedarf für den Lebensunterhalt und die Ausbildung wird das Einkommen des Auszubildenden selbst, seiner Eltern und seines Ehegatten[33] angerechnet.

### a) Berechnungsverfahren

#### aa) Bedarfsermittlung

Der Bedarf für den Lebensunterhalt ist nach Alter und Unterbringung des Auszubildenden gestaffelt. Als monatlicher Bedarf werden folgende Beträge (in DM) angesetzt:

| Unterkunft[34] | Alter | |
|---|---|---|
| | 21. Lebensjahr noch nicht vollendet | 21. Lebensjahr vollendet |
| bei Eltern | 35o | 56o |
| auswärts | 55o | 58o |

Der Bedarf für die Ausbildung wird teils durch Pauschalen – z. B. für Lernmittel und Arbeitskleidung –, teils durch Berücksichtigung effektiver Kosten – z. B. Fahrtkosten – bemessen. Sonstige unvermeidbar durch die Ausbildung entstehende Kosten, die in Härtefällen durch die Bundesanstalt für Arbeit erstattet werden können, werden nicht in den Berechnungen berücksichtigt.

#### bb) Einkommensanrechnung

Vom Bedarf des Auszubildenden wird sein eigenes Einkommen voll und das Einkommen seiner Eltern nach Absetzung von Freibeträgen abgezogen.
Als Einkommen gilt:

- Der Bruttolohn abzüglich vermögenswirksamer Leistungen, Arbeitnehmerbeiträgen zur Sozialversicherung und – beim Einkommen der Eltern – auch

32 Da Lehrgangsgebühren nur in Sonderfällen – bei berufsvorbereitenden Maßnahmen – anfallen und da oftmals eine direkte Abrechnung zwischen der Bundesanstalt für Arbeit und den Trägern der Maßnahme stattfindet, so daß die Erstattung von Lehrgangsgebühren eher Realtransfercharakter hat, sollen sie nicht in die Modellrechnungen einbezogen werden.

33 Der Fall eines verheirateten Auszubildenden wird wegen fehlender empirischer Relevanz bei den Modellrechnungen nicht berücksichtigt.

34 Bei Unterbringung in einem Wohnheim werden die amtlich festgesetzten Kosten ersetzt und 100 DM für sonstige Bedürfnisse gezahlt. Dieser Ausnahmefall bleibt hier jedoch unberücksichtigt. Die angegebenen Sätze wurden zum 1. 9. 1979 angehoben.

abzüglich der Werbungskosten. Der Auszubildende selbst kann keine Werbungskosten von seinem Einkommen absetzen, diese Aufwendungen werden jedoch bei ihm als Bedarf für die Ausbildung berücksichtigt.

- Einkünfte aus selbständiger Tätigkeit und Gewerbebetrieb abzüglich der Aufwendungen zur privaten Krankenversicherung und Altersvorsorge.
- Mieteinnahmen, wobei Schuldzinsen und ein Pauschbetrag von 600 DM jährlich als Erhaltungsaufwand abgesetzt werden können[35].
- Einkommen aus Kapitalvermögen, wobei vom BHE-Begriff ausgegangen werden kann.
- Altersruhegeld wie Renten und Pensionen, die aber als Einkommensart bei Eltern von Auszubildenden – wie auch bei BAFöG – ausgeschlossen werden sollen.

Weiterhin werden folgende staatliche Transfers zum Einkommen gezählt:

- Kindergeld,
- Unterhaltsgeld nach AFG,
- Hilfe zum Lebensunterhalt nach BSHG[36].

Von diesem ermittelten Einkommen sind Einkommen- und Kirchensteuer abzusetzen.

Sämtliche Größen zur Ermittlung des maßnahmespezifischen Einkommensbegriffs werden aus der Untersuchungsperiode entnommen, da bei der Berechnung der BAB die Einkommensverhältnisse zum Zeitpunkt der Antragstellung maßgeblich sind[37].

Von dem verbleibenden „Nettoeinkommen" können die Eltern des Auszubildenden folgende Freibeträge absetzen[38]:

| | |
|---|---|
| Für den Haushaltsvorstand | 1 100 DM monatlich |
| für den Ehegatten | 290 DM monatlich |
| für jedes Kind, das keine BAB bezieht und | |
| das das 15. Lebensjahr noch nicht vollendet hat | 280 DM monatlich |
| das das 15. Lebensjahr vollendet hat | 370 DM monatlich |
| abzüglich eigener Einkommen dieser Kinder[39] | |
| für die auswärtige Unterbringung des Auszubildenden | 750 DM monatlich. |

Einen relativen Freibetrag wie bei BAFöG gibt es hier nicht.

35 Hierbei wird unterstellt, daß der Mieter die Nebenkosten trägt.

36 Siehe dazu Abschnitt b) Abhängigkeiten.

37 Bei der abzusetzenden Steuerschuld wird hier auf die endgültige Einkommensteuer zurückgegriffen und nicht auf den bei der praktischen Berechnung der BAB herangezogenen Lohnsteuerabzug. Differenzen zwischen den beiden Größen entstehen – wenn man davon ausgeht, daß alle eintragungsfähigen Freibeträge schon bei der Lohnsteuer berücksichtigt werden – durch nicht eintragungsfähige Beträge (z. B. Bausparbeiträge) und dadurch, daß bei Doppelverdienern i. d. R. nicht exakt das den Steuerklassen zugrunde liegende Verhältnis der Einkommen vorliegt.

38 Diese Sätze wurden am 1. 7. 1979 angehoben.

39 Beziehen die Geschwister des Auszubildenden z. B. Leistungen nach BAFöG, ist der BAFöG-Zuschuß auf die Kinderfreibeträge anzurechnen.

Das verbleibende Einkommen wird bei mehreren Kindern in Berufsausbildung zu gleichen Teilen auf deren Bedarf angerechnet.

### b) Abhängigkeiten

Als endogene Variable sind bei der BAB-Berechnung das BHE aus Kapitalvermögen, Kindergeld, Unterhaltsgeld für Fortbildung und Umschulung, BAFöG-Zuschuß, vermögenswirksame Leistungen, Arbeitnehmerbeiträge zur Sozialversicherung, Werbungskosten, Schuldzinsen, Einkommen- und Kirchensteuer zu berücksichtigen. Die Interdependenz zwischen BAB und Sozialhilfe wird – ähnlich wie bei der gegenseitigen Anhängigkeit von BAFöG und Sozialhilfe – durch vorrangige Berechnung der BAB ohne Berücksichtigung der Sozialhilfe und nachrangige Berechnung von Sozialhilfe mit Berücksichtigung von BAB aufgelöst.

### c) Annahmen zur Modellrechnung

Wie bei Schülern und Studenten soll auch bei Personen in beruflicher Ausbildung davon ausgegangen werden, daß sie ledig sind und dem elterlichen Haushalt angehören.

Ebenfalls wie bei Schülern und Studenten wird angenommen, daß die Eltern keine Alterseinkommen beziehen.

Als Bedarf für die Ausbildung werden pauschal monatlich für Lernmittel 10 DM und für Arbeitskleidung 15 DM angesetzt, als Fahrtkosten wird ein Betrag von 30 DM angenommen.

Darüberhinaus werden die o. a. Einschränkungen hinsichtlich der Lehrgangskosten vorgenommen.

## 2. Individuelle Förderung der beruflichen Fortbildung und Umschulung

### a) Zielsetzung der Förderung der beruflichen Fortbildung und Umschulung

Die Bundesanstalt für Arbeit fördert unter bestimmten Voraussetzungen die berufliche Weiterbildung, also die Ergänzung und Erweiterung bereits vorhandener Kenntnisse und Fertigkeiten zum Zweck der Anpassung an veränderte berufliche Anforderungen sowie des beruflichen Aufstiegs (Fortbildung) und den Erwerb solcher Kenntnisse und Fertigkeiten, die den Übergang in einen anderen Beruf ermöglichen (Umschulung). Die Förderung besteht zum einen in dem Unterhaltsgeld nach § 44 AFG, das bei Weiterbildungsmaßnahmen mit Vollzeitunterricht den Arbeitseinkommensausfall ausgleichen soll, und zum anderen in der Erstattung der durch Weiterbildungsmaßnahmen entstehenden Kosten (§ 45 AFG).

### b) Förderungsvoraussetzungen

Voraussetzung für die Inanspruchnahme von Fortbildungs- und Umschulungsmaßnahmen ist neben der arbeitsmarktpolitischen Zweckmäßigkeit eine abgeschlossene Berufsausbildung und drei Jahre Berufstätigkeit oder eine berufliche Tätigkeit von sechs Jahren[40]. Unterhaltsgeld und Leistungen nach § 45 erhalten nur Personen, die innerhalb der letzten drei Jahre mindestens zwei Jahre bei der Bundesanstalt für Arbeit (BA) beitragspflichtig waren oder mindestens 156 Tage Arbeitslosengeld bzw. -hilfe bezogen haben oder wenn ein Zwang zur Beschäftigungsaufnahme besteht, wobei zusätzlich die Verpflichtung eingegangen werden muß, im Anschluß an die Weiterbildungsmaßnahme mindestens drei Jahre eine beitragspflichtige Beschäftigung auszuüben. Andernfalls wird das Unterhaltsgeld nur als Darlehen gewährt.

### c) Leistungsberechnung

#### aa) Unterhaltsgeld

Das Unterhaltsgeld (UhG) beträgt 80 vH des bisher erzielten Nettoarbeitsentgelts, wenn die Teilnahme an der Weiterbildungsmaßnahme notwendig ist, damit der Antragsteller, der

- arbeitslos ist, beruflich eingegliedert wird,
- von Arbeitslosigkeit bedroht ist, nicht arbeitslos wird, oder
- keinen beruflichen Abschluß hat, eine berufliche Qualifikation erwerben kann.

Werden diese Voraussetzungen nicht erfüllt, beträgt das Unterhaltsgeld 58 vH des Nettoarbeitsentgelts[41].

In die Untersuchung wird nur das Unterhaltsgeld von 58 vH, also die Transferleistung für „freiwillige“, auf eigener Initiative beruhende Weiterbildungsaktivitäten einbezogen.

---

40 Bei ungünstiger Beschäftigungslage sind Ausnahmen vom Erfordernis der nachzuweisenden beruflichen Tätigkeit möglich.

41 Unter Nettoarbeitsentgelt ist der zuletzt erzielte Bruttolohn abzüglich der gewöhnlich bei Arbeitnehmern anfallenden gesetzlichen Abzüge wie:
- Lohnsteuer, wobei nach Lohnsteuerklassen differenziert wird;
- Kirchensteuer, wobei pauschal der niedrigste Hebesatz angesetzt wird;
- GKV-Beitrag, wobei vom durchschnittlichen Beitragsatz für Pflichtversicherte ausgegangen wird;
- GRV-Beitrag und
- Beitrag zur BA, wobei jeweils vom geltenden Beitragsatz ausgegangen wird;

zu verstehen. Als Leistungsbemessungsgrenze gilt die der GRV von 3 400 DM (1977). Der Zusammenhang zwischen bisherigem Bruttolohn und Unterhaltsgeld ist in den Leistungsverordnungen zum Unterhaltsgeld in Tabellenform dargestellt. Die Unterhaltsgeldempfänger werden je nach Familienstand und (letzter) Steuerklasse in 4 unterschiedliche Leistungsgruppen eingeordnet. Zur Anwendung dieser Tabellen bei der Unterhaltsgeld-Berechnung ist bei Doppelverdienern eine Annahme über die Wahl der Lohnsteuerklasse notwendig.

Einkommen, das der Unterhaltsgeld-Bezieher während der Weiterbildungsmaßnahme aus unselbständiger oder selbständiger Arbeit bezieht, wird, soweit es nach Abzug der Steuern, der Beiträge zur Sozialversicherung und der Werbungskosten 15 DM wöchentlich übersteigt, auf das Unterhaltsgeld angerechnet. Da Unterhaltsgeld nur bei Vollzeitunterricht gezahlt wird, kann davon ausgegangen werden, daß der Unterhaltsgeld-Empfänger neben seiner Weiterbildungsaktivität kein Arbeitseinkommen mehr bezieht. Andere Einkommensarten oder Einkommen weiterer Haushaltsmitglieder bleiben anrechnungsfrei.

Der vor Aufnahme der Weiterbildung bezogene Bruttolohn – dieser entspricht annahmegemäß dem Bruttolohn, den das Haushaltsmitglied in der Untersuchungsperiode erzielen würde, wenn es nicht an ganztägigen Weiterbildungsmaßnahmen teilnehmen würde (fiktiver Bruttolohn) – bestimmt im wesentlichen die Höhe des Unterhaltsgeldes. Deshalb kommt der Annahme über das zuletzt bezogene Arbeitsentgelt große Bedeutung für den Umverteilungseffekt zu.

#### bb) Kostenersatzleistungen

Die mit Weiterbildungsmaßnahmen verbundenen Kosten wie Lehrgangsgebühren, Lernmittel, Arbeitskleidung, Fahrkosten, Kosten für auswärtige Unterbringung und Verpflegung sowie Krankenversicherungskosten werden teils effektiv – wenn die Voraussetzungen für erhöhtes UhG gegeben sind – und teils pauschal – i. d. R. in den anderen Fällen – erstattet.

Da die Kostenerstattungen in diesem Bereich erhebliches Gewicht haben[42], kommt den Annahmen über das Anfallen und die Höhe der Kosten erhebliche Bedeutung zu.

### d) Annahmen für die Modellrechnung

Die allgemeinen Voraussetzungen für die Inanspruchnahme von Förderungsleistungen der BA zur Weiterbildung werden als gegeben angenommen.

Um die Variationsmöglichkeiten der Berechnungen zu reduzieren, soll ausgeschlossen werden, daß sich Kinder innerhalb eines Haushalts in Fortbildung oder Umschulung befinden.

Bei einer Weiterbildungsaktivität mit Vollzeitunterricht wird eigenes Arbeitseinkommen des UhG-Beziehers ausgeschlossen. Damit ist der Bezug anderer Leistungseinkommen – z. B. Einkommen aus Kapitalvermögen – ebensowenig ausgeschlossen wie Arbeits- und anderes Leistungseinkommen weiterer Haushaltsmitglieder.

Für die durch Fortbildung und Umschulung entstehenden Kosten werden folgende Annahmen getroffen:

---

42 1976 betrugen die Leistungen nach § 45 AFG circa 30 vH der Unterhaltsgeld-Leistungen. Im Einzelfall können die Kostenerstattungen einen noch höheren Anteil ausmachen.

- für Lernmittel und Fahrtkosten generell ............................ 60 DM monatlich;
- wenn Lehrgangskosten anfallen, betragen sie
  bei Vollzeitunterricht ............................................ 220 DM monatlich
  bei Teilzeitunterricht ............................................ 110 DM monatlich;
- wenn das Haushaltsmitglied zur Weiterbildung auswärtig
  untergebracht ist ................................................. 270 DM monatlich.

Sonstige (einmalige) Kosten wie z. B. Arbeitskleidung werden nicht berücksichtigt, da sie umgelegt auf die Dauer der Weiterbildungsaktivität monatlich nur geringfügige Beträge ergeben.

Wenn vor Beginn der Weiterbildungsmaßnahme ein Doppelverdienst bei Ehepaaren angenommen wird, soll von folgender Wahl der Lohnsteuerklassen ausgegangen werden:

- bei einem Verhältnis der Basishaushaltseinkommen aus unselbständiger Arbeit der Ehegatten von 50 vH zu 50 vH bis 59 zu 41 vH, Wahl der Lohnsteuerklasse IV,
- bei einem Verhältnis von 60 zu 40 vH bis 99 zu 1 vH, Wahl der Lohnsteuerklassen III/V.

### e) Besonderheiten des Transfers Unterhaltsgeld nach AFG

Das UhG hat wegen seiner Lohnersatzfunktion im Vergleich zu den anderen in die Untersuchung einbezogenen Maßnahmen eine besondere Stellung. Es soll dem Bezieher eine ganztägige Weiterbildungsarbeit ermöglichen, indem das i. d. R. wegfallende vorher bezogene Arbeitseinkommen zumindest teilweise ersetzt wird.

Auch die Bemessung des Unterhaltsgeldes – Orientierung am beitragspflichtigen Arbeitseinkommen des UhG-Beziehers, wobei das gesamte Haushaltseinkommen keine Rolle spielt – macht die Lohnersatzfunktion auf Zeit deutlich. Bezeichnend für den Charakter des Unterhaltsgeldes ist auch, daß es praktisch keine Interdependenzen zu anderen Maßnahmen aufweist.

Für die Inanspruchnahme von Unterhaltsgeld ist ein Verzicht auf das Arbeitseinkommen erforderlich. Deshalb könnte theoretisch von einem Haushalt mit einem Basishaushaltseinkommen von 0 in der Untersuchungsperiode ausgegangen werden. In diesem Fall ist ein Vergleich mit anderen Haushalten mit gleichem BHE nicht möglich[43], ebenso wie die Berechnung von Grenzeffekt und Elastizität. Grenzeffekt und Elastizität können sinnvollerweise nur aufgrund des vorherigen BHE aus unselbständiger Arbeit des UhG-Beziehers ermittelt werden.

Aber auch bei der Annahme von BHE im Untersuchungsjahr – z. B. durch Verdienst des Ehegatten des UhG-Beziehers – ist ein Quervergleich problematisch,

---

[43] Der bei einer solchen Annahme mögliche Vergleich eines Haushalts vor und nach Beginn einer Weiterbildungsaktivität ist eher für die Fragestellung von Interesse, ob der Transfer einen genügenden Anreiz zur Weiterbildung darstellt bzw. ob der freiwillig in Kauf genommene Arbeitseinkommensausfall in zumutbarer Höhe ersetzt wird.

da der durch das Unterhaltsgeld zu erwartende relativ hohe Durchschnittseffekt auch darauf beruht, daß der UhG-Empfänger zum Zweck der Weiterbildung auf sein bisheriges Arbeitseinkommen verzichtet.

Bei der Interpretation von Umverteilungssaldo und Einkommen nach Umverteilung muß berücksichtigt werden, daß der Bezug des Unterhaltsgelds den Verzicht auf das Arbeitseinkommen voraussetzt. Wegen der Abhängigkeit des Unterhaltsgeldes vom zuletzt erzielten Arbeitseinkommen ist dafür außerdem die Kenntnis dieses fiktiven Einkommens erforderlich, vor allem hinsichtlich der Grenzbetrachtung. Deshalb wird für Haushalte, die Unterhaltsgeld beziehen, neben dem effektiven BHE auch das vorherige, „fiktive" Einkommen des Unterhaltsgeldempfängers ausgewiesen.

## IX. Das Wohngeld

### 1. Allgemeines

Zum Empfang von Wohngeld sind Haushalte berechtigt, die eine Wohnung mieten – sie erhalten einen Mietzuschuß – oder die als Eigentümer in einer selbstgenutzten Wohnung (in einem Ein-, Zwei- oder Mehrfamilienhaus) leben – sie erhalten einen Lastenzuschuß.

Von der Berechnung des Lastenzuschusses wird in dieser Untersuchung abgesehen, da Haushalte mit Ein- und Zweifamilienhäusern wegen der aus den Standardannahmen resultierenden hohen Annuitäten (vgl. Anhang II.) nur in Einkommensbereichen oberhalb 2 000 DM BHE betrachtet werden, in denen i. d. R. kein Lastenzuschuß mehr gewährt wird.

Die Höhe des Wohngeldes (Mietzuschuß) hängt ab von

- der Anzahl der Familienmitglieder,
- dem Familieneinkommen und
- der zu berücksichtigenden Miete

und ist an bestimmte Einkommensgrenzen gebunden. In den Fällen, in denen ein Haushaltsmitglied Vermögensteuer zahlt, wird Wohngeld von vornherein versagt.

### 2. Familienmitglieder

Zum Haushalt im Sinne des Wohngeldgesetzes zählen nur Familienmitglieder, die entweder einen gemeinsamen Hausstand führen oder nur vorübergehend abwesend sind. In dieser Untersuchung wird daher angenommen, daß Lehrlinge und Unterhaltsgeldempfänger, die auswärts untergebracht sind, wegen ihrer nur vorübergehenden Abwesenheit zum Haushalt rechnen, während auswärts untergebrachte Studenten für die Wohngeldberechnung nicht zum Haushalt rechnen.

## 3. Familieneinkommen und Miete

Die Berechnung des Familieneinkommens erfolgt in zwei Schritten. Zunächst wird das Jahreseinkommen für jedes einzelne zum Haushalt rechnende Familienmitglied ermittelt, wobei zu dem Basiseinkommen aus den verschiedenen Einkommensarten noch der Arbeitnehmeranteil an den Rentenversicherungsbeiträgen hinzugefügt und der Arbeitgeberanteil an den Krankenversicherungsbeiträgen abgezogen wird. Außerdem werden bei der Einkommensermittlung staatliche Transfers – Unterhaltsgeld, Berufsausbildungsbeihilfe, BAFöG, Kindergeld (jedoch nur für auswärtig untergebrachte Kinder) – zum Teil angerechnet. Im zweiten Schritt werden die Jahreseinkommen der einzelnen Familienmitglieder ohne Berücksichtigung negativer Einkommen addiert und davon 30 vH global abgezogen. Auf diese Weise erhält man das für die Wohngeldzahlungen maßgebliche Familieneinkommen.

Wohngeld wird nur gezahlt, wenn das Familieneinkommen die Grenze von 9 000 DM zuzüglich 2 400 DM (jährlich) für jedes weitere Familienmitglied nicht überschreitet.

Neben dem Familieneinkommen wird für die Bemessung des Wohngeldes auch die vom Haushalt gezahlte Miete berücksichtigt, jedoch nur bis zu gewissen Höchstbeträgen, die sich nach Anzahl der Familienmitglieder, Gemeindegröße, Alter und Ausstattung der Wohnung[44] unterscheiden. Liegt die tatsächliche Miete unter dem zulässigen Höchstbetrag, so wird sie in voller Höhe berücksichtigt, liegt sie darüber, wird nur der zulässige Höchstbetrag berücksichtigt.

Nach der Feststellung des Familieneinkommens sowie der zu berücksichtigenden Miete kann das zu zahlende Wohngeld aus der Wohngeldtabelle entnommen werden. Dabei nimmt bei gleicher Miete die Höhe des Wohngeldes mit zunehmendem Einkommen ab.

## 4. Endogene Variablen der Wohngeldberechnung

Die Berücksichtigung staatlicher Transfers bei der Einkommensberechnung hat zur Folge, daß sich zwischen dem Wohngeld und den übrigen hier einbezogenen staatlichen Maßnahmen endogene Abhängigkeiten ergeben. Die Zahlung von Unterhaltsgeld, Berufsausbildungsbeihilfe, BAFöG und Kindergeld (für auswärtig untergebrachte Kinder) wirkt sich über die Erhöhung des angerechneten Familieneinkommens anspruchsmindernd auf die Höhe des Wohngeldes aus. Das Gleiche gilt für den Arbeitnehmeranteil an den Rentenversicherungsbeiträgen. Dagegen vermindert der Arbeitgeberanteil an der Krankenversicherung das Familieneinkommen und bewirkt so tendenziell eine Erhöhung der Wohngeldzahlungen. Zwischen Wohngeld und Vermögensteuer besteht ein besonderer Zusammenhang: sofern eines der Haushaltsmitglieder Vermögensteuer zahlen muß, hat dies zur Folge, daß kein Wohngeld gezahlt wird.

---

44 Zu den Annahmen über die Wohnfläche vgl. unten Anhang X.

## X. Der Soziale Wohnungsbau

### 1. Die Begünstigung durch den Sozialen Wohnungsbau

Sozialer Wohnungsbau im Sinne des II. Wohnungsbaugesetzes wird zugunsten von Wohnungssuchenden der unteren und mittleren Einkommensschichten gefördert, unter besonderer Berücksichtigung kinderreicher Familien, junger Ehepaare (bis zu 40 Jahren) und älterer Personen (über 60 Jahre alt). Die Förderung des sozialen Wohnungsbaus besteht aus einer Objektförderung. Der Bauherr einer Sozialwohnung erhält für die Verpflichtung, einen Sozialwohnungsberechtigten aufzunehmen und die vorgeschriebene Miete einzuhalten, bestimmte Zuwendungen für den Bau der Sozialwohnung. Der Förderungsvorteil für den Wohnungssuchenden, d. h. den Mieter einer Sozialwohnung, besteht nicht in einem direkten monetären Transfer von Seiten des Staates an den Mieter der Sozialwohnung, sondern in der Verbilligung der Sozialwohnungsmiete gegenüber der freien Marktmiete für vergleichbare Objekte. Diese Differenz zwischen Marktmiete und Sozialwohnungsmiete wird demnach in dieser Untersuchung als Begünstigung des Haushalts durch den Sozialen Wohnungsbau angesetzt. Bei diesem Vorgehen ist die Berechnung der Begünstigung eines Haushalts durch den Sozialen Wohnungsbau nicht mehr alleine durch gesetzesspezifische Vorgaben möglich. Die Frage, welcher Unterschied zwischen den Marktmieten und den Mieten im Sozialen Wohnungsbau besteht, ist empirischer Natur.

Nach den Berechnungen des DIW liegt die Quadratmetermiete im Sozialen Wohnungsbau für Wohnungen, die im Zeitraum von 1970 bis 1974 gebaut wurden, bei 4,60 DM, während die vergleichbare Miete im frei finanzierten Wohnungsbau bei 5,40 DM liegt[45]. Es ergibt sich damit für den Mieter einer entsprechenden Sozialwohnung eine Begünstigung von 0,80 DM pro Quadratmeter. Es wird davon ausgegangen, daß die Begünstigung für die Sozialwohnungsberechtigten bis zum Wirksamwerden der Einkommensgrenze von der Höhe des Einkommens unabhängig ist. Für die Ermittlung des Umverteilungseinkommens im Zusammenhang mit dem Sozialen Wohnungsbau ist auch noch die Größe der Wohnung von Bedeutung. Den Berechnungen wurden die folgenden Wohnflächen zugrunde gelegt:

| Personen | 1 | 2 | 3 | 4 | 5 | 6 |
|---|---|---|---|---|---|---|
| Wohnfläche (qm) | 55 | 55 | 70 | 80 | 90 | 100 |

### 2. Einkommen und Einkommensgrenzen

Die Berechtigung zum Bezug einer Sozialwohnung erhalten nur Familien, deren Einkommen eine bestimmte Höchstgrenze nicht überschreitet. Sie beträgt

45 Die Entwicklung der Mieten in der Bundesrepublik Deutschland 1965 bis 1976. „DIW-Wochenbericht", Berlin, Jg. 43 (1976), Nr. 40–41, Tabellen 6 und 7.

18 000 DM zuzüglich 9 000 DM für den zweiten und weiterer 4 200 DM für jeden weiteren zur Familie rechnenden Angehörigen. Zur Familie im Sinne des Sozialen Wohnungsbaus zählen nur Familienmitglieder, die auch zum Familienhaushalt gehören. Auswärts untergebrachte Familienmitglieder werden daher wie bei der Wohngeldberechnung behandelt (vgl. Anhang IX.). Bei Haushalten, die bereits eine Sozialwohnung bewohnen, erfolgt allerdings keine Einkommensüberprüfung mehr, so daß sie die Begünstigung auch in Anspruch nehmen können, wenn ihr Einkommen über die angegebenen Einkommensgrenzen hinauswächst. Die Einkommensgrenzen gelten also nur für Haushalte, die einen Antrag auf Bezug einer Sozialwohnung stellen.

## XI. Die Sozialhilfe

### 1. Einbeziehung der Sozialhilfe in die Untersuchung

Aufgabe der Sozialhilfe nach dem Bundessozialhilfegesetz (BSHG) ist es, bei individuellen Notlagen umfassende und individualisierende Hilfe zum Lebensunterhalt und Hilfe in besonderen Lebenslagen zu leisten. Von der Hilfe in besonderen Lebenslagen werden Personenkreise mit speziellen Merkmalen, die i. d. R. nicht durch den Haushalt gestaltbar sind (z. B. Behinderung, Pflegebedürftigkeit und soziale Gefährdung) erfaßt[46]. Aus diesem Grunde wird dieser Teilbereich des BSHG nicht in die Untersuchung einbezogen.

Anspruch auf Hilfe zum Lebensunterhalt hat derjenige, der seinen notwendigen Lebensunterhalt nicht oder nicht ausreichend aus eigenem Einkommen und Vermögen beschaffen kann. Die Hilfe besteht aus einem nach Altersstufen differenzierten Regelbedarfssatz, einem Mehrbedarfszuschlag in bestimmten Fällen und einer einmaligen Beihilfe (Bekleidung, Hausrat) sowie den Aufwendungen für die Unterkunft. Auf den ermittelten Bedarf wird das Einkommen (ohne Freibeträge) und das Vermögen (verwertbares Vermögen nach Abzug von Freibeträgen) des Hilfesuchenden, seines Ehegatten und bei minderjährigen und unverheirateten Hilfesuchenden der Eltern angerechnet (§ 11 (1) BSHG).

Neben dieser direkten Berücksichtigung von Einkommen und Vermögen kann der Sozialhilfeträger Ansprüche des Hilfesuchenden gegen nach dem BGB Unterhaltsverpflichtete (Beschränkung auf Verwandte 1. Grades) geltend machen und sich die Aufwendungen für den Hilfesuchenden ggf. ganz oder teilweise erstatten lassen. Da in der Untersuchung die Begünstigung des jeweils betrachteten Haushalts aufgrund der Merkmale seiner Mitglieder interessiert und weniger die Existenz verwandter Personen, die außerhalb des Haushalts leben, und deren wirtschaftliche Verhältnisse, soll diese Regreßmöglichkeit des Sozialamts nicht berücksichtigt werden. Außerdem wird z. B. die Unterhaltspflicht von Kindern

---

[46] Ausnahmen bilden die Ausbildungsbeihilfe und die Hilfe zum Aufbau einer Lebensgrundlage; da sie jedoch quantitativ nur eine geringe Rolle spielen, bleiben diese Hilfen außer Betracht.

gegenüber ihren Eltern nur in 2 bis 3 vH der Sozialhilfefälle tatsächlich in Anspruch genommen[47].

Da bei volljährigen Kindern innerhalb eines Haushalts keine direkte Einkommens- und Vermögensanrechnung der Eltern erfolgt – hier ist nur der Regreß möglich – soll aus Vereinfachungsgründen die Annahme gemacht werden, daß die Eltern ihr Einkommen und Vermögen auch direkt für das volljährige Kind einsetzen, zumal eine Haushaltsgemeinschaft (§ 16 BSHG) besteht.

## 2. Sozialhilfeberechnung und Annahmen zur Modellrechnung

### a) Gemeinsamer Anspruch der Haushaltsmitglieder

Es soll bei der Berechnung davon ausgegangen werden, daß der Haushaltsvorstand für alle Haushaltsmitglieder einen gemeinsamen Antrag auf Sozialhilfe stellt, so daß ein Bedarfssatz und eine Summe des anzurechnenden Einkommens und Vermögens und ein Begünstigungsbetrag für den Haushalt berechnet werden.

Dabei sind folgende Ausnahmen zu beachten: Kinder, die BAFöG (Zuschuß oder Darlehen) oder BAB erhalten, gelten als „versorgt", auch dann, wenn der Sozialhilferegelsatz über diesen Leistungen liegt. Diese Kinder dürfen demnach bei der Ermittlung des Bedarfssatzes des Haushalts nicht mitgezählt werden, ebenso wie BAFöG und BAB nicht zum Gesamteinkommen des Haushalts zu rechnen sind – auch nicht zu dem Teil, der den Sozialhilfesatz des betreffenden Kindes übersteigt –, da diese Transfers zweckgebunden sind und den Lebensunterhalt und die Ausbildungskosten nur des Auszubildenden decken sollen[48].

Weitere Einkommen dieser Kinder (Leistungseinkommen) werden zum Gesamteinkommen des Haushalts gerechnet, da von einer gegenseitigen Unterhaltsverpflichtung der Familienangehörigen ausgegangen wird.

### b) Ermittlung des Sozialhilfebedarfs

#### aa) Regelbedarf

Der Regelbedarfssatz soll den notwendigen Lebensunterhalt unter Berücksichtigung von Lebenshaltungskosten und örtlichen Unterschieden decken. Die Regelsätze werden von den Bundesländern festgesetzt, wobei zwecks gleichmäßiger Leistungsbemessung nach einem schematisierten Verfahren vorgegangen wird. 1977 beträgt der höchste Regelsatz 296 DM (Rheinland-Pfalz) und der niedrigste 280 DM monatlich (Saarland).

---

[47] Vgl. O. Bujard, U. Lange,: Theorie und Praxis der Sozialhilfe – Zur Situation der einkommensschwachen alten Menschen. Köln 1976, S. 31 f.

[48] Unterhaltsgeld nach dem AFG hingegen wird als Leistungseinkommensersatz zum Haushaltseinkommen i. S. d. BSHG gezählt, nicht jedoch die Kostenersatzleistungen.

Die Höhe des Regelbedarfs wird nach dem Alter der Haushaltsmitglieder differenziert[49]:

| | |
|---|---|
| Haushaltsvorstand ........................................ | 100 vH/290 DM monatlich |
| Haushaltsmitglieder | |
| – bis Vollendung des 7. Lebensjahres ........................ | 45 vH/131 DM monatlich |
| – von Beginn des 8. bis Vollendung des 11. Lebensjahres ........................ | 65 vH/189 DM monatlich |
| – von Beginn des 12. bis Vollendung des 15. Lebensjahres ........................ | 75 vH/218 DM monatlich |
| – von Beginn des 16. bis Vollendung des 21. Lebensjahres ........................ | 90 vH/261 DM monatlich |
| – ab Beginn des 22. Lebensjahres ........................ | 80 vH/232 DM monatlich |

### bb) Mehrbedarf

Zu dem jeweiligen Regelbedarf wird ein Zuschlag von 30 vH geleistet für:

- Personen, die das 65. Lebensjahr vollendet haben, und
- erwerbstätige Personen (Bezieher von Arbeitseinkommen).

Mehrbedarfszuschläge für werdende Mütter, Alleinstehende mit 2 und mehr Kindern und erhöhte Zuschläge bei Behinderung bleiben unberücksichtigt.

### cc) Einmalige Beihilfen

Die einmaligen Beihilfen sollen notwendige Bedürfnisse, die in den Regelsätzen nicht berücksichtigt werden, abdecken (Bekleidungsbeihilfe, Weihnachtsbeihilfe, Heizkostenzuschuß u. ä.).

Einmalige Beihilfen können auch Haushalte, deren Einkommen bis zu 10 vH über den Sozialhilfegrenzen (für laufende Leistungen) liegen, erhalten. Sie richten sich nach den individuellen Bedürfnissen und werden in der Regel einmal jährlich geleistet.

Bezüglich der Höhe der einmaligen Beihilfen soll ein Satz von 10 vH der laufenden Leistungen (= Regelbedarf + Mehrbedarf) mit folgender Begründung angenommen werden:

1975 betrugen die einmaligen Leistungen 23 vH der laufenden Leistungen[50]. Da jedoch einmalige Beihilfen auch unabhängig von laufenden geleistet werden und

[49] Für die Untersuchung wird von den Regelsätzen in NRW 1977 ausgegangen: Höchstsatz 293/Mindestsatz 288 DM.

[50] Vgl. Sozialhilfeaufwand 1975. „Wirtschaft und Statistik", Stuttgart und Mainz, Jg. 1976, S. 581.

da sich der genannte vH-Anteil auf die gezahlten laufenden Leistungen und nicht auf die laufenden Leistungen vor Einkommensanrechnung beziehen, ist dieser vH-Satz zu hoch. Andererseits kann davon ausgegangen werden, daß wegen des geringen Bekanntheitsgrades nur relativ wenige Haushalte ausschließlich einmalige Beihilfe beziehen. Deshalb erscheinen 10 vH als realistischer Ansatz für diese Zusatzleistungen[51].

#### dd) Aufwendungen des Haushalts für die Unterkunft

Wohnungsmieten inklusive Heizkosten werden in Höhe der tatsächlich entstehenden laufenden Aufwendungen ersetzt. Wird ein Haushaltsmitglied außerhalb untergebracht, sind die tatsächlich entstehenden Kosten zu berücksichtigen[52].

Obwohl die Kosten der Unterkunft nur in „zumutbarem Rahmen" ersetzt werden, ist es nicht notwendig, eine Höchstgrenze einzuführen, weil den Sozialhilfeempfängern nur in Ausnahmefällen billigere Wohnungen zugewiesen werden können.

Für Heizkosten wird ein Betrag von 1 DM pro Quadratmeter im Monat angenommen.

Weitere Sonderleistungen nach § 11 (2), (3) und § § 14, 15, 15a BSHG werden in der Modellrechnung nicht berücksichtigt.

### c) Einkommensanrechnung

Auf den Gesamtbedarf des Haushalts wird das Einkommen aller Haushaltsmitglieder in voller Höhe angerechnet.

Unter Einkommen werden im BSHG alle Einkünfte in Geld oder Geldeswert im Bewilligungszeitraum verstanden.

Dies sind:

- bei Arbeitnehmerhaushalten der Bruttolohn abzüglich der Werbungskosten,
- bei Selbständigenhaushalten die die Betriebsausgaben überschreitenden Einnahmen (Gewinn)[53],
- Einkünfte aus Kapitalvermögen (ohne Abzug des Sparerfreibetrages)[53],

---

[51] Vgl. K. Kortmann, Zur Armutsdiskussion in der Bundesrepublick Deutschland. (SPES-Arbeitspapier Nr. 50) Frankfurt und Mannheim 1976, S. 20.

[52] Bei den Modellrechnungen im Sozialhilfeprogramm werden hierfür jedoch keine Annahmen benötigt, da auswärtige Unterbringung nur zu Aus- und Weiterbildungszwecken unterstellt werden soll, also für Fälle, in denen die Ausbildungsförderung vor der Sozialhilfe greift.

[53] Die Berechnung dieser Größen erfolgt aufgrund der vor dem Bewilligungszeitraum erzielten Einkünfte unter Berücksichtigung der im Bewilligungszeitraum zu erwartenden Einkommenssteigerung. In der Modellrechnung ist eine solche Schätzung nicht notwendig; es werden die betreffenden Werte des Untersuchungsjahres angesetzt.

- effektive Mieteinnahmen (Jahresrohmiete abzüglich der Werbungskosten nach § 76 Abs. 2, Nr. 4 BSHG),
- Renteneinkommen (Rentenzahlbetrag),
- Einkommen aus Pensionen (Zahlbetrag).

Ein Verlustausgleich zwischen den einzelnen Einkommensarten darf nicht durchgeführt werden. Soweit die Einkünfte als Jahreseinkünfte ermittelt werden, gilt 1/12 als monatliches Einkommen.

Zum Einkommen sind weiterhin folgende Transfers zu rechnen:

- Kindergeld,
- Wohngeld,
- Unterhaltsgeld nach AFG.

Dagegen zählen die Kostenerstattungen für Fortbildung und Umschulung nach dem AFG nicht zum Einkommen, ebenso wie die Ausbildungstransfers BAFöG und BAB.

Von dem so ermittelten Einkommen sind folgende Belastungen des Haushalts abzuziehen:

- Einkommensteuer,
- Kirchensteuer,
- Kfz-Steuer,
- Pflichtbeiträge zur Sozialversicherung,
- Beiträge zu öffentlichen oder privaten Versicherungen, soweit sie gesetzlich vorgeschrieben oder „angemessen" sind (z. B. freiwillige Beiträge zur GKV, GRV, private KV, private Lebensversicherung, Kfz- und Haftpflichtversicherung)[54].

### d) Berücksichtigung von Vermögen

Bezüglich der Anrechnung von Vermögen gilt im BSHG grundsätzlich: solange verwertbares Vermögen vorhanden ist, darf keine Sozialhilfe geleistet werden.

Nicht verwertbar sind:

- Ein- oder Zwei-Familien-Häuser, die vom Hilfesuchenden ganz oder teilweise bewohnt werden;
- festangelegte Vermögen, die nicht oder nur mit Verlust verfügbar gemacht werden können; in diesen Fällen besteht ein erheblicher Ermessensspielraum, um dem Einzelfall gerecht werden zu können. Bei kleineren Vermögen

---

54 Die teilweise unterschiedliche Regelung für Pflichtversicherte einerseits und freiwillig bzw. Privatversicherte andererseits (§ 13, 14, 76 (2) 3) wird, da sie nur zahlungstechnische Gründe und Auswirkungen hat, nicht berücksichtigt. Ein unterschiedlicher Sozialhilfesatz entsteht nur, wenn das anzurechnende Einkommen gleich Null ist, der gesamte Umverteilungssaldo bleibt dadurch allerdings unverändert, da der freiwillig bzw. Privatversicherte den erhöhten Sozialhilfesatz zu seinem KV-Schutz einsetzen muß, während der Pflichtversicherte die Krankenhilfe nach § 37 BSHG in Anspruch nehmen kann.

wird man von einem Einsatz absehen, um tatsächlich Hilfe zur Selbsthilfe zu leisten. Bei höherem z. Zt. nicht verwertbarem Vermögen besteht die Möglichkeit, Sozialhilfe auf Darlehensbasis zu leisten.

Außerdem sind Freibeträge für sogenannte „kleinere Barbeträge" festgelegt:

1500 DM für den Haushaltsvorstand
750 DM für den Ehegatten
300 DM für jede Person, die vom Hilfeempfänger überwiegend unterhalten wird.

Sozialhilfe setzt erst ein, wenn das verwertbare Vermögen aufgezehrt ist. Da in der Untersuchung sinnvollerweise nur über die ganze Untersuchungsperiode gezahlte Transfers berücksichtigt werden – es ist also nur die Alternative Sozialhilfefall oder kein Sozialhilfefall möglich –, muß beim verwertbaren Vermögen eine gewisse Höhe gegeben sein, um einen Haushalt für die gesamte Untersuchungsperiode aus der Sozialhilfe herausfallen zu lassen.

Ausgehend von den in der Modellrechnung vorgesehenen Vermögensvarianten, soll – um zusätzliche Angaben über Vermögensart, Verwertbarkeit usw. zu vermeiden, zumal empirische Angaben hierüber nicht verfügbar sind – von folgenden Annahmen ausgegangen werden:

- Bei geringem Vermögen kann davon ausgegangen werden, daß dieses durch die Vermögensfreibeträge abgedeckt wird und daß ein ggf. verbleibender Rest nicht verwertbares Vermögen darstellt. Die Sozialhilfeberechnung erfolgt in diesem Fall wie oben angegeben.
- Bei hohem Vermögen wird angenommen, daß nach Abzug von Freibeträgen und nicht verwertbarem Vermögen genügend Restvermögen bleibt, das zunächst aufgezehrt werden muß. In diesen Fällen besteht kein Anspruch auf Sozialhilfe.

### 3. Abhängigkeiten

Wegen des individuellen und subsidiären Charakters der Sozialhilfe werden bei der Leistungsberechnung die Einkommens- und Vermögensverhältnisse der Haushalte möglichst genau erfaßt. Neben den Leistungseinkommen gehen deswegen fast sämtliche Belastungen und Begünstigungen durch staatliche Maßnahmen – Ausnahmen bilden die Sparförderungsmaßnahmen, die jedoch bei Sozialhilfeempfängern relativ irrelevant sein dürften, und die Begünstigung durch § 7b EStG – als endogene Variable in die Berechnung ein.

Auf die Lösung des Interdependenzproblems zwischen BAFöG und BAB einerseits und Sozialhilfe andererseits wurde bereits hingewiesen (vgl. Anhang VIII. 1.b).

Die gesetzlich vorgesehene gegenseitige Berücksichtigung von Wohngeld und Sozialhilfe wurde ebenfalls durch die Festlegung einer bestimmten Reihenfolge der Inanspruchnahme staatlicher Maßnahmen vorgenommen. Zunächst erfolgte die Wohngeldberechnung ohne Berücksichtigung der Sozialhilfe und anschließend wird der Sozialhilfeanspruch unter Zugrundelegung des Wohngeldes berechnet.

## XII. Die Sparförderung

### 1. Übersicht

Es werden vier Formen der staatlichen Sparförderung untersucht:

(1) die Anerkennung von Bausparbeiträgen als Sonderausgaben (mit Einschränkungen) im Sinne des EStG,

(2) die Gewährung von Arbeitnehmer-Sparzulagen nach dem 3. Vermögensbildungsgesetz (3. VermBG.),

(3) die Gewährung von Prämien nach dem Wohnungsbau-Prämiengesetz (WoPG),

(4) die Gewährung von Prämien nach dem Spar-Prämiengesetz (SpPG).

Nach der Darstellung der für diese Untersuchung relevanten rechtlichen Regelungen der Sparförderung werden im folgenden die Annahmen über das Anlageverhalten beschrieben, die der Untersuchung zugrundeliegen.

### 2. Die Maßnahmen der staatlichen Sparförderung

#### a) Die Anerkennung von Bausparbeiträgen als Sonderausgaben

Nach § 10 EStG können Beiträge an Bausparkassen als Sonderausgaben geltend gemacht werden (s. o. Anhang II. 3.). Die Anerkennung ist u.a. an Bedingungen geknüpft, die in der Untersuchung als erfüllt angesehen werden, z. B. dürfen Bausparbeiträge nicht aus Krediten finanziert werden. Besonders zu beachten ist das sogenannte Kumulierungsverbot, das zugleich die anderen Sparförderungsmaßnahmen betrifft. Es wird deshalb am Ende der Darstellung der Prämiengesetze behandelt.

#### b) Die Gewährung der Arbeitnehmer-Sparzulage

Förderungsfähig sind die Bezieher von Einkommen aus unselbständiger Tätigkeit, sofern die unten angegebenen Einkommensgrenzen nicht überschritten werden.

Die Förderung erstreckt sich auf:

- Sparbeiträge nach dem SpPG und WoPG,
- Aufwendungen zum Erwerb einer Wohnung,
- Aufwendungen zum Erwerb von Belegschaftsaktien mit sechsjähriger Sperrfrist,
- Beiträge zur Lebensversicherung (mit mindestens 12jähriger Vertragsdauer).

Der Kreis der Begünstigten wird eingeschränkt durch die Bedingung, daß in dem Jahr, für das die Begünstigung beantragt wird, das zu versteuernde Einkommen die Grenze von 24 000/48 000 zuzüglich 1800 DM für jedes Kind im Sinne des EStG nicht übersteigt.

Die Höhe der Begünstigung (Arbeitnehmer-Sparzulage) beträgt in der Grundstufe 30 vH der geförderten Aufwendung, bei drei und mehr Kindern erhöht sich der Prämiensatz auf 40 vH. Die Höchstgrenze für die geförderte Aufwendung beträgt 624 DM jährlich.

Die Arbeitnehmer-Sparzulage zählt weder zu den Einkünften im Sinne des EStG, noch ist sie Arbeitsentgelt nach dem Sozialversicherungsrecht.

c) Die Sparförderung nach dem SpPG und dem WoPG

Begünstigt sind alle Einkommensteuerpflichtigen, welche die unten angegebenen Bedingungen erfüllen.

Nach dem SpPG erstreckt sich die Förderung auf:

Beiträge aufgrund von

- allgemeinen Sparverträgen;
- Ratensparverträgen;
- Wertpapiersparverträgen;
- Sparverträgen über vermögenswirksame Leistungen.

Nach dem WoPG erstreckt sich die Förderung auf:

- Beiträge an Bausparkassen;
- Aufwendungen für den Erwerb von Anteilen an Bau- und Wohnungsgenossenschaften;
- Beiträge aufgrund von Sparverträgen, die auf Dauer von drei bis sechs Jahren abgeschlossen werden, wenn die Sparbeiträge und Prämien zum Erwerb einer Wohnung angelegt werden.

Nach beiden Prämiengesetzen besteht eine Festlegungsfrist von sieben Jahren; nach Ablauf dieser Frist darf der Sparer über sein Guthaben (einschließlich der Prämien) frei verfügen. Es sind im Gesetz Möglichkeiten vorgesehen, die Sparbeiträge vorzeitig abzurufen. Für die Untersuchung haben diese Regelungen keine Bedeutung.

Analog zum 3. VermBG bestehen Einkommensgrenzen. Danach darf das zu versteuernde Einkommen des Vorjahres den Betrag von 24 000/48 000 DM zuzüglich 1800 DM für jedes Kind im Sinne der Prämiengesetze – das sind Kinder unter 17 Jahren – nicht übersteigen. Die Unterschiede zum 3. VermBG bestehen also darin, daß für das Einkommen eine andere Bezugsperiode gewählt wird, und daß der Begriff der Kinder enger gefaßt ist. Deshalb fallen beide Einkommensgrenzen nur selten zusammen.

Die Höhe der Prämie ergibt sich aus dem Prämiensatz und dem gesparten Betrag. Nach dem SpPG beträgt der Prämiensatz im Jahr 1977 in der Grundstufe 14 vH; nach dem WoPG liegt der entsprechende Prämiensatz bei 18 vH. Er erhöht sich für jedes Kind (im Sinne der Prämiengesetze) um 2 vH.

Eine Besonderheit der Prämiengesetze ist der Begriff der Höchstbetragsgemeinschaft. Diese umfaßt neben dem Hauptsteuerpflichtigen auch seine Kinder unter 17 Jahren. Den Mitgliedern steht der Höchstbetrag – das ist die Obergrenze der begünstigten Aufwendungen – gemeinsam zu. Der Höchstbetrag setzt sich zusammen aus einem Sockelbetrag von 800/1600 DM (für Ledige/Verheiratete) und den vermögenswirksam angelegten Leistungen der Mitglieder der Höchstbetragsgemeinschaft. Der Prämiensatz richtet sich nach den Verhältnissen des Hauptsteuerpflichtigen und gilt für alle Mitglieder der Höchstbetragsgemeinschaft.

Wie die Arbeitnehmersparzulage gehören die Prämien nicht zum zu versteuernden Einkommen (§ 7 SpPG und § 6 WoPG).

Durch das Kumulierungsverbot soll grundsätzlich vermieden werden, daß gleichzeitig für verschiedene Sparleistungen Begünstigungen nach § 10 EStG, nach dem WoPG und nach dem SpPG beansprucht werden. Der Sparer hat sich zu entscheiden, ob er entweder eine Absetzung nach § 10, eine Prämie nach dem WoPG oder eine Prämie nach dem SpPG beansprucht. Im Zusammenhang mit dem 3. Vermögensbildungsgesetz wird dieser Grundsatz gelockert: neben der ersten Form der gewählten Vergünstigung darf für die vermögenswirksam (nach dem 3. VermBG) angelegten Sparleistungen eine zweite Form der Vergünstigung gewählt werden.

Dabei bleibt aber die Kombination von Absetzung nach § 10 und Prämie nach dem WoPG in den für die Untersuchung relevanten Fällen ausgeschlossen.

### 3. Annahmen über das Anlegerverhalten

#### a) Die Höhe der angelegten Mittel

In der Untersuchung wird davon ausgegangen, daß der Haushalt insgesamt einen bestimmten Betrag für eine der durch die Sparförderung begünstigten Anlageformen zur Verfügung hat. Wenn man von den im Gesetz vorgesehenen Ausnahmen absieht, handelt es sich um Anlagen, die ziemlich langfristig sind oder für den Bau eines Eigenheimes verwendet werden müssen. Der Haushalt wird diese Mittel also nicht als „Notgroschen" betrachten. Man darf daher nicht der Annahme über die Höhe dieser Mittel Informationen über die allgemeine Sparquote zugrundelegen.

Das Problem, eine oder mehrere alternative Annahmen über die Höhe der angelegten Mittel zu machen, wird allerdings dadurch etwas erleichtert, daß es sich dabei nur um eine Obergrenze dieses Betrages handelt. Die Höhe der tatsächlich in einer durch die Sparförderung begünstigten Form angelegten Mittel wird nämlich zusätzlich durch die gesetzlichen Vorschriften begrenzt. Das bedeutet: durch die Annahme über die Höhe der zur Verfügung stehenden Mittel allein ist die Höhe der tatsächlich langfristig angelegten Mittel noch nicht festgelegt.

Es werden drei alternative Annahmen zum Sparverhalten in Betracht gezogen:

(1) der Haushalt hat 10 vH des BHE für begünstigte Sparanlagen zur Verfügung,

(2) der Haushalt nutzt alle vom Gesetz vorgesehenen Möglichkeiten des begünstigten Sparens aus,

(3) der für begünstigte Sparanlagen zur Verfügung stehende Betrag setzt sich aus einem Sockelbetrag von 50 DM monatlich und einem vom BHE abhängigen Betrag zusammen. Der variable Betrag macht bei einem BHE von 1000 DM gerade 2,5 vH des BHE aus; er steigt auf 10 vH bei einem BHE von 4 000 DM und bleibt dann konstant.

Die Annahme (1) wird in den Modellrechnungen als Normalfall unterstellt. Zu den beiden anderen Annahmen werden für ausgewählte Haushalte Kontrollrechnungen durchgeführt, um die Auswirkungen dieser Annahmen festzustellen.

### b) Die Verteilung der angelegten Mittel auf die Haushaltsmitglieder

Die gesetzlichen Regelungen begünstigen in der Regel die vom Haushaltsvorstand angelegten Mittel stärker oder mindestens ebenso stark wie die Mittel, die von anderen Haushaltsmitgliedern angelegt werden. Das legt nahe, bei der Verteilung des Betrages, der dem Haushalt für eine der begünstigten Anlageformen zur Verfügung steht, ein Senioritätsprinzip zu unterstellen. Das will sagen: zuerst werden dem Haushaltsvorstand die Beträge zur Verfügung gestellt, die er begünstigt anlegen kann. Danach werden gegebenenfalls die anderen Familienmitglieder bedient.

Dieses Vorgehen wird in einem Punkt verfeinert: da die Begünstigung durch das 3. VermBG besonders hoch ist, erfolgt die Aufteilung in zwei Runden. In der ersten Runde werden nur die Mittel verteilt, die nach dem 3. VermBG angelegt werden können. In der zweiten Runde werden die übrigen Mittel verteilt. Auf diese Weise wird sichergestellt, daß jedes Haushaltsmitglied, das dazu berechtigt ist, zunächst die Förderung durch das 3. VermBG ausnutzen kann, vorausgesetzt der Haushalt verfügt über ausreichende Anlagemittel.

### c) Die Form der Anlage

Wenn ein Haushalt mehrere Mitglieder umfaßt, ist eine Vielzahl von Kombinationen von Sparförderungsmaßnahmen denkbar. Diese Zahl kann durch eine Typisierung eingeschränkt werden. In der Untersuchung werden drei Spartypen betrachtet, die sich durch die hauptsächlich in Anspruch genommene Förderungsmaßnahme unterscheiden.

**Spartyp 1:** dieser Spartyp ist auf die Inanspruchnahme der Absetzung von Bausparbeiträgen nach § 10 EStG ausgerichtet. Da in der Untersuchung nur solche Haushalte betrachtet werden, in denen Kinder nur über ein relativ geringes Einkommen verfügen, ist es nicht sinnvoll, daß auch die Kinder ggf. Bausparbeiträge nach § 10 absetzen, bei diesen Einkommen dürfte nämlich die Förderung durch das WoPG vorteilhafter sein. Daher wird angenommen, daß nur der Hauptsteuerpflichtige des Haushalts von der Möglichkeit des § 10 Gebrauch macht. Die Höhe der nach § 10 EStG absetzbaren Bausparbeiträge richtet sich nach den Spielräumen, die der Steuerpflichtige im Rahmen seiner Vorsorgeaufwendungshöchstbeträge noch zur Verfügung hat (s. o. Anhang II. 3.). Die anderen Familienmitglieder – d. h. die Kinder – sparen dagegen nach dem WoPG.

Eine Besonderheit bei diesem Spartyp besteht darin, daß ein Haushaltsvorstand, der mehr Anlagemittel zur Verfügung hat, als er nach § 10 absetzen kann, diese Mittel nach dem SpPG anlegt, sofern es sich um vermögenswirksame Leistungen handelt. Schließlich kann auch der Fall eintreten, daß er nach § 10 nur einen Betrag absetzen kann, der seine vermögenswirksamen Leistungen nicht übersteigt. In diesem Fall legt der Haushaltsvorstand seine anderen Mittel bis zur Grenze von 800/1600 DM nach dem SpPG an. Durch diese etwas komplizierte Fallunterscheidung soll sichergestellt werden, daß im allgemeinen die im Gesetz vorgesehenen Möglichkeiten bei diesem Spartyp ausgenutzt werden.

**Spartyp 2 und Spartyp 3:** hier legen alle Haushaltsmitglieder einheitlich ihre Mittel nach dem WoPG (Spartyp 2) oder SpPG (Spartyp 3) an.

Aus einer Kombination der Spartypen 1 und 2 ergibt sich eine weitere Variante: der Haushalt optiert jeweils für den Spartyp, der für ihn günstiger ist, d. h. aus dem ein höherer Umverteilungssaldo resultiert. Von diesem Spartyp wird in den Modellrechnungen ausgegangen. Es wird also unterstellt, daß der Haushalt jeweils den Spartyp wählt, mit dem der Umverteilungssaldo maximiert wird. Von anderen Kriterien für die Wahl eines Spartyps wird dabei abgesehen.

## 4. Abhängigkeiten

Aus den in Punkt 2 dargestellten gesetzlichen Regelungen ist ersichtlich, daß es praktisch nur eine direkte Abhängigkeit zwischen den Maßnahmen der Sparförderung und anderen Maßnahmen gibt: die Berechtigung zur Sparprämie bzw. Wohnungsbau-Sparprämie ist an das zu versteuernde Einkommen des Vorjahres und die Berechtigung zur Arbeitnehmer-Sparzulage ist an das zu versteuernde Einkommen des laufenden Jahres geknüpft. Insofern besteht eine Abhängigkeit von allen einkommensteuerlichen Maßnahmen (Belastung und Sonderbegünstigungen).

Weitere direkte Interdependenzen der Sparförderungsmaßnahmen untereinander ergeben sich aufgrund des Kumulierungsverbotes. Der gegenseitige Ausschluß der verschiedenen Sparförderungsmaßnahmen gilt grundsätzlich je Person – mit der oben dargestellten Ausnahme bei vermögenswirksamen

Leistungen –; innerhalb eines Haushalts können durchaus verschiedene Begünstigungen gleichzeitig gewährt werden.

Dadurch, daß die Umverteilungswirkungen der Sparförderungsmaßnahmen auch von der Sparfähigkeit des Haushaltes abhängen, und diese ihrerseits vom Einkommen nach Umverteilung, besteht ein indirekter Einfluß aller übrigen Umverteilungsmaßnahmen auf die Höhe der Begünstigung durch die Sparförderung.

## XIII. Die indirekten Steuern

In den ersten Teil der Untersuchung sollen nur Maßnahmen einbezogen werden, die einen direkten (positiven oder negativen) Transfer zwischen Staat und privaten Haushalten zur Folge haben. Als wesentliche Ausnahme von diesem Prinzip gilt die Erweiterung um solche Maßnahmen, die zwar über den Unternehmenssektor abgewickelt werden, die aber nach dem Willen des Gesetzgebers eindeutig die privaten Haushalte belasten oder begünstigen sollen. Unter den staatlichen Belastungsmaßnahmen sind damit in erster Linie die indirekten Steuern angesprochen. Sie gelten in der Regel als voll oder zum großen Teil überwälzbar. Das hier angewandte Verfahren zur Berechnung der Belastung der Haushalte mit indirekten Steuern beruht, im Gegensatz zu den Modellberechnungen für die übrigen Maßnahmen, auf einer empirischen Untersuchung[55], die im folgenden kurz skizziert wird.

Für die Ermittlung der Steuerlastverteilung nach der Höhe des Haushaltseinkommens sind sowohl Informationen darüber notwendig, auf welchem Wege die indirekten Steuern auf den privaten Verbrauch überwälzt werden, als auch darüber, in welcher Weise die privaten Haushalte ihre Einkommen auf Konsum und Ersparnis aufteilen und wie sich der private Verbrauch in den einzelnen Einkommensklassen aus den verschiedenen (evtl. unterschiedlich belasteten) Ausgabearten zusammensetzt. Die Belastung der privaten Haushalte mit indirekten Steuern wurde daher in mehreren Schritten ermittelt, wobei drei wesentliche Komponenten zu unterscheiden sind:

- die Input-Output-Rechnung,
- die Konsum-Matrix,
- die Einkommens- und Verbrauchsstichprobe (EVS).

Da die Unternehmen die indirekten Steuern an den Fiskus abführen müssen, stellen sie für sie Aufwand dar. Entsprechend sind daher in der Input–Output-Tabelle die indirekten Steuern als (Primär-)Input für die einzelnen Produktionsbereiche enthalten. Es wurde angenommen, daß die indirekten Steuern auf den privaten Verbrauch nach Maßgabe der Lieferverflechtungen der einzelnen

---

55 Zu den Methoden und den Ergebnissen dieser Untersuchung vgl. W. Kitterer, Die Belastung der privaten Haushalte mit indirekten Steuern. „Mitteilungen des Rheinisch-Westfälischen Instituts für Wirtschaftsforschung", Berlin, Jg. 29 (1978), S. 263–280.

Produktionsbereiche untereinander sowie der Lieferungen an die Endnachfrage überwälzt werden. Mit Hilfe der Input-Output-Rechnung, die diesen Aspekt über die inversen Koeffizienten berücksichtigt, läßt sich sowohl die Belastung des privaten Verbrauchs insgesamt als auch die Belastung der Lieferungen der einzelnen Produktionsbereiche an den privaten Verbrauch mit indirekten Steuern ermitteln.

Im zweiten Schritt wurde die branchenweise Steuerbelastung mit Hilfe der in der Konsum-Matrix vorgegebenen Konsumstruktur in Steuerbelastungen nach Ausgabearten des privaten Verbrauchs umgerechnet. Da die Einkommens- und Verbrauchsstichprobe Angaben darüber enthält, wie sich die Ausgaben für die einzelnen Ausgabearten bei den verschiedenen Haushaltstypen auf Einkommensklassen verteilt, konnte im letzten Schritt die Belastung der Haushaltsnettoeinkommen mit indirekten Steuern für verschiedene Haushaltstypen ermittelt werden.

Die angegebene empirische Untersuchung beruht auf den Input-Output-Tabellen des RWI sowie auf der Einkommens- und Verbrauchsstichprobe 1973. Die Ergebnisse wurden auf das Jahr 1977 hochgerechnet. Danach ergibt sich für Arbeitnehmer- und Rentnerhaushalte die in Tabelle 27 dargestellte Steuerlastverteilung[56].

Da in den vorliegenden Modellrechnungen alle Belastungen auf das Basishaushaltseinkommen bezogen werden, die Berechnungen mit Hilfe der Einkommens- und Verbrauchsstichprobe aber die Belastung des privaten Verbrauchs mit indirekten Steuern in Abhängigkeit vom Haushaltsnettoeinkommen zeigen, muß zwischen beiden Einkommensbegriffen eine Beziehung hergestellt werden. Es liegt in der Natur der Sache, daß die Merkmale der in der Einkommens- und Verbrauchsstichprobe erfaßten Durchschnittshaushalte nicht vollständig mit den nach bestimmten Merkmalen und Aktivitäten individuell definierten Haushaltstypen in dieser Untersuchung übereinstimmen. Wenn demnach das Haushaltsnettoeinkommen mit Hilfe der individuell berechneten Belastungen und Begünstigungen aus dem Basishaushaltseinkommen abgeleitet wird, wie es in Übersicht 5 dargestellt ist, so wird dies nicht mit den empirischen Durchschnittswerten der Einkommens- und Verbrauchsstichprobe übereinstimmen[57]. Dies gilt, obwohl dort auch noch weitere Merkmale – Haushaltstyp, soziale Stellung des Haushaltsvorstandes, Alter des Haushaltsvorstandes, Haushaltsgröße – berücksichtigt werden. Abweichungen müssen aber in Kauf genommen werden, wenn die empirisch ermittelte Belastung der privaten Haushalte mit indirekten Steuern mit der modellmäßigen Berechnung von Begünstigungen und Belastungen in dieser Untersuchung verknüpft werden soll.

---

56 Für die Arbeitnehmer wurde die Steuerlastverteilung der Angestellten übernommen, die sich allerdings nicht sehr stark von der der Arbeiter und Beamten unterscheidet. In dem statistischen Ausgangsmaterial waren außerdem keine geänderten Angaben für die Rentner verfügbar. An deren Stelle wurden die Ergebnisse für die Nichterwerbstätigen, die auch die Rentner umfassen, zugrunde gelegt.

57 Aus diesem Grund wurden die aus den Modellannahmen resultierenden hohen Werbungskosten im Zusammenhang mit dem BHE aus Vermietung (Abschreibungen und Schuldzinsen), nicht zu dem BHE hinzugezählt, denn hier sind die Abweichungen zu den Durchschnittswerten besonders kraß. Außerdem handelt es sich dabei um Einkommensbestandteile, die nur zum Teil mit indirekten Steuern belastet sind.

Indirekte Steuern in vH des Haushaltsnettoeinkommens
1977

Tabelle 27

| Haushalts-netto-Einkommen | Arbeitnehmer | | | | | | Rentner | |
|---|---|---|---|---|---|---|---|---|
| | Allein-stehender | Ehepaar | | | | | Allein-stehender | Ehepaar o. Kinder |
| | | o. Kind | mit 1 Kind | mit 2 Kindern | mit 3 Kindern | mit 4 Kindern | | |
| unter 6oo | 15,3 | 2o,2 | 18,8 | 19,1 | 19,2 | 19,2 | 15,5 | 18,3 |
| 6oo - 8oo | 14,6 | 19,3 | 18,o | 18,3 | 18,4 | 18,4 | 14,7 | 16,o |
| 8oo - 1ooo | 14,1 | 18,6 | 17,4 | 17,7 | 17,8 | 17,8 | 14,o | 15,7 |
| 1ooo - 12oo | 14,1 | 18,8 | 17,4 | 17,7 | 17,8 | 17,8 | 14,o | 14,8 |
| 12oo - 15oo | 13,7 | 15,4 | 16,2 | 16,4 | 16,5 | 16,5 | 12,6 | 14,3 |
| 15oo - 18oo | 12,9 | 14,2 | 15,3 | 15,2 | 15,3 | 15,3 | 13,o | 13,6 |
| 18oo - 25oo | 12,8 | 13,3 | 14,o | 14,2 | 14,5 | 14,5 | 11,8 | 12,7 |
| 25oo - 5ooo | 9,9 | 11,7 | 12,2 | 12,5 | 12,9 | 12,9 | 1o,o | 11,4 |
| 5ooo - 1oooo | 7,7 | 9,1 | 1o,6 | 9,5 | 1o,5 | 1o,5 | 7,2 | 8,2 |
| 1oooo - 15ooo | 4,8 | 5,7 | 6,7 | 6,o | 6,6 | 6,6 | 4,2 | 4,8 |

Eigene Berechnungen.

RWI ESSEN

Ableitung des Haushaltsnettoeinkommens aus dem Basishaushaltseinkommen — Übersicht 5

Basishaushaltseinkommen (BHE)
+ Werbungskosten ohne Sonderbegünstigungscharakter[1]
- AG-Beiträge zur Sozialversicherung
+ AG- und AN-Beiträge zur Rentenversicherung
+ Aufwendungen zur privaten Altersvorsorge

= Bruttoeinkommen aus nichtselbständiger Arbeit, Unternehmertätigkeit und Vermögen und Alterssicherung
+ Berufsausbildungsbeihilfe
+ Unterhaltsgeld
+ BAFöG
+ Kindergeld
+ Arbeitnehmersparzulage (3. Vermögensbildungsgesetz)
+ Sparprämien
+ Wohnungsbauprämien
+ Wohngeld
+ Sozialhilfe

= Haushaltsbruttoeinkommen in Sinne der EVS
- Einkommensteuer
- Vermögensteuer
- AN-Beiträge zur gesetzlichen Rentenversicherung
- AN-Beiträge zur Arbeitslosenversicherung
- AN-Beiträge zur gesetzlichen Krankenversicherung

= Haushaltsnettoeinkommen im Sinne der EVS

[1] Mit Ausnahme der Werbungskosten im Zusammenhang mit dem BHE aus Vermietung.

# Definitionen der Haushaltstypen

Grundtypen und Varianten der Modellhaushalte
(Arbeitnehmerhaushalte)

| Grundtypen | | | Varianten | | | | |
|---|---|---|---|---|---|---|---|
| | | | Alleinverdienerhaushalte | | | Doppelverdienerhaushalte | |
| Typische Merkmale | Haushaltsnummer | | Einf.-haus[1] | Einf.-haus + §1o EStG[2] | hohes Vermögen | | |
| | | | Haushaltsnummer | | | | |
| | | Ein-Personen-Haushalte | | | | | |
| Alleinstehender | A-1-1 | 1oo | | 1o2 | | | |
| | | Zwei-Personen-Haushalte | | | | | |
| Jüngeres Ehepaar | A-2-1 | 1oo | 11o | 1o5 | | A-2-2 | 16o |
| Älteres Ehepaar | | 2oo | | | | | |
| AFG-Haushalt[3] | | 4oo | 4o3 | | 4o2 | | 1oo |
| | | Drei-Personen-Haushalte | | | | | |
| Vorschulkind | A-3-1 | 1oo | | | | | |
| Jüngerer Schüler | | 2oo | | | | | |
| Älterer Schüler | | 3oo | | | | | |
| Auszubildender | | 4oo | | | | | |
| Student | | 5oo | | | | | |
| Student (auswärts) | | 5o1 | | | | | |
| AFG-Haushalt mit Vorschulkind | | 6oo | | | | | |
| | | Vier-Personen-Haushalte | | | | | |
| 2 Vorschulkinder | A-4-1 | 1oo | | 1o5 | | A-4-2 | 15o |
| 2 jüngere Schüler | | 2oo | | | | | |
| 2 ältere Schüler | | 3oo | | 3o5 | | | |
| 2 ältere Schüler (auswärts) | | 3o1 | | | | | |
| 2 Auszubildende | | 4oo | 4o3 | 4o6 | | | 4oo |
| 2 Auszubildende (auswärts) | | 4o1 | | | | | |
| 2 Studenten | | 5oo | | | | | 5oo |
| 2 Studenten (auswärts) | | 5o1 | 553 | 556 | 552 | | 5o1 |
| 1 Vorschulkind, 1 jüngerer Schüler | | 8oo | | | | | |
| 1 jüngerer Schüler, 1 älterer Schüler | | 9oo | | | | | |
| 1 jüngerer Schüler, 1 Auszubildender | | 1ooo | | | | | |
| 1 älterer Schüler, 1 Student | | 12oo | | | | | |
| 1 älterer Schüler, 1 Student (auswärts) | | 12o1 | | | | | 1254 |
| 1 Auszubildender, 1 Arbeitnehmerkind | | 13oo | | | | | |
| | | Fünf-Personen-Haushalte | | | | | |
| 2 jüngere Schüler, 1 älterer Schüler | A-5-1 | 1oo | | | | | |
| 2 ältere Schüler, 1 Student | | 2oo | | | | | |
| 2 ältere Schüler, 1 Student (auswärts) | | 2o1 | | | | | |
| 2 jüngere Schüler, 1 Auszubildender | | 3oo | | | | | |
| 3 Auszubildende | | 4oo | | | | | |
| 2 Vorschulkinder, 1 jüngerer Schüler | | 65o | | | | | |
| 3 Studenten (auswärts) | | 752 | | | | | |
| | | Sechs-Personen-Haushalte | | | | | |
| 2 Vorschulkinder, 2 jüngere Schüler | A-6-1 | 1oo | 1o3 | 1o5 | | A-6-2 | |
| 2 jüngere Schüler, 2 ältere Schüler | | 2oo | | 2o3 | | | |
| 2 jüngere Schüler, 2 Auszubildende | | 3oo | | 3o5 | | | |
| 2 ältere Schüler, 2 Studenten (auswärts) | | 451 | 453 | | | | |
| 4 Auszubildende | | 8oo | | | | | |
| 4 Studenten | | 9oo | | | | | |
| 4 Studenten (auswärts) | | 962 | | 952 | | | 95o |

[1]Sonderabschreibungen nach § 7b EStG.- [2]Sonderausgabenabzug für Weiterbildungsaufwendungen.- [3]Empfänger von Unterhaltsgeld nach dem Arbeitsförderungsgesetz (AFG).

RWI ESSEN

Für alle Haushaltstypen gelten folgende Annahmen:

*Zuwachsrate des BHE gegenüber dem Vorjahr*

| | 1975/76 | 1976/77 |
|---|---|---|
| BHE aus unselbständiger Arbeit .................... | 7 vH | 7 vH |
| BHE aus Kapitalvermögen........................... | 3 vH | 3 vH |
| BHE aus Vermietung ................................ | 5 vH | 3 vH |
| BHE aus Renten...................................... | 11 vH | 10 vH |

*Zur Aufteilung des BHE auf die Haushaltsmitglieder*

In der Modellrechnung werden das Basiseinkommen aus Kapitalvermögen und aus Vermietung bei Vorgabe des Gesamt-BHE endogen bestimmt. Das Einkommen aus unselbständiger Arbeit ergibt sich dann als Restgröße. Bei Kindern innerhalb eines Haushalts wird unterstellt, daß sie nur Einkommen aus unselbständiger Arbeit (z. B. Ausbildungsvergütung) beziehen und daß dieses über sämtliche Einkommensstufen, die das gesamte Basishaushaltseinkommen durchläuft, konstant bleibt. Bei den Ehegatten erfolgt die Festlegung der BHE-Art für den nicht endogen bestimmten und ggf. den noch nicht durch Kinder „beanspruchten" Teil des Basishaushaltseinkommens. Im Fall von Doppelverdienern ist das Verhältnis der Ehegatteneinkommen 2 : 1.

*Zur Mietwohnung*

- Baujahr 1972,
- Ausstattung mit Sammelheizung und Bad oder Duschraum,
- Lage in Gemeinden unter 100 000 Einwohnern.

*Zum Einfamilienhaus*

- Baujahr 1975,
- Zinssatz für aufgenommene Darlehen 6 vH,
- Laufzeit des Darlehens 20 Jahre,
- Herstellungskosten bei Einfamilienhäusern 75 vH der Gesamtkosten, bei Zweifamilienhäusern 80 vH der Gesamtkosten.

*Zum Vermögen*

- Kleines Vermögen = 4 000 DM + 0,1 · Jahres-BHE
- Hohes Vermögen = 20 000 DM + 4,0 · Jahres-BHE

*Zu langfristig anlegbaren Mitteln*

- Anlagemittel = 10 vH des Jahres-BHE.

*Zum II. Wohnungsbaugesetz (Sozialwohnung)*

- Jahr der Eheschließung vor 1970.

Alle Haushalte besitzen einen Pkw und müssen daher Kraftfahrzeugsteuer bezahlen.

| HAUSHALTSTYP | | A-1-1- 100 | A-1-1- 102 | A-1-1- 200 | A-2-1- 100 | A-2-1- 105 |
|---|---|---|---|---|---|---|
| ALTER | (1) | 30 | 30 | 60 | 30 | 30 |
| | (2) | | | | 25 | 25 |
| | (3) | | | | | |
| | (4) | | | | | |
| | (5) | | | | | |
| | (6) | | | | | |
| UNTERBRINGUNG | (1) | 1 | 1 | 1 | 1 | 1 |
| | (2) | | | | 1 | 1 |
| AUSWAERTS = 0 | (3) | | | | | |
| ZU HAUSE = 1 | (4) | | | | | |
| | (5) | | | | | |
| | (6) | | | | | |
| AUSBILDUNG DER | (1) | | | | | |
| KINDER UEBER 15J. | (2) | | | | | |
| | (3) | | | | | |
| | (4) | | | | | |
| WEITERBILDUNG | (1) | | | | | |
| NACH AFG | (2) | | | | | |
| AUFWENDUNGEN FUER | (1) | | 900 DM | | | 900 DM |
| WEITERBILDUNG | (2) | | | | | 900 DM |
| WOHNUNG | | MIETWOHNUNG | EINFAM.-HAUS | MIETWOHNUNG | MIETWOHNUNG | EINFAM.-HAUS |
| WOHNFLAECHE | | 55 | 80 | 55 | 55 | 120 |
| MIETE/QM IM MONAT | | 5,00 DM | 7,50 DM | 5,00 DM | 5,00 DM | 7,50 DM |
| GESAMTKOSTEN | | | 140000 DM | | | 200000 DM |
| AUFGENOMM. DARL. | | | 85000 DM | | | 120000 DM |
| BHE AUS | (1) | 100 % | 100 % | 100 % | 100 % | 100 % |
| UNSELBST. ARBEIT | (2) | | | | | |
| | (3) | | | | | |
| | (4) | | | | | |
| | (5) | | | | | |
| | (6) | | | | | |
| BHE AUS RENTEN | (1) | | | | | |
| | (2) | | | | | |
| VERMOEGEN | | KLEINES VERM. | KLEINES VERM. | KLEINES VERM. | KLEINES VERM. | KLEINES VERM. |

| HAUSHALTSTYP | | A-2-1- 110 | A-2-1- 400 | A-2-1- 402 | A-2-1- 403 | A-2-2- 160 |
|---|---|---|---|---|---|---|
| ALTER | (1) | 30 | 30 | 30 | 30 | 30 |
| | (2) | 25 | 25 | 25 | 25 | 25 |
| | (3) | | | | | |
| | (4) | | | | | |
| | (5) | | | | | |
| | (6) | | | | | |
| UNTERBRINGUNG | (1) | 1 | 1 | 1 | 1 | 1 |
| | (2) | 1 | 1 | 1 | 1 | 1 |
| AUSWAERTS = 0 | (3) | | | | | |
| ZU HAUSE = 1 | (4) | | | | | |
| | (5) | | | | | |
| | (6) | | | | | |
| AUSBILDUNG DER | (1) | | | | | |
| KINDER UEBER 15J. | (2) | | | | | |
| | (3) | | | | | |
| | (4) | | | | | |
| WEITERBILDUNG | (1) | | JA | JA | JA | |
| NACH AFG | (2) | | | | | |
| AUFWENDUNGEN FUER | (1) | | | | | |
| WEITERBILDUNG | (2) | | | | | |
| WOHNUNG | | EINFAM.-HAUS | MIETWOHNUNG | MIETWOHNUNG | EINFAM.-HAUS | MIETWOHNUNG |
| WOHNFLAECHE | | 120 | 55 | 55 | 120 | 55 |
| MIETE/QM IM MONAT | | 7,50 DM | 5,00 DM | 5,00 DM | 7,50 DM | 5,00 DM |
| GESAMTKOSTEN | | 200000 DM | | | 200000 DM | |
| AUFGENOMM. DARL. | | 120000 DM | | | 120000 DM | |
| BHF AUS | (1) | 100 % | 100 % | 100 % | 100 % | 67 % |
| UNSELBST. ARBEIT | (2) | | | | | 33 % |
| | (3) | | | | | |
| | (4) | | | | | |
| | (5) | | | | | |
| | (6) | | | | | |
| BHF AUS RENTEN | (1) | | | | | |
| | (2) | | | | | |
| VERMOEGEN | | KLEINES VERM. | KLEINES VERM. | HOHES VERMOEGEN | KLEINES VERM. | KLEINES VERM. |

| HAUSHALTSTYP | | A-2-2- 400 | A-3-1- 100 | A-3-1- 200 | A-3-1- 300 | A-3-1- 400 |
|---|---|---|---|---|---|---|
| ALTER | (1) | 30 | 30 | 30 | 40 | 40 |
| | (2) | 25 | 25 | 25 | 35 | 35 |
| | (3) | | 5 | 11 | 15 | 15 |
| | (4) | | | | | |
| | (5) | | | | | |
| | (6) | | | | | |
| UNTERBRINGUNG | (1) | 1 | 1 | 1 | 1 | 1 |
| | (2) | 1 | 1 | 1 | 1 | 1 |
| AUSWAERTS = 0 | (3) | | 1 | 1 | 1 | 1 |
| ZU HAUSE = 1 | (4) | | | | | |
| | (5) | | | | | |
| | (6) | | | | | |
| AUSBILDUNG DER | (1) | | KIND UNTER 15 J. | KIND UNTER 15 J. | SCHUELER | AUSZUBILDENDER |
| KINDER UEBER 15J. | (2) | | | | | |
| | (3) | | | | | |
| | (4) | | | | | |
| WEITERBILDUNG | (1) | JA | | | | |
| NACH AFG | (2) | | | | | |
| AUFWENDUNGEN FUER | (1) | | | | | |
| WEITERBILDUNG | (2) | | | | | |
| WOHNUNG | | MIETWOHNUNG | MIETWOHNUNG | MIETWOHNUNG | MIETWOHNUNG | MIETWOHNUNG |
| WOHNFLAECHE | | 55 | 70 | 70 | 70 | 70 |
| MIETE/QM IM MONAT | | 5,00 DM | 5,00 DM | 5,00 DM | 5,00 DM | 5,00 DM |
| BHE AUS | (1) | 67 % | 100 % | 100 % | 100 % | 100 % |
| UNSELBST. ARBEIT | (2) | 33 % | | | | |
| | (3) | | | | | 400 DM |
| | (4) | | | | | |
| | (5) | | | | | |
| | (6) | | | | | |
| BHE AUS RENTEN | (1) | | | | | |
| | (2) | | | | | |
| VERMOEGEN | | KLEINES VERM. | KLEINES VERM. | KLEINES VERM. | KLEINES VERM. | KLEINES VERM. |

| HAUSHALTSTYP | | A-3-1- 501 | A-3-1- 600 | A-4-1- 100 | A-4-1- 105 | A-4-1- 200 |
|---|---|---|---|---|---|---|
| ALTER | (1) | 50 | 30 | 30 | 30 | 40 |
| | (2) | 45 | 25 | 25 | 25 | 35 |
| | (3) | 21 | 5 | 5 | 5 | 13 |
| | (4) | | | 3 | 3 | 11 |
| | (5) | | | | | |
| | (6) | | | | | |
| UNTERBRINGUNG | (1) | 1 | 1 | 1 | 1 | 1 |
| | (2) | 1 | 1 | 1 | 1 | 1 |
| AUSWAERTS = 0 | (3) | 0 | 1 | 1 | 1 | 1 |
| ZU HAUSE = 1 | (4) | | | 1 | 1 | 1 |
| | (5) | | | | | |
| | (6) | | | | | |
| AUSBILDUNG DER | (1) | STUDENT | KIND UNTER 15 J. | KIND UNTER 15 J. | KIND UNTER 15 J. | KIND UNTER 15 J. |
| KINDER UEBER 15J. | (2) | | | KIND UNTER 15 J. | KIND UNTER 15 J. | KIND UNTER 15 J. |
| | (3) | | | | | |
| | (4) | | | | | |
| WEITERBILDUNG | (1) | | JA | | | |
| NACH AFG | (2) | | | | | |
| AUFWENDUNGEN FUER | (1) | | | | 900 DM | |
| WEITERBILDUNG | (2) | | | | 900 DM | |
| WOHNUNG | | MIETWOHNUNG | MIETWOHNUNG | MIETWOHNUNG | EINFAM.-HAUS | MIETWOHNUNG |
| WOHNFLAECHE | | 70 | 70 | 80 | 120 | 80 |
| MIETE/QM IM MONAT | | 5,00 DM | 5,00 DM | 5,00 DM | 7,50 DM | 5,00 DM |
| | | | | | 200000 DM | |
| | | | | | 120000 DM | |
| BHE AUS | (1) | 100 % | 100 % | 100 % | 100 % | 100 % |
| UNSELBST. ARBEIT | (2) | | | | | |
| | (3) | | | | | |
| | (4) | | | | | |
| | (5) | | | | | |
| | (6) | | | | | |
| BHE AUS RENTEN | (1) | | | | | |
| | (2) | | | | | |
| VERMOEGEN | | KLEINES VERM. | KLEINES VERM. | KLEINES VERM. | KLEINES VERM. | KLEINES VERM. |

| HAUSHALTSTYP | | A-4-1- 300 | A-4-1- 301 | A-4-1- 305 | A-4-1- 400 | A-4-1- 401 | A-4-1- 403 |
|---|---|---|---|---|---|---|---|
| ALTER | (1) | 40 | 40 | 40 | 40 | 40 | 40 |
| | (2) | 35 | 35 | 35 | 35 | 35 | 35 |
| | (3) | 17 | 17 | 17 | 17 | 17 | 17 |
| | (4) | 15 | 15 | 15 | 15 | 15 | 15 |
| | (5) | | | | | | |
| | (6) | | | | | | |
| UNTERBRINGUNG | (1) | 1 | 1 | 1 | 1 | 1 | 1 |
| | (2) | 1 | 1 | 1 | 1 | 1 | 1 |
| AUSWAERTS = 0 | (3) | 1 | 0 | 1 | 1 | 0 | 1 |
| ZU HAUSE = 1 | (4) | 1 | 0 | 1 | 1 | 0 | 1 |
| | (5) | | | | | | |
| | (6) | | | | | | |
| AUSBILDUNG DER | (1) | SCHUELER | SCHUELER | SCHUELER | AUSZUBILDENDER | AUSZUBILDENDER | AUSZUBILDENDER |
| KINDER UEBER 15J. | (2) | SCHUELER | SCHUELER | SCHUELER | AUSZUBILDENDER | AUSZUBILDENDER | AUSZUBILDENDER |
| | (3) | | | | | | |
| | (4) | | | | | | |
| WEITERBILDUNG | (1) | | | | | | |
| NACH AFG | (2) | | | | | | |
| AUFWENDUNGEN FUER | (1) | | | 900 DM | | | |
| WEITERBILDUNG | (2) | | | 900 DM | | | |
| WOHNUNG | | MIETWOHNUNG | MIETWOHNUNG | EINFAM.-HAUS | MIETWOHNUNG | MIETWOHNUNG | EINFAM.-HAUS |
| WOHNFLAECHE | | 80 | 80 | 120 | 80 | 80 | 120 |
| MIETE/QM IM MONAT | | 5,00 DM | 5,00 DM | 7,50 DM | 5,00 DM | 5,00 DM | 7,50 DM |
| GESAMTKOSTEN | | | | 200000 DM | | | 200000 DM |
| AUFGENOMM. DARL. | | | | 120000 DM | | | 120000 DM |
| BHE AUS | (1) | 100 % | 100 % | 100 % | 100 % | 100 % | 100 % |
| UNSELBST. ARBEIT | (2) | | | | | | |
| | (3) | | | | 400 DM | 400 DM | 400 DM |
| | (4) | | | | 400 DM | 400 DM | 400 DM |
| | (5) | | | | | | |
| | (6) | | | | | | |
| BHE AUS RENTEN | (1) | | | | | | |
| | (2) | | | | | | |
| VERMOEGEN | | KLEINES VERM. | KLEINES VERM. | KLEINES VERM. | KLEINES VERM. | KLEINES VERM. | KLEINES VERM. |

| HAUSHALTSTYP | | A-4-1- 406 | A-4-1- 501 | A-4-1- 552 | A-4-1- 553 | A-4-1- 556 | A-4-1- 800 |
|---|---|---|---|---|---|---|---|
| ALTER | (1) | 40 | 50 | 50 | 50 | 50 | 40 |
| | (2) | 35 | 45 | 45 | 45 | 45 | 35 |
| | (3) | 17 | 23 | 23 | 23 | 23 | 10 |
| | (4) | 15 | 21 | 21 | 21 | 21 | 5 |
| | (5) | | | | | | |
| | (6) | | | | | | |
| UNTERBRINGUNG | (1) | 1 | 1 | 1 | 1 | 1 | 1 |
| | (2) | 1 | 1 | 1 | 1 | 1 | 1 |
| AUSWAERTS = 0 | (3) | 1 | 0 | 0 | 0 | 0 | 1 |
| ZU HAUSE = 1 | (4) | 1 | 0 | 0 | 0 | 0 | 1 |
| | (5) | | | | | | |
| | (6) | | | | | | |
| AUSBILDUNG DER | (1) | AUSZUBILDENDER | STUDENT | STUDENT | STUDENT | STUDENT | KIND UNTER 15 J. |
| KINDER UEBER 15J. | (2) | AUSZUBILDENDER | STUDENT | STUDENT | STUDENT | STUDENT | KIND UNTER 15 J. |
| | (3) | | | | | | |
| | (4) | | | | | | |
| WEITERBILDUNG | (1) | | | | | | |
| NACH AFG | (2) | | | | | | |
| AUFWENDUNGEN FUER | (1) | 900 DM | | | | 900 DM | |
| WEITERBILDUNG | (2) | 900 DM | | | | 900 DM | |
| WOHNUNG | | EINFAM.-HAUS | MIETWOHNUNG | MIETWOHNUNG | EINFAM.-HAUS | EINFAM.-HAUS | MIETWOHNUNG |
| WOHNFLAECHE | | 120 | 80 | 80 | 120 | 120 | 80 |
| MIETE/QM IM MONAT | | 7,50 DM | 5,00 DM | 5,00 DM | 7,50 DM | 7,50 DM | 5,00 DM |
| GESAMTKOSTEN | | 200000 DM | | | 200000 DM | 200000 DM | |
| AUFGENOMM. DARL. | | 120000 DM | | | 120000 DM | 120000 DM | |
| BHE AUS | (1) | 100 % | 100 % | 100 % | 100 % | 100 % | 100 % |
| UNSELBST. ARBEIT | (2) | | | | | | |
| | (3) | 400 DM | | | | | |
| | (4) | 400 DM | | | | | |
| | (5) | | | | | | |
| | (6) | | | | | | |
| BHE AUS RENTEN | (1) | | | | | | |
| | (2) | | | | | | |
| VERMOEGEN | | KLEINES VERM. | KLEINES VERM. | HOHES VERMOEGEN | KLEINES VERM. | KLEINES VERM. | KLEINES VERM. |

| HAUSHALTSTYP | | A-4-1- 900 | A-4-1-1000 | A-4-1-1201 | A-4-1-1300 | A-4-2- 150 |
|---|---|---|---|---|---|---|
| ALTER | (1) | 40 | 40 | 50 | 50 | 30 |
| | (2) | 35 | 35 | 45 | 45 | 25 |
| | (3) | 15 | 15 | 20 | 20 | 5 |
| | (4) | 10 | 10 | 15 | 15 | 3 |
| | (5) | | | | | |
| | (6) | | | | | |
| UNTERBRINGUNG | (1) | 1 | 1 | 1 | 1 | 1 |
| | (2) | 1 | 1 | 1 | 1 | 1 |
| AUSWAERTS = 0 | (3) | 1 | 1 | 0 | 1 | 1 |
| ZU HAUSE = 1 | (4) | 1 | 1 | 1 | 1 | 1 |
| | (5) | | | | | |
| | (6) | | | | | |
| AUSBILDUNG DER | (1) | SCHUELER | AUSZUBILDENDER | STUDENT | | KIND UNTER 15 J. |
| KINDER UEBER 15J. | (2) | KIND UNTER 15 J. | KIND UNTER 15 J. | SCHUELER | AUSZUBILDENDER | KIND UNTER 15 J. |
| | (3) | | | | | |
| | (4) | | | | | |
| WEITERBILDUNG | (1) | | | | | |
| NACH AFG | (2) | | | | | |
| AUFWENDUNGEN FUER | (1) | | | | | |
| WEITERBILDUNG | (2) | | | | | |
| WOHNUNG | | MIETWOHNUNG | MIETWOHNUNG | MIETWOHNUNG | MIETWOHNUNG | MIETWOHNUNG |
| WOHNFLAECHE | | 80 | 80 | 80 | 80 | 80 |
| MIETE/QM IM MONAT | | 5,00 DM | 5,00 DM | 5,00 DM | 5,00 DM | 5,00 DM |
| BHE AUS | (1) | 100 % | 100 % | 100 % | 100 % | 67 % |
| UNSELBST. ARBEIT | (2) | | | | | 33 % |
| | (3) | | 400 DM | | 1000 DM | |
| | (4) | | | | 400 DM | |
| | (5) | | | | | |
| | (6) | | | | | |
| BHE AUS RENTEN | (1) | | | | | |
| | (2) | | | | | |
| VERMOEGEN | | KLEINES VERM. | KLEINES VERM. | KLEINES VERM. | KLEINES VERM. | KLEINES VERM. |

| HAUSHALTSTYP | | A-4-2- 400 | A-4-2- 501 | A-4-2- 502 | A-4-2-1254 | A-5-1- 100 |
|---|---|---|---|---|---|---|
| ALTER | (1) | 40 | 50 | 50 | 50 | 40 |
| | (2) | 35 | 45 | 45 | 45 | 35 |
| | (3) | 17 | 23 | 23 | 20 | 15 |
| | (4) | 15 | 21 | 21 | 15 | 13 |
| | (5) | | | | | 11 |
| | (6) | | | | | |
| UNTERBRINGUNG | (1) | 1 | 1 | 1 | 1 | 1 |
| | (2) | 1 | 1 | 1 | 1 | 1 |
| AUSWAERTS = 0 | (3) | 1 | 0 | 1 | 0 | 1 |
| ZU HAUSE = 1 | (4) | 1 | 0 | 1 | 1 | 1 |
| | (5) | | | | | 1 |
| | (6) | | | | | |
| AUSBILDUNG DER | (1) | AUSZUBILDENDER | STUDENT | STUDENT | STUDENT | SCHUELER |
| KINDER UEBER 15J. | (2) | AUSZUBILDENDER | STUDENT | STUDENT | SCHUELER | KIND UNTER 15 J. |
| | (3) | | | | | KIND UNTER 15 J. |
| | (4) | | | | | |
| WEITERBILDUNG | (1) | | | | | |
| NACH AFG | (2) | | | | | |
| AUFWENDUNGEN FUER | (1) | | | | | |
| WEITERBILDUNG | (2) | | | | | |
| WOHNUNG | | MIETWOHNUNG | MIETWOHNUNG | MIETWOHNUNG | MIETWOHNUNG | MIETWOHNUNG |
| WOHNFLAECHE | | 80 | 80 | 80 | 80 | 90 |
| MIETE/QM IM MONAT | | 5,00 DM | 5,00 DM | 5,00 DM | 5,00 DM | 5,00 DM |
| BHE AUS | (1) | 67 % | 67 % | 67 % | 67 % | 100 % |
| UNSELBST. ARBEIT | (2) | 33 % | 33 % | 33 % | 33 % | |
| | (3) | 400 DM | | | | |
| | (4) | 400 DM | | | | |
| | (5) | | | | | |
| | (6) | | | | | |
| BHE AUS RENTEN | (1) | | | | | |
| | (2) | | | | | |
| VERMOEGEN | | KLEINES VERM. | KLEINES VERM. | HOHES VERMOEGEN | KLEINES VERM. | KLEINES VERM. |

| HAUSHALTSTYP | | A-5-1- 201 | A-5-1- 40C | A-5-1- 500 | A-5-1- 650 | A-5-1- 751 | A-5-1- 752 |
|---|---|---|---|---|---|---|---|
| ALTER | (1) | 50 | 50 | 50 | 30 | 50 | 50 |
| | (2) | 45 | 45 | 45 | 25 | 45 | 45 |
| | (3) | 19 | 19 | 19 | 7 | 23 | 25 |
| | (4) | 17 | 17 | 17 | 5 | 21 | 23 |
| | (5) | 15 | 15 | 15 | 3 | | 21 |
| | (6) | | | | | | |
| UNTERBRINGUNG | (1) | 1 | 1 | 1 | 1 | 1 | 1 |
| | (2) | 1 | 1 | 1 | 1 | 1 | 1 |
| AUSWAERTS = 0 | (3) | 0 | 1 | 1 | 1 | 0 | 0 |
| ZU HAUSE = 1 | (4) | 1 | 1 | 1 | 1 | 0 | 0 |
| | (5) | 1 | 1 | 1 | 1 | 0 | 0 |
| | (6) | | | | | | |
| AUSBILDUNG DER | (1) | STUDENT | AUSZUBILDENDER | | KIND UNTER 15 J. | STUDENT | STUDENT |
| KINDER UEBER 15J. | (2) | SCHUELER | AUSZUBILDENDER | AUSZUBILDENDER | KIND UNTER 15 J. | STUDENT | STUDENT |
| | (3) | SCHUELER | AUSZUBILDENDER | AUSZUBILDENDER | KIND UNTER 15 J. | STUDENT | STUDENT |
| | (4) | | | | | | |
| WEITERBILDUNG | (1) | | | | | | |
| NACH AFG | (2) | | | | | | |
| AUFWENDUNGEN FUER | (1) | | | | | | |
| WEITERBILDUNG | (2) | | | | | | |
| WOHNUNG | | MIETWOHNUNG | MIETWOHNUNG | MIETWOHNUNG | MIETWOHNUNG | MIETWOHNUNG | MIETWOHNUNG |
| WOHNFLAECHE | | 90 | 90 | 90 | 90 | 90 | 90 |
| MIETE/QM IM MONAT | | 5,00 DM | 5,00 DM | 5,00 DM | 5,00 DM | 5,00 DM | 5,00 DM |
| BHE AUS | (1) | 100 % | 100 % | 100 % | 100 % | 100 % | 100 % |
| UNSELBST. ARBEIT | (2) | | | | | | |
| | (3) | | 400 DM | 1000 DM | | | |
| | (4) | | 400 DM | 400 DM | | | |
| | (5) | | 400 DM | 400 DM | | | |
| | (6) | | | | | | |
| BHE AUS RENTEN | (1) | | | | | | |
| | (2) | | | | | | |
| VERMOEGEN | | KLEINES VERM. | KLEINES VERM. | KLEINES VERM. | KLEINES VERM. | KLEINES VERM. | KLEINES VERM. |

| HAUSHALTSTYP | | A-6-1- 100 | A-6-1- 103 | A-6-1- 105 | A-6-1- 200 | A-6-1- 203 | A-6-1- 300 |
|---|---|---|---|---|---|---|---|
| ALTER | (1) | 40 | 40 | 40 | 40 | 40 | 40 |
| | (2) | 35 | 35 | 35 | 35 | 35 | 35 |
| | (3) | 9 | 9 | 9 | 17 | 17 | 17 |
| | (4) | 7 | 7 | 7 | 15 | 15 | 15 |
| | (5) | 5 | 5 | 5 | 13 | 13 | 13 |
| | (6) | 3 | 3 | 3 | 11 | 11 | 11 |
| UNTERBRINGUNG | (1) | 1 | 1 | 1 | 1 | 1 | 1 |
| | (2) | 1 | 1 | 1 | 1 | 1 | 1 |
| AUSWAERTS = 0 | (3) | 1 | 1 | 1 | 1 | 1 | 1 |
| ZU HAUSE = 1 | (4) | 1 | 1 | 1 | 1 | 1 | 1 |
| | (5) | 1 | 1 | 1 | 1 | 1 | 1 |
| | (6) | 1 | 1 | 1 | 1 | 1 | 1 |
| AUSBILDUNG DER | (1) | KIND UNTER 15 J. | KIND UNTER 15 J. | KIND UNTER 15 J. | SCHUELER | SCHUELER | AUSZUBILDENDER |
| KINDER UEBER 15J. | (2) | KIND UNTER 15 J. | KIND UNTER 15 J. | KIND UNTER 15 J. | SCHUELER | SCHUELER | AUSZUBILDENDER |
| | (3) | KIND UNTER 15 J. | KIND UNTER 15 J. | KIND UNTER 15 J. | KIND UNTER 15 J. | KIND UNTER 15 J. | KIND UNTER 15 J. |
| | (4) | KIND UNTER 15 J. | KIND UNTER 15 J. | KIND UNTER 15 J. | KIND UNTER 15 J. | KIND UNTER 15 J. | KIND UNTER 15 J. |
| WEITERBILDUNG | (1) | | | | | | |
| NACH AFG | (2) | | | | | | |
| AUFWENDUNGEN FUER | (1) | | | 900 DM | | 900 DM | |
| WEITERBILDUNG | (2) | | | 900 DM | | 900 DM | |
| WOHNUNG | | MIETWOHNUNG | EINFAM.-HAUS | EINFAM.-HAUS | MIETWOHNUNG | EINFAM.-HAUS | MIETWOHNUNG |
| WOHNFLAECHE | | 100 | 120 | 120 | 100 | 120 | 100 |
| MIETE/QM IM MONAT | | 5,00 DM | 7,50 DM | 7,50 DM | 5,00 DM | 7,50 DM | 5,00 DM |
| GESAMTKOSTEN | | | 200000 DM | 200000 DM | | 200000 DM | |
| AUFGENOMM. DARL. | | | 120000 DM | 120000 DM | | 120000 DM | |
| BHE AUS | (1) | 100 % | 100 % | 100 % | 100 % | 100 % | 100 % |
| UNSELBST. ARBEIT | (2) | | | | | | |
| | (3) | | | | | | 400 DM |
| | (4) | | | | | | 400 DM |
| | (5) | | | | | | |
| | (6) | | | | | | |
| BHE AUS RENTEN | (1) | | | | | | |
| | (2) | | | | | | |
| VERMOEGEN | | KLEINES VERM. | KLEINES VERM. | KLEINES VERM. | KLEINES VERM. | KLEINES VERM. | KLEINES VERM. |

| HAUSHALTSTYP | | A-6-1- 305 | A-6-1- 451 | A-6-1- 453 | A-6-1- 800 | A-6-1- 900 | A-6-1- 952 |
|---|---|---|---|---|---|---|---|
| ALTER | (1) | 40 | 50 | 50 | 50 | 50 | 50 |
| | (2) | 35 | 45 | 45 | 45 | 45 | 45 |
| | (3) | 17 | 21 | 21 | 21 | 25 | 25 |
| | (4) | 15 | 19 | 19 | 19 | 23 | 23 |
| | (5) | 13 | 17 | 17 | 17 | 21 | 21 |
| | (6) | 11 | 15 | 15 | 15 | 19 | 19 |
| UNTERBRINGUNG | (1) | 1 | 1 | 1 | 1 | 1 | 1 |
| | (2) | 1 | 1 | 1 | 1 | 1 | 1 |
| AUSWAERTS = 0 | (3) | 1 | 0 | 0 | 1 | 1 | 0 |
| ZU HAUSE = 1 | (4) | 1 | 0 | 0 | 1 | 1 | 0 |
| | (5) | 1 | 1 | 1 | 1 | 1 | 0 |
| | (6) | 1 | 1 | 1 | 1 | 1 | 0 |
| AUSBILDUNG DER | (1) | AUSZUBILDENDER | STUDENT | STUDENT | AUSZUBILDENDER | STUDENT | STUDENT |
| KINDER UEBER 15J. | (2) | AUSZUBILDENDER | STUDENT | STUDENT | AUSZUBILDENDER | STUDENT | STUDENT |
| | (3) | KIND UNTER 15 J. | SCHUELER | SCHUELER | AUSZUBILDENDER | STUDENT | STUDENT |
| | (4) | KIND UNTER 15 J. | SCHUELER | SCHUELER | AUSZUBILDENDER | STUDENT | STUDENT |
| WEITERBILDUNG | (1) | | | | | | |
| NACH AFG | (2) | | | | | | |
| AUFWENDUNGEN FUER | (1) | 900 DM | | | | | 900 DM |
| WEITERBILDUNG | (2) | 900 DM | | | | | 900 DM |
| WOHNUNG | | EINFAM.-HAUS | MIETWOHNUNG | EINFAM.-HAUS | MIETWOHNUNG | MIETWOHNUNG | EINFAM.-HAUS |
| WOHNFLAECHE | | 120 | 100 | 120 | 100 | 100 | 120 |
| MIETE/QM IM MONAT | | 7,50 DM | 5,00 DM | 7,50 DM | 5,00 DM | 5,00 DM | 7,50 DM |
| GESAMTKOSTEN | | 200000 DM | | 200000 DM | | | 200000 DM |
| AUFGENOMM. DARL. | | 120000 DM | | 120000 DM | | | 120000 DM |
| BHE AUS | (1) | 100 % | 100 % | 100 % | 100 % | 100 % | 100 % |
| UNSELBST. ARBEIT | (2) | | | | | | |
| | (3) | 400 DM | | | 400 DM | | |
| | (4) | 400 DM | | | 400 DM | | |
| | (5) | | | | 400 DM | | |
| | (6) | | | | 400 DM | | |
| BHE AUS RENTEN | (1) | | | | | | |
| | (2) | | | | | | |
| VERMOEGEN | | KLEINES VERM. | KLEINES VERM. | KLEINES VERM. | KLEINES VERM. | KLEINES VERM. | KLEINES VERM. |

| HAUSHALTSTYP | | A-6-1- 962 | A-6-2- 950 | R-1-1- 100 | R-2-1- 100 | R-2-2- 100 |
|---|---|---|---|---|---|---|
| ALTER | (1) | 50 | 50 | 65 | 70 | 70 |
| | (2) | 45 | 45 | | 65 | 65 |
| | (3) | 25 | 25 | | | |
| | (4) | 23 | 23 | | | |
| | (5) | 21 | 21 | | | |
| | (6) | 19 | 19 | | | |
| UNTERBRINGUNG | (1) | 1 | 1 | 1 | 1 | 1 |
| | (2) | 1 | 1 | | 1 | 1 |
| AUSWAERTS = 0 | (3) | 0 | 0 | | | |
| ZU HAUSE = 1 | (4) | 0 | 0 | | | |
| | (5) | 0 | 0 | | | |
| | (6) | 0 | 0 | | | |
| AUSBILDUNG DER | (1) | STUDENT | STUDENT | | | |
| KINDER UEBER 15J. | (2) | STUDENT | STUDENT | | | |
| | (3) | STUDENT | STUDENT | | | |
| | (4) | STUDENT | STUDENT | | | |
| WEITERBILDUNG | (1) | | | | | |
| NACH AFG | (2) | | | | | |
| AUFWENDUNGEN FUER | (1) | | | | | |
| WEITERBILDUNG | (2) | | | | | |
| WOHNUNG | | MIETWOHNUNG | MIETWOHNUNG | MIETWOHNUNG | MIETWOHNUNG | MIETWOHNUNG |
| WOHNFLAECHE | | 100 | 100 | 55 | 55 | 55 |
| MIETE/QM IM MONAT | | 5,00 DM | 5,00 DM | 5,00 DM | 5,00 DM | 5,00 DM |
| GESAMTKOSTEN | | | | | | |
| AUFGENOMM. DARL. | | | | | | |
| BHE AUS | (1) | 100 % | 67 % | | | |
| UNSELBST. ARBEIT | (2) | | 33 % | | | |
| | (3) | | | | | |
| | (4) | | | | | |
| | (5) | | | | | |
| | (6) | | | | | |
| BHE AUS RENTEN | (1) | | | 100 % | 100 % | 67 % |
| | (2) | | | | | 33 % |
| VERMOEGEN | | KLEINES VERM. | KLEINES VERM. | KLEINES VERM. | KLEINES VERM. | KLEINES VERM. |

Kolibri 360 GmbH
Ferdinand-Jühlke-Straße 7
99095 Erfurt, Deutschland
produktsicherheit@kolibri360.de

Druck:
CPI Druckdienstleistungen GmbH
im Auftrag der
Kolibri 360 GmbH
Ferdinand-Jühlke-Str. 7
99095 Erfurt